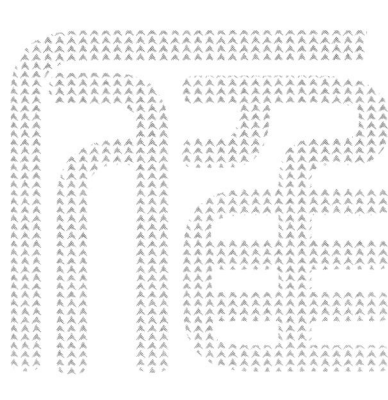

# 雁阵

Yanzhen：Tuandui Zuzhili

## 团队组织力

张凤池 著

企业管理出版社
ENTERPRISE MANAGEMENT PUBLISHING HOUSE

## 图书在版编目（CIP）数据

雁阵：团队组织力 / 张凤池著. —北京：企业管理出版社，2023.12
ISBN 978-7-5164-2038-6

Ⅰ．①雁… Ⅱ．①张… Ⅲ．①团队管理－研究 Ⅳ．①C936

中国版本图书馆CIP数据核字（2019）第221131号

| | |
|---|---|
| 书　　名： | 雁阵：团队组织力 |
| 书　　号： | ISBN 978-7-5164-2038-6 |
| 作　　者： | 张凤池 |
| 选题策划： | 周灵均 |
| 责任编辑： | 张　羿　周灵均 |
| 出版发行： | 企业管理出版社 |
| 经　　销： | 新华书店 |
| 地　　址： | 北京市海淀区紫竹院南路17号　　邮　　编：100048 |
| 网　　址： | http://www.emph.cn　　电子信箱：2508978735@qq.com |
| 电　　话： | 编辑部（010）68456991　　发行部（010）68701816 |
| 印　　刷： | 北京联兴盛业印刷股份有限公司 |
| 版　　次： | 2023年12月第1版 |
| 印　　次： | 2023年12月第1次印刷 |
| 开　　本： | 710mm×1000mm　1/16 |
| 印　　张： | 20 |
| 字　　数： | 250千字 |
| 定　　价： | 85.00元 |

版权所有　翻印必究·印装有误　负责调换

# 前言
PREFACE

  自古以来，大雁便被视为灵物，称之为禽中之冠，不为过誉。乃有《诗经》著其名，杜牧叹其信，元好问怜其深情坚贞，一句"问世间，情是何物，直教生死相许"传诵千年而不衰。昔年陈寅恪论柳如是，曾言"其孤怀遗恨，有可以令人感泣不能自已者焉"，原之于大雁，竟然是心同此心，情同此情！

  应该说，大雁是一种有精神的灵物。

  大雁的精神，不仅展示于其飞翔时，排成"人"字大阵或"一"字斜阵，称为"雁阵"；也体现在其飞行时，从头到尾依长幼之序而排列，是为"雁序"。

  "雁阵"加上"雁序"，便是团队和秩序，也是团队的组织力所在。是以人言，大自然中生灵万千，若论团队意识、秩序意识、组织力意识，莫过于大雁！

  团队、秩序、组织力，便构成了大雁在飞行过程中所遵循的原则。这些原则，既包括团队法则，也包括管理规则。正是这些法则和规则，形成了团队的组织力，构成了团队的秩序。

从某种意义上说，大雁便是靠秩序生存和维系的族群，大雁的力量来自团队的组织力。大雁能够飞越千里，正有赖于此。亦由此，本身并不多么强的大雁，才能完成独自难以实现的漫长迁徙。

在一个团队里面，员工就像大雁，领导就像头雁，团队就像群雁。大雁的精神，如果能够复制、移植、运用到我们的团队建设中，会使整个团队的能力发挥到极致。

仰望天空，大雁用团队和秩序画出的风景、用组织力织成的气象，足令人类深受启发。

张凤池

2022年2月

# 目录 CONTENTS

## 上篇　大雁性格·"雁点青天字一行"

### 第一章　人学始知道　003
- 一、知识就是力量　005
- 二、学则正，否则邪　007
- 三、学习是一种能力　010
- 四、长本事　012
- 五、胜任力　014
- 六、缺失的一环　018
- 案例研究：纪昌学射　020

### 第二章　活在责任里　023
- 一、灿烂"群心"的核心　024
- 二、热情的基点　027
- 三、匹夫有责　029

| | |
|---|---|
| 四、心随责走 | 032 |
| 五、责任的价值 | 034 |
| 六、制度的局限性 | 036 |
| 七、文化自觉 | 038 |
| 八、态度决定一切 | 040 |
| 案例研究：白起之死 | 043 |

## 第三章　鸿雁在云鱼在水　　049

| | |
|---|---|
| 一、角色·生态位 | 051 |
| 二、"知其所止" | 053 |
| 三、"尊时守位" | 056 |
| 四、越位 | 058 |
| 五、越权 | 061 |
| 六、名分 | 063 |
| 七、司马迁的意见 | 065 |
| 八、秩序 | 067 |
| 案例研究：子路济民 | 070 |

## 第四章　天下至德，莫大乎忠　　073

| | |
|---|---|
| 一、"贞鸟"和"纳雁" | 074 |
| 二、狂歌痛饮，来访雁丘处 | 077 |
| 三、尽心曰忠 | 079 |
| 四、君礼臣忠，上礼下忠 | 082 |
| 五、忠诚的力量 | 085 |
| 六、第一等智慧 | 087 |
| 案例研究：瘦羊博士 | 090 |

## 中篇　群雁精神·"分明画出秋色"

### 第五章　敬业·奉献　　　　　　　　　095
　　一、何为奉献　　　　　　　　　　096
　　二、付出是一种心态　　　　　　　099
　　三、"乌合之众"的取经路　　　　101
　　四、爱岗敬业　　　　　　　　　　103
　　五、"如切如磋，如琢如磨"　　　106
　　六、自省和敬畏　　　　　　　　　109
　　七、人生精度　　　　　　　　　　112
　　案例研究：湖人之败　　　　　　　114

### 第六章　合作·协助　　　　　　　　119
　　一、不抛弃，不放弃　　　　　　　120
　　二、狮子和兔子　　　　　　　　　123
　　三、相互依存　　　　　　　　　　125
　　四、借力成长　　　　　　　　　　128
　　五、包容与肚量　　　　　　　　　131
　　六、竞争与激励　　　　　　　　　134
　　七、塑造自我　　　　　　　　　　137
　　案例研究：将相和　　　　　　　　140

### 第七章　改变·创新　　　　　　　　147
　　一、无所适从　　　　　　　　　　148

二、迟钝 150
三、突破心中的樊篱 152
四、曲径可以通幽 155
五、古老的创新 158
六、"幸存者偏差" 161
七、消除盲点 163
案例研究：二桃杀三士 167

## 第八章　沟通·商量　　171

一、学会沟通 172
二、从信任开始 175
三、爱你有商量 178
四、温柔 180
五、妥协 183
六、圆满与弹性 185
七、凡事留有余地 188
案例研究：廷理挡驾 189

# 下篇　头雁意识·"十二楼中月自明"

## 第九章　领雁　　197

一、目标就是方向 198
二、目标的力量 201
三、梦想与伟大 203
四、挑战与崇高 205
五、制心一处，无事不办 208

案例研究：皇叔崛起　　　　　　　　　**210**

## 第十章　识雁　　　　　　　　　　　　**215**

　　一、明镜高悬　　　　　　　　　　　**216**

　　二、言语之中透精神　　　　　　　　**218**

　　三、"看相"与"注目"　　　　　　　**222**

　　四、孔夫子的教训　　　　　　　　　**225**

　　五、观行　　　　　　　　　　　　　**227**

　　六、千年风韵　　　　　　　　　　　**232**

　　案例研究：桓公问相　　　　　　　　**235**

## 第十一章　用雁　　　　　　　　　　　**239**

　　一、曾国藩的晚年回顾　　　　　　　**240**

　　二、"因方而用之"　　　　　　　　　**242**

　　三、帝王之见　　　　　　　　　　　**245**

　　四、尺有所短，寸有所长　　　　　　**249**

　　五、任长　　　　　　　　　　　　　**251**

　　六、"长枪"与"匕首"　　　　　　　**254**

　　七、"弹琴"与"分粥"　　　　　　　**256**

　　八、享受偷懒　　　　　　　　　　　**259**

　　案例研究：马谡之死　　　　　　　　**262**

## 第十二章　管雁　　　　　　　　　　　**265**

　　一、个性差异　　　　　　　　　　　**266**

　　二、分类管理　　　　　　　　　　　**268**

三、动机与印象 271
　　四、一半是"老虎",一半是"孔雀" 273
　　五、选才与造才 276
　　六、唐僧的管理心经 280
　　案例研究:"死啦死啦"的领导哲学 284

# 附　录 291
　　职场规则与职场秩序 291
　　敏感力·钝感力 296
　　戏里戏外皆人生 301

# 后　记 307

# 上 篇

## 大雁性格·"雁点青天字一行"

---

　　人生于天地之间,各有责任。知责任者,大丈夫之始也;行责任者,大丈夫之终也;自放弃其责任,则是自放弃其所以为人之责也。是故人也者,对于一家而有一家之责任,对于一国而有一国之责任,对于世界而有世界之责任。一家之人各各自放弃其责任,则家必落;一国之人各各自放弃其责任,则国必亡;全世界人人各各自放弃其责任,则世界必毁。

——梁启超《饮冰室文集》

　　雁序,雁之飞也,若有行列,先后之序不相紊乱。

——王琦《李白〈天长节度鄂州刺史韦公德政碑〉注》

# 第一章

## 人学始知道

击石乃有火,不击元无烟。
人学始知道,不学非自然。
万事须己运,他得非我贤。
青春须早为,岂能长少年。
——孟郊《劝学》

大雁的飞翔能力是与生俱来的，这种飞翔的欲望也是一种本能，然而，仅靠扇动翅膀大雁并不能学会飞翔。

大雁从孵出到学会飞翔，一般要经过三个月时间。在这三个月中，幼雏在双亲照料下活动和觅食，学习弹跳、平衡和奔跑，锻炼肌肉、梳理羽毛，为飞翔做准备。三个月后，雏鸟羽翼丰满，变成具备飞翔条件的幼鸟，开始在双亲的示范、带领、诱导下学习飞翔，并逐渐熟练。直到秋天的某一天，随老雁一声令下，南飞而去。

在南下飞行的过程中，大雁因为学习而获得了知识。大雁在飞行中排成"人"字阵或"一"字斜阵，就是出于对气象学和动力学的巧妙运用。在雁阵中飞行的大雁，速度比孤雁单飞要高出71%。

在南下飞行的过程中，大雁也因为学习而获得了智慧。天上之雁敏锐机警，与地上之犬、水中之鳢（黑鱼）并称为"三厌"，成为最难捕获之灵物。

在南下飞行的过程中，大雁更因为学习而获得了成长。协助、合作、忠诚等大雁精神的学习和传承，以及自身的逐渐成长、日益成熟，也是由此而得。

## 感悟

学习是个体和团队能量的一种补充，也是个体和团队成长进步的动力。

团队的立身之本，是团队成员要有本事。

本事是一种胜任力，学习也是为了提升胜任力——胜任工作，也胜任人生。

## 一、知识就是力量

知识，可能是关于理论的，也可能是关于实践的。

"知，识也。"（《玉篇》）

"知"这个字，从矢从口，矢亦声。"矢"指"射箭"，"口"指"说话"，"矢"与"口"联合起来，表示"说话像射箭，说对话像箭中靶心"。

清代大学者段玉裁，用30多年时间完成了《说文解字注》30卷。段玉裁在他的书中解释说："识敏，故出于口者疾如矢也。"意思是，认识、知道的事物，可以像箭一样脱口而出。

"识，知也。"（《说文解字》）从言从哉，哉亦声。"哉"是什么意思呢？《说文解字》解释说："哉，阙。从戈从音。"段玉裁说，"哉"字师承中断，本义是什么，许慎都没有弄清楚，我当然也不知道；但是从它"从音从戈"来看，大概是古代军阵操练。引申一下，就是"图形及其变换"。"言"与"哉"联合起来，表示"用语言描述图形的形状和细节"，这当然是"区分辨别，表达清晰"。

加在一起，"知识"的本义大约可以理解为"说出可以准确应验的话，辨清事物形状细节"。西方人则称之为"对某个主题深刻的认识"，可谓异曲同工。

"知识就是力量。"这句经典名言最早是英国哲学家培根说的。据邢贲思先生考证：

长期以来，不少关于培根的著作和论文都提到了"知识就是力量"这个命题，但培根究竟是在哪部著作中提出这个命题的，一概付之阙如，久而久之，人们甚至怀疑培根到底有没有提出过这个命题。不久前，我读了美国学者威尔·杜兰特（Will Durant）的《世界文明史》才知道，在《学术的进展》《新工具》《新大西岛》等培根的现存著作中确实没有这个命题，但在他的《沉思录》的片段中留下了这句话，它的拉丁文是"ipsa scientia protestas est"（"知识就是力量"）。这本《沉思录》没有公开发表，所以有的人只知道培根说过"知识就是力量"，至于在哪里说的就不得而知了。（邢贲思《培根和"知识就是力量"》）

"知识就是力量"，要掌握知识就要学习。

学习很重要。

"玉不琢，不成器；人不学，不知道。"人非生而知之者，知识、才干、经验都要在刻苦学习和工作实践中获得。现代人都明白，学习不仅能提高人的道德品质和业务素质，增进人的理论素养和人生修养，还可以消除人的知识盲点，填补人的知识空白，优化人的知识结构。

培根的经典名篇《论读书》，也称为《论学习》，专门讲读书的益处，在国内已有多个译本，唯王佐良先生译本既反映了原文的精确意义，又符合汉语的表达习惯，典雅优美，堪称绝唱。其中云：

读书足以怡情，足以博才，足以长才。其怡情也，最见于独处幽居之时；其博才也，最见于高谈阔论之中；其长才也，最见于处世判事之际。

练达之士虽能分别处理细事或一一判别枝节，然纵观统筹，全局策划，则舍好学深思者莫属。读书费时过多易惰，文采藻饰太盛则矫，全凭条文断事乃学究故态。

读书补天然之不足，经验又补读书之不足，盖天生才干犹如自然花草,读书然后知如何修剪移接;而书中所示,如不以经验范之,则又大而无当。

..........

读书使人充实,讨论使人机智,作文使人准确。因此不常作文者须记忆特强,不常讨论者须天生聪颖,不常读书者须欺世有术,始能无知而显有知。

读史使人明智,读诗使人灵秀,数学使人周密,科学使人深刻,伦理学使人庄重,逻辑修辞之学使人善辩;凡有所学,皆成性格。(培根《论学习》)

其实,两千年前,东汉王充便曾有言:"人有知学,则有力矣。"(《论衡·效力篇》)翻译成今天的话,正是"知识就是力量"。

## 二、学则正,否则邪

立身以立学为先,立学以读书为本。

《礼记》中有一篇《学记》,作于战国晚期,作者相传为西汉的大学问家戴圣,后世称其为"小戴"的便是,但郭沫若先生不以为然,他考证后认为,作者应当是孟子的学生乐正克,就是孟庙大殿里唯一陪祀孟子的乐正子。

《学记》系统全面地总结概括了先秦时期的教育经验,是中国古代也是世界上最早的一篇专门论述教育和教学问题的论著,堪称我国第一部"教师必读"。

《学记》中说:"虽有嘉肴,弗食,不知其旨也;虽有至道,弗学,不知其善也。是故学然后知不足,教然后知困。"美味佳肴,不吃,怎能知道它的味道鲜美;大道至理,不学,怎能体会它的精妙之处。所以,深入学习之后才会发现自己知识的欠缺,教书育人之后才能知道自己学识的不足。就像本人,费时多日准备了一个专题,自以为头头是道,可是一上讲台开讲才发现其中有很多问题,结构上的、逻辑上的、学理上的、数据上的,因此未下讲台就先出了一身冷汗。

扬雄则说:"学则正,否则邪。"(《法言·学行》)不学习或者浅尝辄止、敷衍了事、装点门面式的学习,是一种经历和机会的浪费。

蜀汉建兴十二年(公元234年),诸葛亮病逝五丈原前夕,给他八岁的儿子诸葛瞻写了一封《诫子书》,书中训诫说:"夫学须静也,才须学也,非学无以广才,非志无以成学。"一个人要提高认识、陶冶情操、增进修养,提高自己的素质和水平,要达到成为业务工作的专家和"活字典"的要求,除了刻苦学习以外,是没有其他道路可走的。

不用心学习,就不知道自己知识的匮乏和能力的欠缺。为什么自己分管的工作常常出现纰漏?为什么领导交办的任务自己常常感到束手无策?为什么别人能做好的事情自己做不好?通过学习,我们才能发现问题,找出差距。

不用心学习,就不会反思自己认识的片面和理解的错误。自己对某些工作、某些问题、某些现象或某些事物的片面理解、片面认识,可以通过学习得到纠正。这种纠正与通过教训获得的纠正相比,可以大大降低工作风险,减少工作失误。

学习的过程,就是一个人综合素质不断提高的过程。

团队由一个个的个体组成。团队离不开知识,有了知识才能达到目标。每一个个体的学习,都是对团队的贡献。

遗憾的是,尽管每个人都知道学习很重要,知道学习要认真,要留心,要学思结合、学问结合、学用结合,也明白"博学之,审问之,慎思之，明辨之，笃行之"（《礼记·中庸》）的道理，但并不是所有人都知道该学习什么，以及怎么学习。

有人把扬雄的"学则正，否则邪"凝练为"学否"："学则正，否则邪，不学则否，你学习了吗？"进一步解释，"学否"包含以下两层意思。

其一，在知识社会中，学习成为人们生活的主旋律，学习成为人类发展的核心动力，"学否"一词体现了知识社会中人们对学习的孜孜追求。

其二，在信息时代，信息的庞大性、信息的不对称性，导致学习成为一个难题，"学否"字面上的"学习了吗"之意，其实也表达了对学习的一种追问精神，即学习什么，在哪里学习，向谁学习，如何学习。

这种对学习的追问精神，应当首先体现在学习的内容上。

人的时间、精力有限，而未知的领域太多，不可能什么都学。一个人可以兴趣广泛、涉猎广泛，但读书学习总得有一个中心，所以一定要找到该学的东西、学以致用的东西。

显然，从实用主义的层面来看，我们要学习的是与自己现在或将来的工作与事业直接或间接相关的那些知识，也就是说，我们今天学习的东西，一定要能够影响到我们明天的结果。

一个人不论从事什么职业，有几个方面的知识都是必须学习的。

学精神。精神就是工作指南，必须领会。领会，心领而神会。领会精神，大概是说，对于指示、指导、思路、纲领、政策，要做到心领而神会，所谓"领会精髓、把握实质"是也。精神集中体现在领导讲话之中。

学政策。政策就是行为准则，必须掌握。在具体工作实践中，一些政策变动的"度"如何去把握，需要仔细斟酌。原则性和灵活性相统一，说说容易，真要做到还是很难的。政策在各级文件、行业法规制度中有较为完整的体现。

学方法。方法就是操作手段，必须精通。以前的方法、他人的方法，屡见于各类工作总结、经验材料之中，可以借鉴，可以参考。

学技巧。技巧就是运作技术，必须熟练。技巧在领导身上，在老师身上，在专家身上，在前辈同事身上，他们的一言一行、一举一动都是技巧，可以揣摩，可以体味。

当然，更重要的，学习也是一种能力。

# 三、学习是一种能力

即使在同等条件下，学习同样的内容，不同的人也会取得不同的效果。之所以如此，最重要的原因，就是学习能力的不同。

学习能力之要诀，至少体现在两个方面。

一方面，是学习态度。

学习能力，首先来自态度。

乾隆九年（1744年），彭端淑时任吏部主事，大权在握；但是，眼看着堂堂彭家同族近枝子侄69人，竟然连一个文举人都没有，彭老忧心忡忡，胸中似有火烧，遂有《为学》一文，以为教训。内中有云：

吾资之昏，不逮人也，吾材之庸，不逮人也；旦旦而学之，久而不怠焉，迄乎成，而亦不知其昏与庸也。吾资之聪，倍人也，吾材之敏，倍人也；屏弃而不用，其与昏与庸无以异也。圣人之道，卒于鲁也传之。然则昏庸聪敏之用，岂有常哉？

............

是故聪与敏，可恃而不可恃也；自恃其聪与敏而不学者，自败者

也。昏与庸，可限而不可限也；不自限其昏与庸，而力学不倦者，自力者也。（彭端淑《白鹤堂文集》）

彭端淑的这番训教，中心是"端正学习态度"，其中讲了三种正确态度：一是充分认识学习的意义与价值；二是对学习充满热情；三是在挫折和失败面前，要满怀信心、坚强不屈。

另一方面，是学习方法。

学习能力的提升，更重要的是选择正确的方法。

学习本身也是一门学问，有科学的方法，有需要遵循的规律。按照正确的方法学习，学习效率就高，学得就轻松，思维也变得灵活流畅，从而能够很好地驾驭知识。

先贤很早就发现了学习当中可能会出现的问题，其中最严重的，是"四失"。

"学者有四失，教者必知之。人之学也，或失则多，或失则寡，或失则易，或失则止。此四者，心之莫同也。知其心，然后能救其失也。教也者，长善而救其失者也。"（《礼记·学记》）

学生在学习过程中，容易出现以下四种情况。

第一种，好高骛远，急功近利、急于求成，囫囵吞枣、不求甚解，试图跳跃式学习，结果是"贪多嚼不烂"。

第二种，浅尝辄止，浮光掠影、得少为足，只学皮毛、不肯深入，弄一个走马观花，结果自然是"一瓶子不满，半瓶子晃荡"。

第三种，轻狂浮躁，志大才疏、华而不实，胸有傲气、心无计划，认为容易而心生轻忽，结果是"眼高手低毁自己"。

第四种，怕难畏艰，少恒心、多惰性，甚而悲观失望、自暴自弃，自我设限而不求进步，结果是"无所作为绕着走"。

这"四失"是学习当中的大害，必须坚决予以纠正。

学习能力其实就是学习的方法与技巧。

有了正确的方法与技巧，所学到的知识就会形成专业知识，学习到的方法与技巧就会形成执行能力，所以说，学习能力是所有能力的基础。教育界权威人士曾这样解释："未来的文盲，不再是不识字的人，而是没有学会怎样学习的人。"换言之，"学习能力就是工作能力"。

当然，作为团队的一员、组织的一员，我们学习是为了长本事。

## 四、长本事

一个人，既要有想做事的心思，更要有做得成事的心力。一个员工、一名干部要成长，最关键的是个人要有本事。

什么叫本事？本事其实就是胜任工作的本领和技能。

所谓"本领"，就是指顺利完成某一活动所必需的主观条件。

这些条件，既包括长远的眼光，也包括丰富的知识；既包括敏捷的思维，更包括一定的专业技能。

这些条件，在当前形势下，在知识更新呈几何级数变化的情况下，对于一个团队、一个组织来说，无论是对于管理者、领导者，还是对于普通成员，都显得极其重要，也极为必要。

当然，本领要过硬。

掌握过硬"本领"不是轻而易举就能实现的。正因如此，有良知、有责任感的人，才会有不同程度的"本领恐慌感"。

所谓"技能"，就是与知识密不可分、通过一定方式后天习得的能力。也就是说，技能是一种必须亲自学习并且坚持练习，才能掌握、获得的，能够完成一定任务的动作系统或技巧。

正像《卖油翁》中说的，技能这件事，"无他，惟手熟尔"。

一个人掌握什么样的技能，取决于他的兴趣、能力和聪明程度，也取决于他所能支配的资源，以及所制定的事业目标。只有掌握更多技能的人才会有更多的机会，这也是社会实践告诉我们的确定无疑的道理。

卡耐基说："靠自己的能力拯救自己，是成功的唯一准则。""能力已成为一种不折不扣的资源，能力即资本，能力即财富，能力即命运。"人必须依靠其能力而存在，依靠其努力奋斗而存在。

显然，本事不仅是我们在学校里学到的知识，也不仅是我们在工作岗位上展现出来的技能。

从这个意义上来说，所谓"知识改变命运"，也不尽然。学会运用知识，用能力改变命运。学校教育的最终验收场所即社会，而社会考试的答案并不是千篇一律的知识点，所以单纯掌握知识并不是教育的本意，将知识内化，变成自己能力上的提升，才是教育的根本。"授人以鱼不如授之以渔"，能力的培养远比知识的浇灌更重要。借用培根的话就是："书并不以用处告人，用书之智不在书中，而在书外，全凭观察得之。"

本事是一种关键能力，也可以称之为"核心竞争力"，而获取成功的门票，找到成功的入口，皆有赖于斯。

其实，本事就是一种正确的思维方式。建立正确的思维方式，是形成个体差异的重要手段。

当然，本事也是一种胜任力。

一个人要获得成功，除了责任心和信任度以外，还要具备胜任力。

## 五、胜任力

"胜任力"这个概念,最早由哈佛大学教授戴维·麦克利兰(David McClelland)于1973年正式提出。胜任力是指能将某一工作中有卓越成就者与普通者区分开来的个人的深层次特征。

戴维·麦克利兰在讲到"胜任力"的时候,用的一个英文单词是"competency",在汉语里面正好有一个相对应的词——"胜任"。

胜任,就是足以承受或担任。

"胜任"这个词的出现是很有些年头的,而且从产生直到现在,这个词的意思竟然没有多大的变化。

《易经·系辞下》:"鼎折足,覆公𫗧,其形渥,凶。"

鼎,是古代贵族王侯烹煮用的锅,一般是两只耳朵、三条腿。𫗧(sù),鼎中的食物,后泛指美味佳肴。

王公贵族吃火锅的时候,锅的一条腿折断了,锅里面的热汤洒了出来,弄了王公贵族一身,沾湿烫烧,所以有凶险。成语"鼎折覆𫗧"即源于此,也称为"折鼎覆𫗧"或"折足覆𫗧"。

孔子晚年在研究整理《易经》的时候,看到这里批注了一句话:"言不胜其任也。"意思是说,那只鼎的那条腿,没有能力担当那项重任。

这就是成语"不胜其任"的由来,也是词语"胜任"的源头。

唐太宗时,孔颖达奉诏编纂《五经正义》,对此解释说:"施之于人,知小而谋大,力薄而任重,如此必受其至辱,灾及其身也,故曰其形渥,凶。"力薄任重,不相匹配,必然招致灾祸。

所以,胜任不只是"做事",更要"做成事"。

胜任力就是"做成事"的本事,是一个人、一个员工、一个管理者的知识、能力和业绩的综合体现。

## 1. 管理者的"为政之术"

对于团队的领导者、管理者来说,胜任力就是能够准确地判断形势,善于驾驭复杂的局面,具有一定的超前意识,在具体工作中有胆有识,能够负起一方发展重任的能力。

具体来讲,管理者的胜任力就是领导行动的能力,或者叫作"处理政事的能力"。若论其关键,一是管人,二是理事。

## 2. 中层干部的"三有三点"

对于团队的中层干部来说,胜任力就是能够独当一面、出色地完成任务的工作能力。

团队中层干部的胜任力,主要体现在"三有三点"上。

"三有"具体内容如下。

一是有主意,能谋。

工作中,能够拿出主意,会出主意,出好主意,特别是针对工作中遇到的新问题,能够提出新思路;针对遇到的新情况,能够拿出新办法。

二是有文笔,能写。

也就是说,要有能够满足自己基本工作需要的文字能力。不能凡是文字工作,事事都要借助他人之手。

三是有口才,能说。

能说不一定就是张口就说,洋洋洒洒,而是准确、简洁地表达。一个人在工作当中需要协调的无非三个方向:对上、对下、对等。对上,反映问题要清晰、准确,不漏项;对下,传达指示要完整、全面,不走样;对等,横向组织沟通能够及时、顺畅,无障碍。所谓"坐着能写、站着能说、下去能听"是也。

"三点"具体内容如下。

一是当上级要求与自身实际不一致时，能找到结合点。

上级的要求主要是面上的，侧重的是全局，下级的实际主要是线上的或点上的，侧重的是局部。要善于把上级的要求与自身的实际结合起来。

二是当领导之间意见不一致时，能找到相同点。

领导与领导也不一样，主管领导与分管领导、正职领导与副职领导、上级领导与下级领导之间，由于观察问题的角度不同、掌握信息的层级不同，对一些问题难免会持不同看法。下级部门的负责人在工作当中要注意寻找领导意见之间的相同部分，以获得多方的支持，顺利推进工作。

三是当部门之间意见不一致时，能找到沟通点。

很多工作需要跨部门合作才能完成，部门之间关系处理得融洽与否会直接影响到团队的运转效率、工作效益。由于部门之间立场不同、视野不同、利益不同，当需要进行跨部门的沟通与协同之时，首先要找到沟通点，然后辅以恰当的沟通方式。外部的协调更须如此。

### 3. 普通员工的"四个学会"

对于普通员工来说，胜任力就是其能够顺利完成所任工作的主观条件。

在竞争激烈的知识经济的汪洋大海中，别人已经掌握了高难度的"高台跳水"技能、艺术性的"花样游泳"技能，我们最起码也要学会"狗刨"吧？这是求生的基本条件，否则我们就会被淹死"海"中，失去生存的可能。

团队普通员工的胜任力主要体现于"四个学会"。

一是学会站在整体高度观察问题。

高度决定视野。现代社会分工细致，很多单位、很多工作已经形成事实上的碎片化，迫切需要员工能够从整体层面、全局高度观察问题。如果一个员工、一名干部坚持从整体层面（眼光）、全局高度（视野）去观察问题、思考问题、解决问题，肯定会对团队的事业发展做出更大的贡献。当然，对于一个人快速走上更高一级岗位，也肯定会大有裨益。

二是学会运用领导思维思考问题。

角度改变观念。对待同一件事情，正确的思维方式不止一种。不同的领导者、管理者，性格特点、工作方式也大有不同，比如有的领导喜欢直来直去，有的领导倾向于拐弯抹角，有的领导则善于正话反说。在企业、单位里面做事情，我们要注意揣摩、观察、学习领导思考问题的角度。只有立足于领导思考问题的习惯角度，才能减少与领导间的摩擦，获得领导的认可与信任，从而为自己营造一个有利于自身成长进步的良好环境。"信任"是我们的环境，"领导"也是我们的环境，而且"信任"和"领导"在我们的工作环境中是最大的核心因素。

更重要的是，立足于领导思考问题的习惯角度，有利于提升工作效率。如果我们不了解领导思考问题的习惯角度，如何才能准确理解领导在布置工作时的意图呢？如果不能了解、领会领导意图，如何开展工作？

三是学会建立成本观念处理问题。

尺度把握人生。处理问题时要把握利润成本的尺度，讲究节约，反对浪费。企业组织以盈利为目的，政府组织要讲究运行成本。钱这个东西，不仅要取之有道，也要用之有度、费之有节，所以我们要学会建立利润、成本观念，关注细节，从细节入手，从细节做起，在细节上着力，因为细节决定成败。

四是学会团结协作解决问题。

胸怀成就事业。弹钢琴不仅要十个指头全会动，还必须协调配合，才能奏出优美的旋律，否则就是乱弹琴。调动更多的人一起去努力，是现代组织特别是现代企业的成功要诀。

团队的每一名员工、组织的每一名干部，不仅要能够独当一面，还应该有过硬的协调配合能力，尤其是要学会看到其他人对工作、对团队的贡献与重要性。唯其如此，我们才能学会调动其他人的工作积极性与创造性。

学会了"团结大家一起工作"，就离"领导大家一起工作"不远了。

## 六、缺失的一环

既然胜任力就是"做成事"的本事，那么无论是中层干部的"三有三点"，还是普通员工的"四个学会"，若论其核心，其实都是执行力。

"三分决策，七分执行""一分部署，九分落实"，对于任何一个组织而言，执行力都是其生命力所在。

执行力是指有效利用资源、保质保量完成任务的能力，贯彻战略意图、达成预定目标的操作能力。执行力是团队把战略、规划转化为效益、成果的关键。

执行力包含完成任务的意愿、完成任务的能力、完成任务的程度三个方面。对个人而言，执行力就是办事能力；对团队而言，执行力就是战斗力；对企业而言，执行力就是经营能力。

"执行力应该成为一家公司的战略和目标的重要组成部分，它是目标和结果之间'缺失的一环'。"这是《执行：如何完成任务的学问》一书中所阐述的一项原则。"执行力"一词，最早便来自这本书。

《执行：如何完成任务的学问》一书有两位作者：一位是拉里·博西迪（Larry Bossidy），美国企业家，曾担任霍尼韦尔国际总裁和CEO；另一位是拉姆·查兰（Ram Charan），是管理咨询大师，美籍印度人。这两位作者以对商业问题的卓越洞察力提出实用解决方案，深受企业领导者、管理者的推崇。

2002年，《执行：如何完成任务的学问》一书出版，先后被翻译成12种以上语言，销量过百万册。2003年，该书被翻译成中文引入中国。

从这本书开始，"执行力"成为热门的话题，并且被很多企业所津津乐道，大家都希望通过对执行力的倡导来提升本企业的执行力。

问题是，该书中虽然首次提出了"执行力"这个词，但没有明确给出执行力的概念，研究者从不同的研究角度得出的执行力的特征和含义也有所不同。比如，从组织角度来讲，执行力是一种团队文化；从领导角度来讲，执行力是一种表率；从管理角度来讲，执行力是关注细节；从员工角度来讲，执行力是一种态度；从制度角度来讲，执行力是一种责任。

虽然没有权威人士给出确切的执行力的概念，但现在国内比较认可的执行力的概念，就是按质按量完成自身所承担的工作和任务的能力。

实际上，"执行力"就是指把事情做好的能力。有较强的执行力，就是拥有把想法转化为计划、把计划转化为行动的能力，也即拥有把计划变为成果、把理想变成现实的能力。

提升执行力，态度是关键，能力是基础，效率是保证。

而这一切，也都需要学习。

## 案例研究

### 纪昌学射

甘蝇，古之善射者，彀（gòu）弓而兽伏鸟下。弟子名飞卫，学射于甘蝇，而巧过其师。纪昌者，又学射于飞卫。飞卫曰："尔先学不瞬，而后可言射矣。"

纪昌归，偃卧其妻之机下，以目承牵挺。二年后，虽锥末倒眦（zì：眼角）而不瞬也。以告飞卫，飞卫曰："未也，必学视而后可。视小如大，视微如著，而后告我。"

昌以牦（máo：牛尾毛）悬虱于牖，南面而望之。旬日之间，浸大也；三年之后，如车轮焉；以睹余物皆丘山也。乃以燕角之弧、朔蓬之簳（gǎn：箭杆）射之，贯虱之心而悬不绝。以告飞卫。飞卫高蹈拊膺（yīng：胸膛）曰："汝得之矣！"（《列子·汤问》）

一代大师甘蝇善射，开弓之处，兽倒鸟落，百发百中。他的弟子飞卫跟从甘蝇学习射箭，后来其射箭技术已超其师。

后来飞卫也收了一个徒弟，名叫纪昌。

纪昌刚向飞卫学习射箭的时候，飞卫笑呵呵地说："小伙子，你得先学会看东西不眨眼睛，然后我们才能讨论射箭的问题。"

纪昌回到家里，仰卧在妻子的织布机下，注视着织布机上的梭子练习不眨眼睛。两年之后，即使锥子尖刺在他的眼眶上，他也能不眨一下眼睛。纪昌把自己练习的情况告诉了飞卫，飞卫沉思了一会儿说："这还不够啊，你还要学会视物才行。你什么时候练到看小物体像看大物体一样清晰，看细微的物体像看显著的物体一样容易，再来告诉我吧。"

纪昌回家后，用牦牛尾巴的一根细毛系住一只虱子，悬挂在窗口，然后面向南，远远地看着它。十天之后，虱子在他眼里慢慢变大了；三年之后，虱子在他眼里已经变得像车轮那么大。纪昌用这种方法看其他物体都像山丘一样大。纪昌用燕地牛角装饰的弓、北方篷竹制作的箭杆射那只悬挂在窗口的虱子，箭穿透了虱子，但绳子没有断。纪昌把自己练习的情况告诉了飞卫，飞卫高兴得又是跺脚又是拍胸："纪昌，你已经掌握了射箭的诀窍了啊！"

好学的纪昌在名师的指导下，经过不懈努力，终于成为射箭高手。

看来，无论学什么技术，都没有捷径可走，都要从基本功入手，扎扎实实、锲而不舍地进行训练。

一个人若得良师指导，辅之以刻苦、恒心和毅力，终能到达光辉的顶点，实现自己的梦想。

多年前，本人在组织部门工作时写过一篇叫作《感悟学习》的小文，其中有两段可以作为对"纪昌学射"这则寓言的感悟，谨录于此，与诸君共勉。

"学问是异常珍贵的东西，从任何源泉吸收都不可耻。"（阿卜·日·法拉兹）要着眼于提高素质、精通业务、增强能力，学习与自己现在或将来的工作直接或间接相关的一切知识。学习要突出重点、抓住灵魂，围绕主题、把握精髓。理论学习要掌握实质，真正学出精神、学出新意、学出成效，要努力用最新的理论成果武装头脑、指导实践、推动工作。业务学习要以精通、透彻为目标，做到尽快掌握要点。要广泛深入学习业务书籍、上级文件、领导讲话、工作总结、报纸杂志等。业务知识和工作依据尽在业务书籍中，政策尽在有关工作文件中，精神尽在各类领导讲话中，方法尽在相关工作总结中，经验尽在各类报纸杂志中。

"游手好闲地学习并不比学习游手好闲好。"（约翰·贝勒斯）所以，要端正学风。

学习要认真。认真是学习的基本态度，要静得下心、吃得住苦、拿得出力，不能假、不能虚，不能应付。要真学、常学、深学，勤于思考，善于运用，真正学通弄懂。

学习要留心。处处留心皆学问，既要留心与工作有关的文字材料，留心阅读、留心记录、留心保存；又要留心与工作和个人修养相关的一切细节。

学习要做到学思结合。"学而不思则罔，思而不学则殆。"要在学习中有思考，在思考中有见解，培养自己的独立思考能力和创新能力，以适应工作需要和时代要求。

学习要做到学问结合。"'学问'二字，须要拆开看，学是学，问是问。"（郑板桥）要敢于不耻下问，善于虚心请教，破解疑难、弥补不足。

学习要做到学用结合。要学以致用、学用相长，在工作中学习，在学习中工作，努力把学习体会和学习成果转化为谋划工作的思路、促进工作的措施、领导工作的本领以及实实在在的工作动力。

# 第二章

## 活在责任里

世界上有许多事情必须做，但你不一定喜欢做，这就是责任的含义。

——马克思

"从数字分析中发现,六只或以六的倍数组成的雁队,要比偶尔出现一只的情况多得多。换句话说,雁群是一个家庭,或者说是一些家庭的聚合体。"(奥尔多·利奥波德《大雁归来》)

大雁总是雌雄为伴,两情相悦,一夫一妻相偕不离,在飞行的过程中彼此照顾,共同承担哺育子女的责任。

在漫长的迁徙过程中,领头雁带头搏击,疲累之际会有其他大雁填补领头雁的位置,带领雁群继续前行。

雁群中途休息时,大雁有的负责寻觅食物,有的负责照顾老幼,有的负责安全警戒,各自负起各自的责任。

### 感悟

责任是指团队成员根据自身在团队中所扮演的角色而应当承担的义务,是一个成熟的人对自己的内心和环境完全负责的能力和行为。

在团队中,每个成员都应该主动承担责任、自觉承担责任、努力承担责任、乐于承担责任,全心全意、尽心尽力为团队负责,为合作伙伴负责,为团队领袖负责。

团队成员的最高境界是能让责任成为一种自觉。

## 一、灿烂"群心"的核心

在社会舞台上,每一种角色都意味着一种责任。

什么是责任?当前似乎还没有形成统一的说法。比如《辞海》中就没有"责任"条目的确切解释。

《现代汉语词典》中对"责任"的诠释为"分内应做的事"。

《古今汉语词典》认为"责任"有两种含义：①分内应做的事；②理应承担的过失。

《汉语大词典》对"责任"的解释是多义的，大概也是最全面的，其含义有三：①使人担当某种职务和职责；②分内应做的事；③做不好分内应做的事，因而应该承担的过失。

简言之，任职、分内事、因过失而受查处是责任的三层基本的含义。

其实，责任就是一个人所扮演的角色应当承担的义务，是一个成熟的人对自己的内心和环境完全负责的能力和行为。

马克思曾说："世界上有许多事情必须做，但你不一定喜欢做，这就是责任的含义。"还有人这样说："这个世界上有许多你可能不喜欢但你不得不去做的事，这就是责任。"

勇于负责的精神是改变一切的力量，人生所有的履历都必须排在负责的精神之后。

责任是一切道德的基础。忠、孝、仁、义、礼、智、信，中华民族传承了几千年的美德，强调的都是同一个词——"责任"。

责任是一切动力的源泉。"志不强者智不达"，有责任感才会有远大的理想和抱负。责任出智慧，出勇气，出力量。人的每一项潜能都因为有了责任的驱动才变得更强大。

责任是一种客观需要。公仆有为民服务的责任，领导有科学决策的责任，军人有保家卫国的责任，医生有救死扶伤的责任，父母有养儿育女的责任，儿女有赡养父母的责任……

责任是一种主观追求。同样的工作、同样的条件，有的人干得好，有的人干得差，差别就在于有没有责任心。尽心尽责，再复杂的问题也

能迎刃而解；漠视责任，再简单的工作也会出现差错。（"何平九论"之六《责任重于泰山》，《河南日报》2011年1月14日）

勇于承担责任是中华民族的传统美德。"在中华民族的历史长河中，那些关于责任的壮美篇章，是世代薪火相传的行动标杆，是滋养后人心灵的宝贵财富。"（任仲平《论责任》，《人民日报》2005年9月19日第1版）

一个人对责任的感知和感受，就是责任心。

责任心，也可称为"责任感"。

通俗地说，所谓责任心就是指个人对自己、对他人、对家庭、对集体、对社会、对国家所负责任的认识、情感和信念，以及与之相应的遵守规范、承担责任和履行义务的自觉态度。

责任心与自尊心、自信心、进取心、雄心、恒心、事业心、孝心、关心、慈悲心、同情心、怜悯心、善心相比，是灿烂"群心"中的核心。

责任心体现在以下三个阶段。

第一阶段，做事情之前要想到可能引发的后果，也就是做事之前要想后果。

第二阶段，做事情的过程当中要尽量控制事情向好的方向发展，防止坏的结果出现，也就是做事过程当中要想方向。

第三阶段，事情做完，若出了问题，要敢于承担责任，也就是出了问题敢承担。

如何对待出错，是映照一个员工、一名领导素质优劣的一面镜子。出错并不可怕，可怕的是出了错不敢承担责任，甚至进行掩饰或压制，这便是错上加错了，也是大错特错。领导是团队、组织和整个社会的榜样，承担责任显得尤为重要。这不仅是对公众负责、对社会负责、对国家负责，也是对领导自己负责。

承担责任更重要的意义在于，勇于承担责任和积极承担责任，不仅是勇气问题，也不仅是态度问题，更反映出一个人是否坚定自信，是否光明磊落，是否恐惧未来。

## 二、热情的基点

列夫·托尔斯泰曾说："一个人若是没有热情，他将一事无成，而热情的基点正是责任心。"

责任心作为一种道德情感，是一切美德的基础，是人类理想与良知的集中体现，也是社会进步的基石。

### 1. 责任心是能力

能力由责任来承载。世界上并不缺少有能力的人，缺少的是用责任心来承载能力的人。故而，人生所有的履历都必须排在勇于负责的精神之后。

早几年有一本畅销书，叫《责任胜于能力》。该书指出，"责任胜于能力" 是造就优秀员工的第一思想准则和行为指南。当然，这也是全球500强企业奉为圭臬的理念和价值观。

责任胜于能力，并不是对能力的否定，而是说责任本身就是一种能力，履行职责才能让能力发挥出最大价值。因此，IBM公司（国际商业机器公司）把"永远具有强烈的责任意识"作为公司企业文化的核心。

### 2. 责任心是财富

作家爱默生说："责任具有至高无上的价值，它是一种伟大的品格，在所有价值中它处于最高的位置。"

责任心出激情，出智慧，出力量。有了责任心，再危险的工作也能减少风险；没有责任心，再安全的岗位也会出现险情。责任心强，再大的困难也可以克服；责任心差，很小的问题也可能酿成大祸。造成一幕幕悲剧、敲响一次次警钟的灾难和事故，已经给了我们太多的启发。

一位企业管理者说："如果你能真正钉好一枚纽扣，应该比你缝制出一件粗制滥造的衣服更有价值。"所以，华为公司提出："认真负责和管理有效的员工是华为最大的财富。"

### 3. 责任心是智慧

如果说，"一盎司的责任胜过一磅的智慧"未免有些言过其实，但勇于承担责任是每一位优秀员工迈向成功的第一准则。富有责任感的员工不为失败找理由，因为他敢于承担责任；不为错误找借口，因为他勇于承担责任；不为组织添麻烦，因为他乐于承担责任。

责任心是人类最宝贵的品质。

人可以不伟大，可以不富有，但不可以没有责任心。坚守一份责任，就是坚守生命的追求与信念，就是享受工作的乐趣和生活的幸福。

当然，一个人的责任心并不是先天自成的，而是在秉承一定遗传素质的基础上，通过后天履行一定的责任要求逐步形成的。

尽管大部分员工都能继承先辈们那种"责任重于泰山"的优良传统，但也有一些人抵制不了各种诱惑，因而出现事业心、责任心不强的现象，贪恋享乐，无心工作，有的甚至出现责任事故，严重影响团队的正常工作和生活，给团队造成不可估量的严重损失。

责任心体现在细微之处。

润物细无声。需要责任心的地方并不一定是危及组织生存的地方，反而往往是蕴含在那些看似微不足道的小事、似无大碍的小节之中。

正是这些体现员工责任心的小事小节关系着一个组织的信誉、信用、效益、发展，甚至注定了企业、组织的命运。

员工的责任心，就是组织的"防火墙"。其实许多企业巨人轰然崩塌都与员工的责任心缺失有关。

2004年，某市一商厦发生特大火灾，经济损失难以估量，社会影响非常大。导致这场特大火灾的直接原因和间接原因是什么呢？事后查明原因有三，而这三方面的原因无一不涉及员工责任心的缺失。

第一方面原因：吸烟致火。责任人于某事后忏悔道："我不小心把烟头丢在仓库里，没有踩灭，造成了这样的后果，我深感后悔。我后悔自己的防火意识太差，就这么一个小烟头竟惹了这么大的祸。如果世界上有后悔药，就是用我的命去换也值得。"

第二方面原因：没有及时消除火灾隐患。许多人会认为："着什么急，不见得这两天就出事。"如果往另外一面想："万一出事呢？"想想出事的后果，想必会立即整顿。

第三方面原因：值班人员擅自离岗。值班人员干什么去了？显然，他一定认为："不可能离开一会儿就出事吧！"

## 三、匹夫有责

顾炎武曾说："保天下者，匹夫之贱，与有责焉耳矣。"（《日知录·正始》）

据刘洁修先生考证，按照语言发展运用的实际，"天下兴亡，匹夫有责"的语义本出于顾炎武，而八字成文的语型则出自梁启超。（《汉语成语源流大辞典》）

"天下兴亡，匹夫有责"，意为"天下大事的兴盛、灭亡，每一个老百姓都有义不容辞的责任"。

"鞠躬尽瘁，死而后已"，讲的是责任。

且不论《后出师表》是不是诸葛亲笔，然有此一语，足为千古传诵。

鞠躬尽瘁，就是以生命去尽职，去完成人生使命；死而后已，就是以死亡去尽责，去履行事业。不但完成自己的人生使命，而且用生命履行自己对团队、对社会的责任和义务。

"先天下之忧而忧，后天下之乐而乐"，讲的是责任。

这句话典出《孟子》，亦因范仲淹《岳阳楼记》而流传千古：在天下人忧愁之前先忧愁，在天下人快乐之后才快乐。在团队的事业中，就是要把团队的利益摆在首位，为团队的前途、命运担忧分愁，为团队成员的幸福出汗、流血。

"位卑未敢忘忧国"，讲的是责任。

宋孝宗淳熙三年（1176）春，52岁的陆游因"恃酒颓放"被免去军职，客居成都岷江江边浣花村，大病二十余日，至四月，方得痊愈。夜读《出师表》有感，作《病起书怀》，中有"位卑未敢忘忧国"之句，谓"虽然自己地位低微，但是从没忘掉忧国忧民的责任"。后世忧国忧民的寒素之士多以此句自警自励，这句话也因此成为名言。

团队中的每一位成员都应有这样的境界。

"苟利社稷，死生以之"，讲的是责任。

郑国大夫子产推行土地军赋制度改革，遭到国内一些人的指责诽谤，有人告诉了子产，子产很坦然地说："何害？苟利社稷，死生以之。"（《左传·昭公四年》）怕什么，只要于国家民族有利，即使牺牲自己也在所不惜，还怕什么诋毁？于是有了林则徐"苟利国家生死以，岂因祸福避趋之"（《赴戍登程口占示家人二首》），只要于国家民族有利，生死早已置之度外，哪里会因为可能受到祸害而躲避？

责任其实也是理想，是信仰。

在有些人看来，在今天这样一个价值多元的时代，理想和信仰是个人的事。实际上，"我们不是为自己而生，我们的国家赋予了我们应尽的责任。""任何一种生活，无论是公共的还是私人的，事业的还是家庭的，关系到个人的还是他人的，都不可能没有其道德责任；因为生活中一切有德之事皆因履行道德责任而出，而一切无行之事皆因忽视这种责任所致。"（古罗马马库斯·图留斯·西塞罗《论责任》）

贺龙元帅的女儿贺捷生在读到蔡多文将军的《讲坛随笔》中对信仰的分析时曾著文说："理想、信仰，今天忽然成为一个十分突出的问题摆在全社会的面前。社会发展了，时代进步了，信仰何以成为人们精神生活中的问题？这确实很值得研究。"

在我们这代人看来，信仰不仅是理念和精神，更是人生的指南和人生的最高追求。不论社会怎么发展，不论经济怎么繁荣，即使到了我们成了世界头号经济强国的时候，如果放弃了对理想对信仰的追求，我们的社会同样也会走向沉沦和没落。同时，不谈信仰，我们的先辈抛头颅、洒热血的牺牲精神也就无法理解。（贺捷生《信仰的力量》，《解放军报》2014年1月13日第11版）

然而，匹夫的责，不仅仅是"天下兴亡"。

一个公民，要为国家尽忠；一个员工，要为单位尽责；一个党员，要为组织尽职；一个兄弟，要为朋友尽义；一个儿女，要为父母尽孝；一个长辈，要为晚辈尽慈。这都是匹夫之责。

"我们每一个人都是活在责任和义务里。"

这是已故我国台湾国学大师耕云先生的话。这句话他曾在北京市和台北市的多所大学反复强调，并一再告诫诸学子：每个人都是社会的一分子，要尽到对社会的责任和义务；同时，又是家庭的一分子，也要尽到对家庭的责任和义务。

如果我们每个人都能对社会和家庭尽到应尽的责任与义务，那么我们这个社会就会少许多纷争和掠夺，少许多艰险和罪恶，而多一些安宁和祥和。

诚哉斯言，允为笃论！

## 四、心随责走

责任无处不在，存在于生命的每一个角色中。

之所以如此说，是因为责任对每个人来说都是一种与生俱来的使命，它伴随着我们生命的始终。不管是对家庭的责任、对工作的责任，这是对社会的责任、对生命的责任，只要我们对肩负的责任认同了，就要把这份责任履行到最后，甚至坚守一生。

强烈的责任心，是做人的基本准则之一，正是责任赋予了我们的生活一定的"沉重感"。

梁任公昔有言：

人生于天地之间，各有责任。知责任者，大丈夫之始也。行责任者，大丈夫之终也。自放弃其责任，则是自放弃其所以为人之具也。是故人也者，对于一家而有一家之责任，对于一国而有一国之责任，对于世界而有世界之责任。一家之人各各自放弃其责任，则家必落；一国之人各各自放弃其责任，则国必亡；全世界人人各各自放弃其责任，则世界必毁。（《饮冰室文集》）

有了责任心，文明才能进步；有了责任心，社会才能平安；有了责任心，民族才有希望；有了责任心，生命才会闪光；有了责任心，人格才最高贵；有了责任心，事业才能发达。

有了责任心，才保证了诚信，保证了服务，保证了敬业，保证了创造，保证了社会的可持续发展。有了责任心，才会有汶川地震、玉树地震、舟曲泥石流、雅安地震废墟旁对生命的不弃不离；有了责任心，才有了推开学生自己却倒在飞驰的车轮下的张丽莉老师；有了责任心，才有了遭到意外撞击首先想到的却是乘客的生命安危的吴斌师傅；有了责任心，才有了那么多的道德模范和他们的故事……

心之到处，即有责任，即为责任。

因此，心会随责一起走。

心随责走，是负责任的境界。有了责任的时候就要让责任牢牢在心里扎根，心无旁骛地考虑该如何尽责。

曾子曰："士不可以不弘毅，任重而道远。仁以为己任，不亦重乎？死而后已，不亦远乎？"（《论语·泰伯》）

曾子说：一个士人，不能不志向远大、意志坚强，因为他肩负重任，路途遥远。以实行仁道为己任，岂不是很重大？直到死才肯罢休，岂不是很遥远？

晋商之所以能够把票号做到达三江而通四海，靠的就是"诚信"两个字，也是"责任"两个字。张正明先生《晋商兴衰史》中曾收录清代山西省柳林县《杨氏家谱》，其中有云：

天地生人，有一人莫不有一人之业；人生在世，生一日当尽一日之勤。业不可废，道唯一勤。功不妄练，贵专本业。本业者，所身所托之

业也。假如侧身士林，则学为本业；寄迹田畴，则农为本业；置身曲艺，则工为本业；他如市尘贸易，鱼盐负贩，与挑担生理些小买卖，皆为商贾，则商贾即其本业。此其为业，虽云不一，然无不可资以养生，资以送死，资以嫁女娶妻，……无论士为、农为、工为、商为，努力自强，无少偷安，则人力定可胜矣！安在今日贫族，且不为将来富矣！
（张正明《晋商兴衰史·杨氏家谱》）

2007年，山西省话剧院排演了一出历史话剧，叫作《立秋》，里面讲，丰德票号几代人传承的祖训正是"天地生人，有一人当有一人之业；人生在世，生一日当尽一日之勤"。

任何人都不可能脱离责任而生存，因此责任就成了分内和不得不做的事情。"既然来当兵，就知责任大。……你不站岗我不站岗，谁来保卫咱祖国，谁来保卫家？"

这正是责任的价值。

## 五、责任的价值

责任，体现着生活的价值，映照着人生的意义。

德国大文豪歌德说得好："尽力履行你的职责，那你就会立刻知道你的价值。"

印度著名文学家普列姆昌德说过："责任感常常会纠正人们的狭隘性。当我们徘徊于迷途的时候，它会成为可靠的向导。"

文学巨匠巴金说过："我写作只是为了一个目标，对我生活其中的社会有所贡献，对读者尽一个同胞的责任。我从未中断与读者的联系，一直把读者的期望看成对我的鞭策。"

正是因为有了这种责任感，我们才会有崇高感。

对于工作在基层的党政干部、企业员工来说，责任也是一种发展自我的机遇和手段，它会给我们带来许多我们所渴望的东西，如财富和地位、鲜花和掌声、尊严和快乐等。

第一，承担责任，意味着获得信任。

信任就是信得过，有两层含义：一是对你整体的认可，二是对你能力的肯定。这也就是在职场中对事业和工作有高度责任心的人往往能得到同事和领导的信任，进而被委以重任的原因。

第二，承担责任，意味着拥有权力。

拥有了权力，就拥有了一个施展抱负的平台，可以调动资源，包括人力资源、物质资源等，并按照自己的规划去实施，从而更好地为大众服务。当然，掌握权力本身也是一种责任。

第三，承担责任，意味着把握机会。

人的一生中能够获得的进步、成长的机会、机遇并不多，而且这种机会、机遇也不是什么人都能轻易抓住的。机会、机遇只留给有准备的人，对年轻人来说，尤其如此。

也就是说，责任可以改变一个人平庸的生活状态，使他变得杰出和优秀；责任可以帮一个人赢得别人的信任和尊重，从而强化他脆弱的人际关系和人际资源。更重要的是，责任可以使一个人成为机会、机遇的座上宾，使他频频获得命运的眷顾，从而扭转职业轨迹。

然而，责任的价值远不止于此，因为责任也创造价值。

一个员工、一名干部，一旦具备了勇于负责的精神，其能力便能得到充分的发挥，潜力便能不断地得到挖掘，事业便能不断向前发展。

从某种意义上来说，拥有了责任就可以获得改变一切的力量。

尤其是在当今日趋商业化的社会里，领导者越来越欣赏那些敢于承担责任的员工，因为只有这样的人才能给人以信赖感，才值得去交往；

也只有这样的人，才具备开拓精神，才能为团队带来效益。

因此我们才说，如果你已经足够聪明和勤奋，但依然成绩平庸，那么就请检视自己，是否有勇于负责的精神。

在做事的过程中，我们应该要求自己具备这种勇于负责的精神。

遗憾的是，在现实生活中，仍然有许多人会选择逃避责任。

无它，人性使然耳。

因为逃避责任、畏惧困难、害怕挫折、躲避风险，这是人的本性。当一天和尚撞一天钟，如果说可撞可不撞，或撞不撞无所谓，那就不撞了，所以有些人逃避责任，不愿意承受压力，我们能够理解；但是一个组织、一个团队要实现自己的目标，一定会要求每一个成员必须承担起自己应该承担的责任来。

于是，"靠制度管理人"的管理方式出现了。

可是问题在于，制度不是万能的。

## 六、制度的局限性

制度，本来是指事物的制作方法、规格式样，引申为一定历史条件下形成的规格或法令礼俗等规范。

现代意义上，制度一般指要求大家共同遵守的办事规程或行动准则。

没有规矩，不成方圆。社会管理和国家治理必须有合理的、严格的法律法规、规章制度规范。

但是，制度不是万能的。

因为制度管理和法治一样，是政治文明发展进程中相对最好的方式，而不是好的方式中的更好的。

第一，制度和法律一样，对人们的行为要求是最低限度的标准，而不是最高的标准。制度要求你不能这样、不能那样，要求你做的事也是最低限度的；道德对人们的行为的要求才是最高标准。

第二，制度和法律当中大量的内容的制定是来自社会道德，是道德内容的制度化、法律化；但道德中还有一部分是不能制度化、法律化的，那些属于道德调整的内容，如果把它制度化、法律化了，就会变成制度的专制、法律的专制，而制度的专制、法律的专制远比人的专制更加可怕。

第三，制度和法律也是有缺陷的，做不到完美无缺。制度和法律永远是在社会实践的推动下制定的，它也永远滞后于社会实践。

由于以上三种原因的存在，我们就会明白：没有制度和法律是不能的，但制度和法律本身不是万能的。

具体来说，任何一个组织、企业都不可能把所有的工作职责都写进条款，也就是不能保证规章制度能够覆盖到员工工作的所有方面，如果全部靠职责来约束，是不可能做到的。

有一家企业，其产品是不能溅水的，一天，生产部经理发现车间地面上有积水，就让旁边的一个工人用拖把拖一拖，可是工人说："我的职务说明书规定，我的工作岗位是在机器的旁边，打扫卫生不归我管。"经理一想也对，他是按照制度来做事的，于是又让门外的保洁员来拖，但是保洁员也说："职务说明书规定，打扫车间的时间是在上班之前和下班以后，现在是上班时间，我也不能打扫。"

你看，如果严格地按照制度来执行，这点水就没有人来拖。如果是一个有责任心的人，就会主动去做，因为他知道要对产品负责，对公司负责。

所以我们要研究，怎么通过提升或者增强员工的责任心、责任感，来激发其内在的执行力。

社会的祥和、国家的进步，既要有健全的法律法规做保障，也需要人人自觉遵纪守法，要依法治国和以德治国相结合。同理，组织的前进、企业的发展，既要有科学的管理制度，也需要人们的责任心，要制度管理和责任心建设相结合。

因此，我们才可以说：在现实中，最大的执行力，就是能够把团队的最高利益放在首位，每一个人都以主人翁意识来开展工作，这个团队才有希望，每个成员才有未来。如果员工都打自己的算盘，公司完了，单位垮了，"大树"倒了就什么都没有了。

这其实是说，团队成员的最高境界就是让责任成为一种自觉。

责任一旦成为自觉，人们就会产生一种使命感和自驱力，而这种感觉所带来的收获有时会远远超出我们的预期。

这就是文化自觉。

## 七、文化自觉

毋庸讳言，我们在责任上是有过深刻教训的。

中国社会在现代化的进程中，正经历前所未有的历史转型，我们在迈向现代文明社会的过程中也会出现短暂的秩序的紊乱、道德的迷茫和价值的混淆等错位现象。针对这些现象，人们希望借助责任，使人们的生活更有秩序，因为越来越多的人开始认识到，只有让责任走进人们生活的各个领域，给责任以足够的权威，才能满足当今社会政治经济文化发展的需要，才能满足实现社会安定、提高劳动效率、增进社会文明的需要。

让责任走进人们的生活，给责任以足够的权威，就是让责任成为人们的自觉。

当责任成为自觉，就变成了一种文化，一种文化自觉。

自觉，是指自己感觉到、意识到，因有所察觉、有所认识而觉悟并主动去做。自觉是一种内在发现、外在创新的自我解放意识。

制度和文化同样具有规范团队成员行为的作用。所不同的是，制度是刚性规范，规定的是最低标准，约束的是人的外在行为；文化是柔性规范，展现的是最高境界，能够渗入人的内心深处。因而，制度可以规范团队成员的工作行为，文化却能够激励团队成员的自我超越。

责任一旦成为文化自觉，就会转化成一种理念、一种基因，会浸润团队的每一个决策、每一项业务、每一个岗位，融入团队员工的血液，成为团队和员工的坚定不移的自觉选择。如此，员工智慧的有效发挥、企业发展的生命活力就有了坚实的基础。

强烈的责任心，能够让团队成员以自己的能力控制自己的反应，使团队成员一心扑在工作上，做到不因事大而难为，不因事小而不为，不因事多而忘为，不因事杂而错为，不会的自觉学会，不懂的主动弄懂，不容易发现的错误能动地去发现，以高度的行为自觉履行好自己的责任，把良好的行为升华为自觉习惯，实现由制度的强制遵守到思想自觉自悟、行为自律自动的转变。

当然，让责任成为文化自觉有赖于团队和团队成员两个方面的共同努力。

让责任成为文化自觉，对团队来说，其实要做的就是养成教育，"为时养器"是也。

"为时养器"，器者，本指饮食之器。《礼记·曲礼下》："凡家造，祭器为先，牺赋为次，养器为后。"凡制作器物，先造祭器，再营建放置征收来的牲畜的棚圈，最后才造生活用具。后指培养人才。《三国志·吴志·孙休传》中云："古者建国，教学为先，所以道世治性，为时养器也。"古代君王建立国家，都把教育学子作为首要任务，用教育来引导世人修养性情，为国家培养人才。

基于当前团队成员在社会责任感方面的现状和背景，今时所谓"为时养器"，其实是培养具有高度社会责任感的团队成员，这也是每个团队自身的责任之一。

让责任成为文化自觉，对团队成员来说，其实就是态度。

态度决定一切。

## 八、态度决定一切

《态度决定一切》，是成功学的代表作。

此书的作者，乃是举世闻名的演说家和作家，美国人罗曼·文森特·皮尔，此人被誉为"积极思考的救星""自尊的倡导者"，被称作"美国人宗教价值的引路人"，也是"奠定当代企业价值观的商业思想家"。

此书曾位居美国畅销书排行榜整整十年时间，从此"态度决定一切"这句表达积极思维力量的话传遍了全世界。

对于这本书，洛克菲勒基金会首席执行官罗伯特·曼极为推崇，认为它"具有一种将强大的精神转换成巨大的财富的力量"。美国经院哲学家托马斯·阿奎那甚至说："从中我们可以找到心灵的安慰和人性的尊严。"

多年前，因为前国家足球队主教练米卢的推崇，这句话在中国迅速传播开来。

为什么说"态度决定一切"呢？

因为，一个人的生活状态、人生方向完全取决于其生存态度的牵引。用什么样的态度对待生活，就有什么样的生活现实。

我不能改变环境，但可以适应环境；我不能改变世界，但可以改变自己；我不能改变事情，但可以改变态度；我不能改变过去，但可以改变现在；我不能预知明天，但可以把握今天；我不能左右天气，但可以改变心情；我不能选择容貌，但可以展现笑容；我不能延伸生命的长度，但可以决定生命的宽度。

所以说，态度影响我们的事业、生活、人际关系，决定我们的人生成败。态度决定一切。

影响力训练机构两万以上人次调查的结果显示，决定一个人成为成功者最关键的要素中，80%属于个人自我价值取向的"态度"类因素，如积极、努力、恒心、雄心、爱心、意志力等；13%属于后天自我修炼的"技巧"类因素，如各种能力；7%属于运气、机遇、环境、时间、天赋、背景等所谓的客观因素。能否具备技巧取决于我们的态度，因为技巧根源于态度；能否驾驭客观因素还是取决于我们的态度，因为它根源于我们对待客观因素的态度以及把握客观因素的技巧，而技巧已被证明属于态度。

在《世界是平的：21世纪简史》一书中，未来学家弗里德曼预言道："21世纪的核心竞争力是态度。"他告诉我们，积极的态度已经成为当今最为稀缺、珍贵的资源，它是个人决胜于未来的最大资本，是纵横职场最核心的竞争力。

"态度"竟有如此神奇的力量？

每个人都有自己的工作态度。

"知之为知之，不知为不知"，是一种态度；"见贤思齐焉，见不贤而内自省也"，也是一种态度。

在一个组织里，有的人勤勉进取，或志存高远，或精诚所至，或位卑未敢忘忧国，或不妄自菲薄；有的人悠闲自在，闲看庭前花开花落，漫望天外云卷云舒；有的人得过且过，当一天和尚撞一天钟。不同的态度决定了不同的业绩和成果。

态度是成功的基础，工作态度决定成就高度。要想获得卓越的工作表现也需要有积极的态度。

我们不能保证你具有了某种态度就一定能获得成功，但是成功的人都有着一些相同的态度。

态度其实也是一种能力，是一种比技术、知识更为重要的能力。

心有多高，路就能走多远，有什么样的态度就有什么样的结果。

态度就是竞争力，而且是第一竞争力。

一个人的成功，80%以上取决于积极主动的态度，只有剩下的不到20%的部分才取决于智力及其所知道的事实和数据。

纽约中央铁路公司前总裁佛里德利·威尔森被问及如何对待工作和事业时，他是这样说的。

一个优秀的人，不论是在挖土，或者是在经营大公司，他都认为自己的工作是一项神圣的使命。不论工作条件多么困难，或需要多么艰苦的训练，始终以积极负责的态度去进行。只要抱着这种态度，任何人都会成功，也一定能达到目的、实现目标。

《砌墙》是西方的一个传统教育故事。

有三个工人在砌墙，一个人经过此地，分别问他们："你在干什么？"

甲工人说："砌墙。"

乙工人说："我在建房子啊！"

丙工人很愉快地回答道:"我正在盖一座大楼。"

这个故事的结局有几种不同的版本,但都大同小异。

甲工人还是砌墙的工人;乙工人成了工程师;丙工人所取得的成就最大,有的说他成了前面两个人的老板,有的说他成了这个城市的市长。

同样的起点,不一样的终点。故事很短,却发人深省。

"境由心造,事在人为。"人成功与否、平凡与否,都由自己对事情的态度所决定。

正如美国心理学家马斯洛所说:心态变,则态度变;态度变,则行为变;行为变,则习惯变;习惯变,则性格变;性格变,则人生变。

成功是因为态度!让我们记住这一发人深省的结论。

## 案例研究

### 白起之死

白起号称"人屠",与王翦、廉颇、李牧并称"战国四将",是秦国历史上战功卓著的大将,也是中国历史上自孙武、吴起之后又一个杰出的军事家、统帅。他征战沙场37年,攻城70余座,歼敌上百万,未尝败绩,为秦国一统天下立下了不世之功。司马迁称赞其"料敌合变,出奇无穷,声震天下"。据梁启超先生考证,整个战国时期共战死两百万人,白起一人则据二分之一。

从态度的角度来看,白起之死却是一个深刻的教训。

四十八年十月,秦复定上党郡。秦分军为二:王龁(hé)攻皮牢,拔之;司马梗定太原。韩、赵恐,使苏代厚币说秦相应侯……于是应侯言于秦王曰："秦兵劳，请许韩、赵之割地以和，且休士卒。"王听之，割韩垣雍、赵六城以和。正月，皆罢兵。武安君闻之，由是与应侯有隙。

其九月，秦复发兵，使五大夫王陵攻赵邯郸。是时武安君病，不任行……武安君病愈，秦王欲使武安君代陵将。武安君言："邯郸实未易攻也。且诸侯救日至，彼诸侯怨秦之日久矣。今秦虽破长平军，而秦卒死者过半，国内空。远绝河山而争人国都，赵应其内，诸侯攻其外，破秦军必矣。不可。"秦王自命，不行；乃使应侯请之，武安君终辞不肯行，遂称病。

秦王使王龁代陵将，八九月围邯郸不能拔。楚使春申君及魏公子将兵数十万攻秦军，秦军多失亡。武安君言曰："秦不听臣计，今如何矣！"秦王闻之，怒，彊起武安君，武安君遂称病笃。应侯请之，不起。于是免武安君为士伍，迁之阴密……武安君既行，出咸阳西门十里，至杜邮。秦昭王与应侯群臣议曰："白起之迁，其意尚怏怏不服，有余言。"秦王乃使使者赐之剑，自裁。（《史记·白起王翦列传》）

公元前260年，白起因长平之战而被人记住。

这一年是周赧王五十五年，同时也是秦昭襄王四十七年、韩桓惠王十三年、赵孝成王六年。

这一年，因为秦国左庶长、大将王龁攻占原属韩国的上党，引发了秦赵之间的长平之战。

这年九月，秦国名将白起率军在赵国的长平（今山西省高平市西北）一带大败赵军，进占长平，并坑杀了赵国40万降兵。此战是秦、赵两国之间的战略决战，也是中国古代军事史上最早、规模最大、最彻底的围歼战。

第二年，秦军再定上党郡。

此时，按照白起的本意是要乘胜兵分三路一举灭赵。大败之后，韩国和赵国惊恐万分，赶紧派苏代携重金入秦，贿赂秦相应侯范雎，于是范雎以秦兵疲惫、急待休养为由，请秦昭襄王允许韩、赵两国割地求和，秦昭襄王同意了。白起闻知大怒，从此与范雎结下仇怨。

白起万万想不到，自己的这种态度给自己制造了一个悲惨结局。

白起认为范雎受贿、因私废公，因而非常不满。

然而，从另一个角度来看，长平之战中，秦国已发倾国之兵，范雎提出的理由也算正当；况且，尽管建议是范雎提出的，但决策者毕竟还是秦昭襄王。白起的正确做法应该是说服秦昭襄王，而不是结怨于范雎。尽管白起与被范雎逼走的前国相魏冉是亲家，想来二人早有矛盾，但无论如何，将相不和都不是国家之福。

秦昭襄王四十九年，赵国毁约，秦王大怒。因为白起病倒，遂以五大夫（爵位名）王陵为将，率军十万伐赵，围邯郸城。王陵虽是名将，但他遇到的对手是赵国老将廉颇。廉颇可不是赵括，他一方面严密防守，另一方面选派死士时不时在深夜缒城偷袭秦营，王陵屡战不胜。秦王增发重兵支援，结果王陵又遭到惨败，还损失了五校（一校约为8000人）人马。

这时白起病愈，秦王打算让白起替换王陵，统领秦军继续进攻邯郸。

秦王此举，实际上是很委婉地向白起道歉，但白起认为进攻的时机已经错失，此仗不能打。他说："邯郸是不易攻取的，因为各国救兵一天就可以到达。长平之战，我们秦兵死者过半，现在国内空虚、兵力不足，若长途跋涉进攻赵国首都，一旦诸侯来援，里应外合，秦军必败。"

白起"不可攻赵"的理由虽也充分，秦昭王却不这么看：你白起早先要打，现在又不打，是不是意气用事，在要挟君主？

白起拒不挂帅，秦昭襄王又派范雎亲自来请，其中也许就包含了让范雎向白起道歉的意思。此时倘若白起转变态度，积极参与谋划，不管这仗打还是不打，不管他是不是为将，或者能挽回君心，得到秦昭襄王的谅解、理解。

然而，此时白起还是不肯答应，并称病不起。白起的这种态度不仅让范雎感到难堪，也使秦昭襄王不再对他抱有希望。

秦昭襄王不再跟白起较劲儿。这年九月，秦昭襄王将王陵免职，改派长平之战中白起的副手王龁接替王陵为将，再攻邯郸。

形势如当初白起分析的一样，楚春申君及魏信陵君率军救援（窃符救赵和毛遂自荐两则故事便出于此），数十万大军内外夹击。王龁虽是宿将，也只能战败，秦军伤亡惨重。消息传回国内，白起说："当初大王不听我的计谋，现在如何？"白起的意思模棱两可，但在秦昭襄王听来是真真切切的幸灾乐祸。

秦昭襄王大怒之下抱着对白起的最后一丝幻想强令白起出征，白起还是不肯就范，自称病重不出。秦王再派范雎来请，白起自然也没给他面子。白起的这种态度使秦昭襄王终于忍耐到了极限，也彻底对他死了心，于是下令革除白起一切官爵，贬其为士卒，立即迁往阴密（今甘肃灵台县西）居住。白起被革除一切官爵，只是因为身体有疾才得以留居咸阳，而没有立即前往贬谪地。

然而，就在这三个月中形势大变，诸侯不断向秦军发起进攻，秦军节节败退。战场上的连连失利，令秦昭襄王将一腔怨恨全都发泄到白起身上。他再也不想见到白起，于是强令白起马上动身离开咸阳。

白起抱病离开咸阳后，秦昭襄王召集范雎等大臣商议对白起的处置之法。

范雎这个人睚眦必报，他明白自己把白起得罪苦了。现在白起既然已经落难，他就要毫不犹豫地再踏上一脚，让白起永世不能翻身。

范雎说，白起被贬迁出咸阳，怏怏不服，必有怨言，不如处死。

秦王接受了这个建议，于是派出使者带着宝剑追上白起，令他自裁。

白起将宝剑横在自己脖子上，仰天长叹："老天爷啊，我究竟有什么罪过，竟落得如此下场？"几十年的枪林箭雨，在白起的脑海里一幕幕闪过，过了好一会儿，他自言自语道："哦，我确实该死。长平一战，赵军降卒几十万人被我用欺骗的手段全部活埋了，这就足够判我死罪了！"说完，剑光一闪，这位在战国时期撼天彻地的将军最终湮没在了历史的长河之中。

秦昭襄王五十年（公元前257年）十一月，白起自刎于今陕西咸阳市东郊的杜邮亭，是为"杜邮之戮"，亦称"杜邮之厄"。白起血战沙场35年，如此结局，实在令人叹息。

在攻打邯郸的问题上，白起和秦王之间本来有很好的沟通载体和平台，除了战争这个因素以外，至少还有秦昭襄王的两次拜将任命、范雎的两次登门之请，而白起并没有抓住和利用好这些机会，而是一味称病坚辞，他的这种不以国家利益为重、不以大局为重的态度最终激怒了秦王，给他招致杀身之祸。

白起之死，死于他任性妄为的不合作态度。

# 第三章

## 鸿雁在云鱼在水

诗云:"缗蛮黄鸟,止于丘隅。"子曰:"于止,知其所止,可以人而不如鸟乎?"……为人君,止于仁;为人臣,止于敬;为人子,止于孝;为人父,止于慈;与国人交,止于信。

——《大学》

"雁序，雁之飞也，若有行列，先后之序不相紊乱。"

在大雁的组织中，有着明确的分工合作。

雁群在中途休息时，有的负责寻觅食物，有的负责照顾老幼，有的负责安全警戒，各自负起各自的责任。

雁群在飞行过程中，领头大雁负责调整队形，需要休息进食时，群雁里会不停地发出鸣叫，以及时沟通。

雁阵"人"字形尖端的领头雁任务最为艰巨，这个位置的大雁需要承受最大的空气阻力，因此需要体力强壮的大雁领跑、伴飞；雁阵尾部的两个位置的大雁最为轻松，就让幼弱病残之雁占据这些省力的位置。

## 感悟

在一个团队中，由谁选择和决定团队成员，团队最终应对谁负责，每一个成员在团队中扮演什么角色，是团队成员的权限设定和权限分配问题。

准确的自身角色定位是团队建设的重要砝码。要想共同创造出优良的绩效，就需要对每一个个体做出准确的定位。

在生态系统中，食物链有高低之别，每个物种都有适合自己生存的生态位。在一个团队中，每个成员也必须找到适合自己的生态位，确定自己的位置。

## 一、角色·生态位

"角色"一词,源于戏剧,也称"脚色",兼指演员扮演的剧中人物及由演员扮演的舞台人物形象,也比喻生活中某种类型的人物及戏曲演员专业分工的类别。

1934年,乔治·赫伯特·米德(George Herbert Mead)首先运用"角色"的概念来说明个体在社会舞台上的身份及其行为,自此以后,"角色"的概念被广泛应用于社会学与心理学的研究中。

社会学对角色的定义是,"与社会地位相一致的社会限度的特征和期望的集合体"。具体来说,角色就是个人在特定的社会环境中的社会身份和社会地位,并按照一定的社会期望,运用一定权力来履行相应社会职责的行为。它规定了一个人活动的特定范围以及与其地位相适应的权利义务与行为规范,是社会对处于特定地位的人的行为期待。

在企业管理中,组织对不同的员工有不同的期待和要求,这就是企业中员工的角色。这种角色不是固定的,会随着企业的发展和企业管理的需要而不断变化,比如在项目管理中,某些项目成员可能是原职能部门的领导者,而在项目团队中其角色可能会转变为服务者。"角色"是一个抽象的概念,不是具体的个人,它本质上反映了一种社会关系,具体的个人是一定角色的扮演者。

角色可以由不同的职位和岗位承载,职位、岗位和角色的综合表现形式就是相应的职位说明书、岗位说明书和角色说明书。

在社会生活中,处于一定社会地位的人扮演着多种角色,集许多角色于一身，是一个角色丛。

譬如一个干部，在单位是领导，在圈子里是朋友，在家庭中则是父母的孩子、配偶的另一半、孩子的父母亲。

在每一个角色场都要选择好自己应该扮演的角色，找准自己的位置和立足点，既不能"串岗"，也不能"乱岗"。这就是角色定位。

在社会和团队活动中，由于认识、能力、个性等差异的影响，每个人在组织角色方面的倾向性是不同的。因此，首先要做的就是进行角色定位，即认定"我是谁"，我扮演和充当一个什么样的角色，我要做什么，以及要怎样做才能做好，在其职、做其事、尽其责。

从生态学的角度来讲，就是要遵守生态位。

生态位是指在生态系统中，一个种群在时间、空间上所占据的位置及其与相关种群之间的功能关系与作用。

在生态系统中，食物链有高低之别，每个物种都有适合自己生存的生态位。

某一生物种群的生态位一旦确定，该种群就只能生活在确定的环境条件下和空间范围内，也只能利用特定的资源，甚至只能在适宜的时间里在这一环境中出现。

生态学家约瑟夫·格林内尔（Joseph Grinnell）1917年最早在生态学中使用了"生态位"的概念，用以表示生命栖息地的空间范围，称作"空间生态位"或"小生境"。1927年查尔斯·埃尔顿（Charles Elton）的《动物生态学》一书首次把"生态位"概念的重点转到生物群落上来。

生态位其实是一种适合生存的最佳环境。

社会是一个生态系统，企业的员工、团队的成员也是社会生态中的一类物种或一个"种群"，这一种群要在社会生态系统中长期存在和发展，就必须具有相称的位置并发挥一定的功能，即占有适宜的生态位。否则，就难以与社会共存。

在一个团队中，每个成员都必须根据自己的爱好、特长、经验及行业趋势、社会资源等确定自己的位置，亦即找到适合自己的生态位。

这就是"知其所止"。

## 二、"知其所止"

"知其所止"，就是知道自己应该"止"的地方，即我们常说的选择好自己应该扮演的角色，找准自己的位置和立足点。

"知其所止""止于至善"是《大学》中的句子，知道你应该停在什么地方，方可达到完美的境界。

"缗蛮黄鸟，止于丘隅。"（《诗经·小雅·缗蛮》）

缗蛮，是鸟声；丘隅，是山阜树多的所在。鸣叫着的小鸟，栖息在山丘多树的一角。孔子整理《诗经》，在读到这两句时有感而发："于止，知其所止，可以人而不如鸟乎？"哎呀，黄鸟不过是个微物，一个小东西尚且晓得所当止的好处，人为万物之灵，难道还不如鸟儿吗？

黄鸟所当止的是林木，人所当止的是至善。孔子这是借鸟以警人。

"止"很重要，它代表了一种节制和限度。在古代中国，有很多关于节制、知足的思想火花，人们应该有自己的道德界限和行为准则，有所为而有所不为。孔子的意思就是说，难道人连那黄鸟也不如吗？"知其所止"，即鸟都知道所止，都知道栖息在它应该栖息的地方，难道人还不如鸟吗？如果人不守界限，不能和谐安乐，他就不如鸟。如果个体不遵守社会秩序，不守人伦礼节，那这样的人，孔子认为禽兽不如。

《诗经》所说的和孔子所说的并不是封建迷信，而是闪烁着人文理性光辉的至理名言，是人的自省和反思。（《四书直解·大学直解》"缗蛮黄鸟，止于丘隅"·今评，据"弟子规文化网·经典书屋"）

"知止而后有定，定而后能静，静而后能安，安而后能虑，虑而后能得。"（《大学》）人只有清醒地认知自己所处的位置、角色、环境，准确把握自己要达到的境界、高度、目标，才能够心里安定，进而镇静不躁、情绪稳定，才能深入思考，最后有所获。

当然，不同的身份、不同的人有不同的"止"，"为人君，止于仁；为人臣，止于敬；为人子，止于孝；为人父，止于慈；与国人交，止于信。"（《大学》）

作为君王，要做到仁爱；作为臣子，要做到恭敬；作为子女，要做到孝顺；作为父母，要做到慈爱；在和民众的交往中，要做到诚信。这就是不同身份的人的"止"。

为君的道理在于仁，文王之为人君，所存的是仁心，所行的是仁政，尽所以为君之道，而无一毫之不仁，这是止于仁。为臣的道理在于敬，文王之为人臣，忠诚以立心，谨恪以奉职，尽所以为臣之道，而无一毫之不敬，这是止于敬。为人子的道理在于孝，文王之为人子，侍奉他父母，常怀着爱慕的意念，于那为子的道理，竭尽而无所遗，这是止于孝。为父的道理在于慈，文王之为人父，教诲他儿子，都成了继述的好人，于那为父的道理，曲尽而无以加，这是止于慈。与人交的道理在于信，文王与国人相交，言语句句都是诚实，政事件件都有始终，尽得那交往的道理，而无一毫之不信，这是止于信。（《四书直解·大学直解》"穆穆文王，于缉熙敬止"，据"弟子规文化网·经典书屋"）

其实，不论什么样的"止"，最关键的还是要寻找最适合自身条件、最能扬长避短的位置和角色——"知其所止"，以求"至善"。

准确的自身角色定位，是团队建设的重要砝码。

剑桥产业培训研究部前主任贝尔宾博士和他的同事经过多年在澳大利亚和英国的研究与实践，提出了著名的贝尔宾团队角色理论，即一支结构合理的团队应该由八种角色组成，后来修订为九种角色，即执行者、协调者、鞭策者、智多星（谋划者）、外交家、审议员（分析者）、凝聚者、完成者（执行者）、专业师。他们各自发挥着不同的角色功能，不同的角色功能对人的要求也有所不同。

一个团队、一个组织是为一项事业、一个目标而存在的，其内部的合理分工、角色定位将成为影响团队执行力的关键因素。实际上，一个企业、一个部门想要共同创造出优良绩效，首要任务就是明确每个个体的特点、优势和发展潜力。

也就是说，团队的高效得益于两个基本点：一是团队成员职责清晰、分工明确、资源共享、没有壁垒；二是把合适的人安排在合适的岗位上，从而最大限度地发挥各个成员的潜能。

所以，团队的每一个成员都必须清楚自己和其他人所扮演的角色，了解如何相互弥补不足，发挥优势。

优秀的团队成员总能够在团队内部找到适合自己的角色，并能为团队做出积极贡献。

如果团队中的每一个成员都能清楚自己的角色，清楚自己在各个工作流程中的位置，那么，他就会根据工作需要自觉行动起来，并采取迅速且适当的行动来完成团队的目标，而不需要有人下命令。

要做到这一点，需要团队的每一个成员都"尊时守位"。

## 三、"尊时守位"

"尊时守位",大意为"遵循天时,把握进退,找到并守护好自己该达到的位置"。

中国人很早就已经发现,无论是自然、社会还是人生,都有时有位。用今天的话来说,就是任何事物都存在于一定的时间和空间中,因此为人处事必须尊时守位。

"时",就是天时,即天道运行所处之时间或时段,实际上也是自然运行规律和社会发展规律。

所谓"尊时",意即要顺应时势,就是"待时而动""与时偕行",就是"因时制宜,审势而行"。"事之难易,不在小大,务在知时。"(《吕氏春秋·孝行览》)良好的时机会为事业成功创造有利的条件,关系着个人和团队事业的成败。

"位",就是位置。

"位置"一词在现代汉语中有两层含义:一是指所在或所占的地方,二是实际所处的地位。"地位",反映人和团体在社会关系中所处的位置,当属于"位置"的更深一层的含义。

位置影响着人们的工作与生活,也影响着历史的发展进程。

所谓"守位",乃是根据自己的职位、地位、身份、权限来生活和工作。万事万物都有位,每个人也应该按照自己的位来活动,在自己的位上履行应尽的责任和义务。

"天有大命,人有大命"(《韩非子·扬权》),自然和个人各有各的运行规律和运行趋势。一个组织的有序运行有赖于组织中每一个人的规范运转,这就要求团队或组织的每一个成员都要"尊时守位"。

中国历史上杰出的守位典型是周公,他身为文王之子、武王之弟,积极辅助武王伐纣;武王病危,他藏《金滕》之书,避居东都;武王逝世后,因侄儿年幼,又不得不出而摄政,制礼作乐,帮助成王治理天下,消灭夺权的管叔、蔡叔;最后还政于周成王。周公的完美守位,让孔子佩服得五体投地,一生奉其为榜样。(王颖、陈瑛《论"尊时守位"》,《光明日报》2015年6月3日)

《易传》,是解释《易经》的著作。其《大象传》运用象征手法,号召人们法天正己;《小象传》号召人们尊时守位、知常明变、开物成务、建功立业。正是在这个过程中,中华民族和中国人民逐渐形成了有别于其他民族的独特标识——最基本的文化基因。

汪叶斌先生的《一般平衡论》中说,"尊时守位,知常达变"也是平衡。

一般平衡论认为,一个人的位置没有好坏之分,适合自己的位置就是好的位置。万物的自然位置不是静止不变的,而是一种随着环境的变化而变化的动态平衡。个人也是如此,在适合自己的位置上需与时俱"变"来保持现有的位置,若现有位置不适合自己就需"变"换到适合自己的自然位置。《易经·系辞》上说:"穷则变,变则通,通则久。"人只有"变"运气才能"通","变"的目的是实现平衡,将不平衡变成平衡就会有好运。有了好位置才会有好命运,但一个人的好位置并非天上掉下来的,而是靠自己的主观努力"变"出来的。

"变",既要"尊时",更要"守位"。

"尊时"先要"知时"。审时度势,因时而变,"时止则止,时行则行,动静不失其时,其道光明。"(《易传·艮》)

"守位"先要"知位"。遵从自然,把握规律,"天尊地卑,乾坤

定矣。卑高以陈，贵贱位矣。"（《易传·系辞上》）

史幼波先生讲到这个问题时曾反复强调要"知位守位"。

知位则吉，不知位则凶；得位则吉，失位则凶。所以，一定要牢牢地把握自己，牢牢地认识自己的位置。《易经》博大精深，渊奥无比，如果非要用一个字来概括《易经》的话，在我看来，那就是一个"位"字。当然，这个"位"是一个全方位的概念，时间与空间的交错点，就是我们现在所处的"位"。在同一个时间点上，我们只可能有唯一的位。我们只有明白了自己所处的这个唯一的位，才能够知道应该做什么，不应该做什么。这个就叫作知位守位。（史幼波《〈中庸〉讲记》）

要"尊时守位"，就不要越位。

## 四、越位

"越位"，顾名思义，就是越过位置。

"越位"，是足球运动里一个非常重要的禁止性规则。

这个越位规则对足球运动技术和战术的发展起到了很大的推动作用。从某种意义上来说，没有对"越位"做出规定的制度，就没有足球运动的今天。

组织中的每一个人都必须按照各自在体制中的位置行事。

"位置"不同，享受的权益也不同。

美国军中规定，军人一律不得留长发，而黑格将军担任北约盟军总司令时却留着一头长发。有一名被禁止留长发的士兵看到画报上登载着长发的黑格将军像，便把它撕下来，贴在不许他留长发的中尉的办公室的门上。为了表示抗议，他还画了一个箭头，指着总司令的长发，并在旁边写了一行小字："请看他的头发！"中尉看了这份别出心裁的"抗议书"后，并没有把这个愤愤不平的士兵喊来训斥一通，而是将那个箭头延长到总司令的肩章处，也加了一行小字："请看他的军衔！"

"位置"摆得不对，就是越位。

就说战国名将田单。

公元前284年，燕国上将军乐毅统率赵、楚、韩、魏、燕五国联军进攻齐国，半年内攻下齐国城邑70多座，均划为郡县归属燕国。齐湣王战败被杀，齐国只剩下莒和即墨二城，危在旦夕。此时，田单被齐国军民共推为将，坚守即墨。五年后，田单行反间计于先，布火牛阵于后，大破燕军，尽复失地，拥立齐襄王，于齐国有存亡续绝的大功劳，全国上下无不钦敬，田单本人也被拜为相国，封安平城，号"安平君"。后来唐德宗建中三年（公元782年）追封古代名将64人，宋徽宗宣和五年（公元1123年）追封古代名将72人，设庙享奠，田单均名列其中。

有一件"解裘"的小事却差一点儿让田单身遭不测。

（田单）过淄水，有老人涉淄而寒，出不能行，坐于沙中。田单见其寒，欲使后车分衣，无可以分者，单解裘而衣之。襄王恶之，曰："田单之施，将欲以取我国乎？不早图，恐后之。"左右顾无人，岩下有贯珠者，襄王呼而问之曰："汝闻吾言乎？"对曰："闻之。"王曰："汝以为何若？"对曰："王不如因以为己善。"曰："奈何？"曰："王嘉单之善，下令曰：'寡人忧民之饥也，单收而食之；寡人忧民之寒也，单解裘而衣之；寡人忧劳百姓，而单亦忧之，称寡人之

意。'单有是善而王嘉之，单之善亦王之善已。"王曰："善。"乃赐单牛酒，嘉其行。（《战国策·齐策六》）

田单有一次陪同齐襄王过淄水，看见有位老人涉水而过，因寒冷，老人出水后无法行走，坐在沙地上。因为随从没有多余的衣服，田单就解下自己的皮袍给他穿上。齐襄王非常反感。回宫后，齐襄王越想越觉得这件事是个不好的兆头，他踱着步，不禁喃喃自语："田单施恩于人民，收揽人心，想干什么？想要篡夺王位吗？要是不早点下手收拾他，恐怕以后有变，后患无穷哪！"

这件事，倘若不是"贯珠者"一番婉言妙语打动了齐襄王，田单立时就要大祸临头。

越位的后果很严重。

之所以说越位的后果很严重，一是因为你超越了自己的职权范围，二是因为你侵犯了别人的领地，三是你还因此伤害了别人的尊严。如果你越位了，不论是有意的还是无意的，都会引起别人强烈的反感、对立。

任何一个组织或团队，不论是党政机关、群团部门、事业单位还是公司企业，上至总经理下到员工，不管是局长、科长还是普通干部，也不论是分管副总、部门经理还是业务人员，每一个工作岗位都会有明确的"工作职责"或"岗位职责"。"工作职责"或"岗位职责"之所以明确，就是要告诉你，在这个组织之内你的职责范围是什么，你的职位权力有多大。

职责范围加上职位权力，就是职权。职权都有界限，所以也叫"权限"。

权限是指为了保证职责的有效履行，任职者必须具备的，对某事项进行决策的范围和程度。

既然是权限，就不能超越。超越了自己的职权范围，便是"越权"。

## 五、越权

权限不同,责任也不同。

越权就是做了不该做的工作,超越了自己的权限或权力范围。当一个人实际行使的权力超出其有限职权的时候,或者其行为超越了上级分配的职责范围的时候,其行为引发的现象就叫作"越权"。

韩非子说:"虽有智能,不得背法而专制;虽有贤行,不得逾功而先劳;虽有忠信,不得释法而不禁。"(《韩非子·南面》)。在一个组织或团队里,纵然你再有智能、再有贤行、再有忠信,也不能背法违制,不受约束。

司马迁说过:"若尊主卑臣,明分职不得相逾越,虽百家弗能改也。"(《史记·太史公自序》)层级上下,各有职分,不准超越权限、擅自越位,这是纪律,也是规矩。

在古代,越权称为"僭越"。

僭越,就是超越本分,古时指地位在下的人冒用地位在上的人的名义或器物等,尤指用皇家专用的;现在指无权冒用或要求,盗用,非法霸占,用了自己的级别所不应该用的礼仪,等等。

超越本分,就是跨越、超越、超过了界限或边界。超过了界限或边界就是越权。

用今天的话说,越权就是一种不应作为的"乱作为"。

权力历来是敏感而重要的问题,侵犯了上层的权力叫"越权",侵犯了平行的权力也是越权。

对上越权,是"擅自决定",也就是"自作主张",最突出的表现就是一些人出于个人私利、私欲或喜好、习惯,主动超越职权,该请示的时候不请示，自作聪明、自以为是、自作主张、自我膨胀。

平行越权，是不该插手的事情随意插手。有些时候，有的人可能会因为过度热情，或者因为无法推脱，或者因为握有职权者主动弃权或不作为，为了工作、为了事业的正常运转不得不代行职权，但结果要么是"多管闲事"落埋怨，要么是"自己招事"落责任。

问题是，越权的危害不仅仅在于给个人招致埋怨和责任，更在于对组织、对团队的危害。

第一，破坏管理运行。越权会破坏管理系统的正常运行。如果大家都这样干，整个管理系统就会产生严重混乱，既无法运行，也无从考核，管理系统就会陷入瘫痪。

第二，混淆工作尺度。管理的原则是谁主管谁负责。你不主管，就没有权力行使职权，也不知道行使某个职权的要求和规矩，既负不起责任，也可能干不好事。

第三，破坏干部关系。越权会破坏不同职位干部之间的关系和感情，导致两者之间产生矛盾和隔阂。

第四，影响工作效能。如果大家都热衷于权外行为和权外之事，"乱种他人田"，必然会耗费过多的时间和精力，以至于"荒了自己地"，本职工作的质量和效能也会受到影响。

20世纪90年代，某香港公司有一条"怕死"规定：如果遭遇打劫，职员应保持镇定，照抢劫犯说的去做，切勿做无谓的抵抗，在保证自身安全的情况下，记住对方的形象，确认对方离开后报警。（王山《强势管理——向韩非子学管理》）

这条"怕死"规定实际上说明了一个问题：正如抓坏人不是小学生和学校的责任一样，也不是他们能胜任的；抓抢劫犯也不是职员和公司的责任。职员那样做了,也是某种意义上的越权。

"越权"是破坏组织原则和工作秩序的行为。任何一个领导者都不会喜欢无原则的越权者。

越权有很大的危害,不仅是因为越权行为是严重的违规行为,还在于其乱了层级秩序,或者说乱了"名分"。

## 六、名分

什么是名分?

名分指人的名义、身份和地位。在这个世界上,每个人都拥有自己的名分,并且按照名分拥有一定的物质利益的占有权。也就是说,名分的划分意在衡量利益的多少。这就是分配利益。

名分也是分清责任。在这个世界上,每个人都拥有自己的名分,同时也要按照名分承担相应的责任。也就是说,名分的划分其实也体现在责任的轻重大小上。

名分几乎贯穿了中国数千年的发展历史。

我国的名分思想最早见于春秋时期管仲的《管子·正第》:"守慎正名,伪诈自止。"《国语》和《论语》当中也有正名思想,其实就是关于名分的解释。

法家也认为名分是治国的关键,但和儒家不同的是,法家不强调自然、人情和道德,法家更注重通过强化名分来严格约束人民。

名分的理念维持了中国数千年的文明,这是它的积极意义所在。

鲁哀公七年(公元前488年),孔子和他的学生子路就"正名"问题进行过一次深入讨论。

子路曰:"卫君待子而为政,子将奚先?"

子曰:"必也正名乎!"

子路曰:"有是哉,子之迂也!奚其正?"

子曰:"野哉!由也!君子于其所不知,盖阙如也。名不正,则言不顺;言不顺,则事不成;事不成,则礼乐不兴;礼乐不兴,则刑罚不中;刑罚不中,则民无所措手足。故君子名之必可言也,言之必可行也。君子于其言,无所苟而已矣。"(《论语·子路》)

子路问:"师尊啊,卫国国君等您前去执政,您上任后会先做哪件事?"孔子回答说:"一定是正名分。"子路不明白。孔子解释说:"子路啊,你要知道,在一个国家、一个朝廷里,如果名分不正的话,说起话来就不会顺当合理;说话不能顺当合理,事情也就办不成了;事情都办不成,礼乐就不可能兴盛;礼乐不能兴盛,刑罚的执行就不会得当;刑罚不得当,百姓就会茫然无措,不知怎么办好。因此,君子一定要定下一个名分,而且这个名分必须能够说得明白,说出来还一定能够行得通。君子对于自己所说的话可是不能有一点点的马虎啊。"

在这里,孔子讲到了正名的重要性,并推导出名不正引发的一系列后果。

"用一之道,以名为首,名正物定,名倚物徙。"(《韩非子·扬权》)一国君主要把握法、术、势,确保权力专一,就要把正名分放在首位;名正则事情就能确定,名不正则事情必然走样。

所以,一定要正名。也就是要辨正名称、名分,使名实相符。

既然"正名"如此重要,那么,"正名"究竟应该"正"什么?

战略研究专家邵雨先生认为,"正名"主要"正"两个方面:一是正名分,二是正责任。

"这两者（名分和责任）是管理的基础。名分不正必然会导致职务不清晰，职务不清晰就会导致'言不顺'。责任不正则会导致很多人无所事事，游手好闲。"（邵雨《〈论语〉与管理》）

邵雨先生的意思是，每个人都要明确自己的身份，做自己应该做的事，承担起各自应该承担的责任，而不是不顾名分，胡说乱动。做到了这一点，社会才会稳定，国家才会发展。

## 七、司马迁的意见

《资治通鉴》是一本写给领导者看的书。

《资治通鉴》开篇即是周威烈王二十三年（戊寅，公元前403年）。

《资治通鉴》与《史记》被称为"史学双璧"，《史记》是从传说中的黄帝时期写起，可是《资治通鉴》为什么从周威烈王二十三年写起呢？

司马光之所以从周威烈王二十三年写起，是因为这一年中国历史上发生了一件大事，或者说是司马光认为发生了一件大事。

那究竟是一件什么事呢？那就是，"初命晋大夫魏斯、赵籍、韩虔为诸侯"。来看下面的批注。

这年，周天子命韩、赵、魏三家为诸侯，这一承认不要紧，使原先不合法的三家分晋变成合法的了，司马光认为这是周室衰落的关键。"非三晋之坏礼，乃天子自坏也。"选择这一年的这件事为《资治通鉴》的首篇，这是开宗明义，与《资治通鉴》的书名完全切题。下面做得不合法，上面还承认，看来这个周天子没有原则，没有是非。无是无

非，当然非乱不可。这叫上梁不正下梁歪嘛。任何国家都是一样，你上面敢胡来，下面凭什么老老实实，这叫事有必至，理有固然。

周威烈王二十三年，韩、赵、魏三家大夫瓜分了晋国，周天子正式承认三家为诸侯，越权被合法化。

司马光不仅把这一年的这件事作为《资治通鉴》的开篇，还就此事发表了长篇宏论来强调纲纪名分的重要性。

臣闻天子之职莫大于礼，礼莫大于分，分莫大于名。何谓礼？纪纲是也；何谓分？君、臣是也；何谓名？公、侯、卿、大夫是也。夫以四海之广，兆民之众，受制于一人，虽有绝伦之力，高世之智，莫敢不奔走而服役者，岂非以礼为之纪纲哉！（《资治通鉴·周纪一》）

司马光说："天子最重要的职能是维护礼制，礼制中最重要的是区划上下，区划上下最重要的则是正名分。什么是礼？就是法纪纲常。什么是名分？就是公、侯、卿、大夫等官爵等级。"

司马光认为，天子是天下共主，天子的职能就是维护纲纪名分，只有坚决维护纲纪名分，天子才能永保统治权；一旦纲纪败坏、名分颠倒，天子就会丧失统治的合法性，也就无法避免被推翻的命运。同时，他认为，周王室在平王东迁后，之所以还能保持天下共主的地位，主要原因在于其坚决维护纲纪名分，而封韩、赵、魏三家大夫为诸侯的事则是周王室抛弃纲纪名分的第一步。正是因为周王室自坏纲纪，天下开始以智力相雄长，才致使周王朝及其诸侯国最终走向了灭亡。

司马光此论，一开始就提出名分是天子最大的职责、礼制最关键的因素、身份最重要的标志，这固然不能跳出当时历史的局限，以及司马光维护封建礼教和纲常的个人局限，甚至其措辞也有前后矛盾之处，但从秩序的角度来看,仍不乏积极意义。

因为从某种意义上来说,名分也是一种秩序。

大雁便极其讲究秩序,是为"雁序"。

"雁序,雁之飞也,若有行列,先后之序不相紊乱。"(王琦《李白〈天长节度鄂州刺史韦公德政碑〉注》)

## 八、秩序

秩序是指有条理地、有组织地安排各构成部分,以求实现正常的运转或达到良好的外观状态。

不管是自觉的还是不自觉的,我们都生活在两种秩序之中:一是自然秩序,二是社会秩序。

春夏秋冬的轮换、生长与休眠的交替,这种内在、自发的自然运作才使天地如此生机蓬勃,表现出自然秩序的恒久伟力。

社会秩序不像春夏秋冬的自然秩序,有了利益的运作,便有了掠夺与抢劫,使社会处于混乱状态;战争常把人类的财富洗劫一空,人类并不喜欢战争,因为它会使秩序的价值归零,动摇繁荣昌盛的根基。

从这个角度来说,人类社会发展的历史其实也就是一部整顿社会秩序的历史。

"秩,次也。"(《广雅》)

"秩"字从禾,从失;"禾"指五谷、俸禄,"失"意为"动态排序"。"禾"与"失"联合起来表示"官员俸禄的动态排序",因而"秩"的本义,是指根据功过确定的官员俸禄,引申义为根据功过评定的官员品级,再引申义就是次序。

"序,东西墙也。"(《说文解字》)

"序"字从广，予声。从广（yǎn），即与房屋有关，因而"序"的本义，是指东西墙，引申义为次第，再引申义就是排列次第。

从次序上来说，"秩"侧重于有条理、不混乱，"序"侧重于有先后、不颠倒。

简言之，秩序就是指整齐而有条理的状况。

秩序很重要。秩序是由人设计出来的，也是人要来遵守的，尤其是社会整体秩序的建立，更需要全体社会成员进行集体意识的遵守。

在一个团队里，任何人的行为都不能破坏组织秩序和工作秩序，任何善意都不能成为破坏组织秩序和工作秩序的理由。

依照《孙子兵法》所说，一件事情、一个单位、一个企业的成功应该具备四个要素，即法（制度）、道（方向）、天地（理念和目标）、将（人才）。其中，"法"是首要因素。

"法"，即一个单位、一个企业所遵循的准则、法规，它是组织日常运作的基础、标准和根据，更是组织秩序与工作秩序的维护法则、维持方式、维系手段。法看似无形其实有形，因为它是具体细微、有章可循的。

在一个单位、一个企业中，除工作目标之外，首先要有清晰的岗位职责，然后才会有制度、流程、标准及绩效考核。因此，合理界定不同职位之间的边界并坚持各负其责的规则，对于建立良好的组织秩序是十分重要的。

一个团队，就是一个小社会。秩序体现的是我们所追求的制度价值和法律价值。社会需要法律，是因为社会需要秩序；团队需要制度，是因为团队需要秩序。

社会运用法律打击犯罪，团队运用制度制裁违规，犹如高速公路禁止超速行车，既有正当性，又有必要性。

我们的民族是个十分注重秩序的民族。在人类历史上，中华文化流传至今，且在世界上具有不可撼动的地位，各种秩序构成了文化稳定的内核。

在黄晓阳先生的小说《二号首长》中，省委书记赵德良在一次省委会议上借"平王东迁"这一典故谈及秩序问题。

一个社会，什么最重要？你们很可能会说，法律最重要。现在是法治社会嘛，法律是一切的根本；但是我要说，这种观念是错的。不是法律最重要，而是社会秩序最重要。法律只不过是维护社会秩序的手段。什么是社会秩序？我的理解，主要有两大部分：一是社会的结构秩序，二是社会的行为秩序。什么是结构秩序？简单地说，就是社会的行政结构，或者我们常说的上层建筑。什么是行为秩序？就是我们常说的社会伦理，就是公序良俗。社会的组织结构是经，公序良俗是纬，共同构建了社会的经纬。这个经纬的根本要件是什么？就是四个字——程序正义。程序正义，是一切正义的基础和前提，没有程序正义，法律就是一枚橡皮图章，想怎么捏就怎么捏，想怎么按就怎么按。

我们现在讲究和谐社会，什么是和谐？社会结构的和谐，我看就是最大的和谐。小到一个家庭是如此，大到一个国家、一个省，也是如此。我们制定了很多的法律法规，这些法律法规起什么作用？叫我看，就是为了维护这个秩序的，就是为了维护我们社会的和谐的。这才是我们社会稳定的根本，是基础中的基础。失去了这个秩序，我们的社会就不可能稳定。（黄晓阳《二号首长》）

是以，家庭没有秩序，则家庭必乱；社会没有秩序，则社会必乱；组织没有秩序，则组织必乱；单位没有秩序，则单位必乱。

## 案例研究

### 子路济民

子路为蒲宰，为水备，与其民修沟渎，以民之劳烦苦也，人与之一箪食，一壶浆。孔子闻之，使子贡止之。子路忿不悦，往见孔子，曰："由也以暴雨将至，恐有水灾，故与民修沟渎以备之，而民多匮饿者，是以箪食壶浆而予之。夫子使赐止之，是夫子止由之行仁也。夫子以仁教而禁其行，由不受也。"孔子曰："汝以民为饿也，何不白于君，发仓廪以赈之，而私以尔食馈之，是汝明君之无惠，而见己之德美矣。汝速已则可，不则汝之见罪必矣。"子路心服而退也。（《孔子家语·致思》）

仲由，字子路，又字季路，"孔门十哲"之一，是孔子的得意门生。

子路事亲极孝，是个大孝子，性格爽直率真、刚猛勇敢、信守承诺、忠于职守，以政事见称。孔子了解其为人，对他评价很高，认为可备大臣之数。

周敬王四十年（公元前480年），卫国发生政变，时任大夫孔悝家臣的子路战死，时年六十三岁。子路死后，受"醢刑"（剁成肉酱）。孔子闻其死，极为伤心，从此不吃肉酱。

子路做过卫国蒲邑（今河南长垣）的大夫，一任三年，"子路济民"的故事大约就发生在这个时期。

这一年春天，子路在农闲时组织群众挖沟修渠，眼看着百姓劳作辛苦，子路不忍心，就用自己的俸禄购买粮食，给他们每人弄了一饭一汤。这事传到了孔子耳朵里，孔子大惊，赶紧派子贡去制止。

子路很生气，跑来找孔子理论："师父啊，眼看雨季就要到了，为防止发生水灾，我和百姓一起挖沟通渠、修堤筑坝，他们劳作非常辛苦，有的饥饿不堪。我给他们一碗饭吃，您却让子贡来制止我。您教导我们要'仁'，却又不让我们实施'仁'，您到底是什么意思？"

孔子说："你要真是可怜老百姓，为什么不禀告国君，用官府的粮食赈济他们呢？现在你的做法不是掩盖国君对百姓的恩惠却彰显你爱惜民众的美德吗？你要是马上停手还来得及，不然一定会被治罪的！"子路这才心服。

在《韩非子》里，故事的发生地变成了鲁国的郈邑（今山东东平境内），而且孔子对子路的批评更加直白、严厉。

"夫礼，天子爱天下，诸侯爱境内，大夫爱官职，士爱其家，过其所爱曰侵。今鲁君有民而子擅爱之，是子侵也，不亦诬乎！"言未卒，而季孙使者至，让曰："肥也起民而使之，先生使弟子止徒役而餐之，将夺肥之民耶？"孔子驾而去鲁。（《韩非子·外储说右上》）

"子路，你知道吗？按照礼法，天子爱天下四海，诸侯爱自家国境，大夫爱官职所辖，士人爱自己的家人，越过应爱的范围就叫侵权。现在鲁国国君统治下的民众，你却擅自去爱，你把树立恩惠的事情揽在了自己的身上，这是在侵权，不是胆大妄为吗？你这样做会让鲁国的统治者季孙肥（季康子）感到你是在威胁他的领导地位！"

果然，话没说完，季孙肥的使者就到了，代为责备说："我发动民众让他们服劳役，先生却派弟子去招呼他们吃饭，是要夺取我的民众吗？"孔子大惊，赶紧驾车逃跑。

子路的善心好意不仅害了自己，也连累了自己的老师。

明初沈万三富甲江南，如今大名鼎鼎的江南水乡古镇周庄，当年就是"以村落而辟为镇",这"实为沈万三父子之功"(《吴江县志》)。朱元璋大规模扩建南京,沈万三主动报效,承担了三分之一的城墙建设费用。皇帝很高兴,封了沈万三两个儿子的官。不想沈万三又主动献媚要求犒赏三军,朱元璋大怒:"匹夫犒天下之军,乱民也。"立即就要杀他,幸亏马皇后劝谏,才免死流配云南,但这笔账朱元璋可是牢牢记在了心头。洪武十九年,沈万三的两个孙子沈至、沈庄因田赋案下狱。洪武三十一年,沈万三的女婿顾学文卷入蓝玉大案,曾孙沈德全也受到牵连,顾、沈两家八十余口被杀,田地被没收,几近满门抄斩,一代"财神爷"灰飞烟灭。

沈万三的问题和子路一样,不仅在于干了自己不该干的事,而且在于干了其他任何人不得染指的事。

段易良先生评论说:"子路和沈万三,一远一近,一官一商,一贤一愚,却都犯了同一个错误:越位。不同的仅仅在于,子路有个好老师,在关键时候制止了他,才没有铸成大错;沈万三则无人指点,结果落得个家破人亡。"(《中庸不平庸》)

# 第四章

## 天下至德，莫大乎忠

昔在至理，上下一德，以徵天休，忠之道也。天之所覆，地之所载，人之所覆，莫大乎忠。忠者，中也，至公无私。天无私，四时行；地无私，万物生；人无私，大亨贞。忠也者，一其心之谓矣。为国之本，何莫由忠。忠能固君臣，安社稷，感天地，动神明，而况于人乎？夫忠，兴于身，著于家，成于国，其行一焉。是故一于其身，忠之始也；一于其家，忠之中也；一于其国，忠之终也。身一，则百禄至；家一，则六亲各；国一，则万人理。《书》云："惟精惟一，允执厥中。"

——马融《忠经》

大雁是一种忠贞的鸟。

大雁雌雄相配，向来是从一而终。双雁结合后，双宿双飞、不离不弃，一只死亡后，剩下的孤雁到死也不会再找别的伴侣，甚至会自杀或者郁郁而亡。民间甚至传言：大雁从不独活，这是其情义过人之处。

古人嫁娶以雁为礼，一取雁是候鸟，喻男女婚前互守信约，婚后坚贞不渝；二取雁是随阳之鸟，喻妇人出嫁从夫；三取雁行有序，喻嫁娶之礼，长幼有序，不相逾越。

### 感悟

团队成员应该忠诚于自己的团队，忠诚于自己的合作伙伴，忠诚于自己的团队领导。

团队成员应该忠诚于自己赖以生存的体制、制度和秩序，应该忠诚于给予自己发展机会的平台。

## 一、"贞鸟"和"纳雁"

"关关雎鸠，在河之洲。窈窕淑女，君子好逑。"

《诗经》里最先出场的既不是什么显赫人物，也不是什么宫廷正乐，而是一只身份不甚明确的水鸟——雎鸠。

雎鸠，古人亦称其为"王雎"。《诗经·关雎》以雎鸠之雌雄和鸣来喻夫妻之和谐相处，这一根深蒂固的观念至少已有两千多年的历史了。

称雎鸠为"贞鸟",在汉儒大量的解说中我们听到的几乎是完全相同的声音。

《毛诗故训传》曰:"关关,和声也。雎鸠,王雎也,鸟挚而有别。水中可居者曰洲。后妃说乐君子之德,无不和谐……"

《郑笺》曰:"王雎之鸟,雌雄情意至然而有别。"

《薛君韩诗章句》说:"雎鸠贞洁慎匹。"

《易林·晋之同人》曰:"贞鸟雎鸠,执一无尤。"(据"百度百科·雎鸠")

从孔颖达到朱熹,及至今大量的《诗经》注本,都沿袭汉儒的解释。闻一多先生著《诗经通义》仍然沿用"雌雄情意专一""尤笃于伉俪之情"一说。著名古文字学家、先秦文化史研究和古籍校勘考据专家高亨教授,在《诗经今注》中注释"雎鸠"时也说:"雌雄有固定的配偶,古人称作贞鸟。"

那么,这种象征爱情专一的"贞鸟"雎鸠,究竟是一种什么鸟呢?

历史上,最早给雎鸠做解释的是晋代的郭璞。

郭璞在《尔雅·释鸟》"雎鸠,王雎"之下注释说:"雕类。今江东呼之为鹗,好在江渚山边食鱼。"这一说法最为久远,也为多数学者所认可。只是鹗是一种猛禽,其"状可愕"(《本草纲目·禽部·鹗》),用这种夜宿高枝、外貌凶恶、阴森恐怖的鸟来形容恋爱中的青年男女,岂不是南辕北辙,怎么感觉都不对味?

其后,关于雎鸠,有人说是苇莺,有人说是鸳鸯,还有人说是白腹秧鸡,众说纷纭,莫衷一是。

至于清末民初,我国卓越的史学家、语言文字学家吴秋辉先生考证:"雎鸠"就是鸿雁。

其实，早在春秋战国时期，人们就因为雁是"贞鸟"而以雁为嫁娶之礼了，在我国古代礼制的重要典籍《仪礼》中就有"婚礼用雁"的记载。

《礼》曰：女子十五许嫁。纳采、问名、纳吉、请期、亲迎，以雁赞……取其随时而南北，不失其节，明不夺女子之时也。又取飞成行，止成列也，明嫁娶之礼，长幼有序，不相逾越也。（班固《白虎通义·嫁娶》）

东汉顺帝时的大将军梁商，为人谦恭温和、虚心荐贤，称为"贤辅"。梁商的厉害之处并不在于掌权，而在于四个女儿有两个嫁给了皇帝。二女儿梁妠，嫁给汉顺帝刘保，当了皇后；三女儿梁莹嫁给汉桓帝刘志，当了皇后。

汉桓帝迎娶梁皇后"纳采"时，"悉依孝惠皇帝纳后故事，聘黄金二万斤，纳采雁、璧、乘马、束帛，一如旧典"（《后汉书·皇后纪》）。

不仅皇家提亲要用雁，据《通典》记载，东汉官员纳采时所用的30种礼物中也都包括雁。

古人嫁娶以雁为礼，按照班固的解释，大体上有以下几种意思。

第一，雁是候鸟，每年秋去北返，从不失信，比喻男女婚前互守信约，婚后坚贞不渝。第二，雁是随阳之鸟，意思是跟着太阳运行，因为候鸟依季节而定行止，以此比喻妇人出嫁从夫。第三，雁行有序，飞时成行，止时成列，老壮雁引导，幼弱雁紧随，秩序井然，有条不紊，比喻嫁娶之礼，长幼有序，不相逾越。

由于大雁是飞禽，不容易得到，后人就用鹅来代替，称为"雁鹅"。

因为性情忠贞，大雁备受人们称颂，用以入诗、入画、入曲、入舞者颇多，甚至还流传着一些感人至深又有些言过其实的传说。

"雁丘"和"雁冢"，便是如此。

## 二、狂歌痛饮，来访雁丘处

金章宗泰和五年（公元1205年），年仅十六岁的元好问在赴并州应试的途中遇到了一位捕雁者，捕雁者告诉他："今旦获一雁，杀之矣。其脱网者悲鸣不能去，竟自投于地而死。"（《摸鱼儿·雁丘词/迈陂塘》）意思是说，捕雁者俘获了一只大雁并把它杀了，另一只雁虽然逃脱了，但是悲鸣不已，最后竟然一头撞在地上，自杀了。

元好问听他这么一讲，心情久久不能平静。于是，他从猎人手里买下这两只死雁，将它们埋葬在汾河之滨，并用石块垒了一座坟墓，起名叫"雁丘"。与他同行赴试的文人见此更是感慨万分，纷纷赋诗纪念。元好问自己也作了一首《摸鱼儿·雁丘词》，开篇第一句便是传诵千年而不衰的"问世间，情是何物，直教生死相许？"

问世间，情是何物，直教生死相许？天南地北双飞客，老翅几回寒暑。欢乐趣，离别苦，就中更有痴儿女。君应有语：渺万里层云，千山暮雪，只影向谁去？

横汾路，寂寞当年箫鼓，荒烟依旧平楚。招魂楚些何嗟及，山鬼暗啼风雨。天也妒，未信与，莺儿燕子俱黄土。千秋万古，为留待骚人，狂歌痛饮，来访雁丘处。

俞樾是曾国藩的得意门生，他在《右台仙馆笔记》中记载了一个"雁冢"的故事。

无锡荡口镇的一名书生买了一只大雁，因为怕它飞掉，就用绳子绑住雁的翅膀，以防止其飞走。一天，一群大雁从此处飞过，这只雁伸长脖子鸣叫。忽有一只大雁自空而下，栖于屋檐。

两雁相顾，引吭奋翮，若相识者，一欲招之下，一欲引之上。书生悟此两雁必旧偶也，乃断其线使飞，而此雁垂翅既久，不能奋飞，屡飞屡堕，竟不得去。屋檐之雁守之终日，忽自屋飞下，相对哀鸣。越日视之，则俱毙矣。书生感其义，合而瘗（yì：埋葬）之，名曰"雁冢"。（俞樾《右台仙馆笔记》卷十四）

两只大雁对视着，伸长脖子鸣叫，扑打着翅膀，好像互相认识一样。书生恍然大悟，这两只大雁必定是旧相识。他赶紧剪断了捆绑大雁的绳子，让它飞走，可是这只大雁的翅膀被绳子系久了，无法飞翔，多次飞起来又都掉了下来。屋檐上的大雁守了它一整天，忽然从屋檐上飞下来，两只大雁互相望着对方大声悲鸣。过了一天，两只大雁竟然都死了。书生被大雁的情义感动，合葬了它们，取墓名叫作"雁冢"。

张充和先生给经常拜访她的苏炜女士讲过一个张大千和大雁的故事。

抗战时期，国画大师张大千在敦煌石窟临摹、习画。有一天傍晚，张大千在月牙湖边散步时救起了一只受伤的大雁。在那之后，每天他都会带上当时极为匮缺的食物到湖边喂养这只大雁。大雁身体逐渐康复，并和张大千成了好朋友，每到傍晚，无论风雨阴晴，大雁都要守在湖畔，等候张大千的到来，陪着他散步。张大千离开敦煌之时，为了不让他的大雁朋友伤心，不等天晚就率领众人登车离去。

没想到，车子刚刚驶过月牙湖，天上便传来一阵大雁的哀鸣。众人抬头看去，一只大雁就在头顶上一圈圈地盘旋，追着车子，发出尖厉的唳声。张大千赶紧让车子停住,他刚刚跳下车,那只大雁便嘶鸣着从高空俯冲下来,直直扑向他的怀里。张大千搂住大雁,泪水潸然而下。他抚摸着大雁,大雁也久久依偎着他。众人都被这一幕人雁相依的情景慑住了。良久,张大千拍拍大雁,把她放飞到空中,大雁一声尖唳,打了一个旋,终于消失在大漠青空之中。张大千挥挥手,登车离去……(苏炜《雁犹如此》,《南方周末·苏炜专栏》2004年10月14日D31)

忠诚如雁,雁犹如此。

"断鸿声里,立尽斜阳。"

## 三、尽心曰忠

忠,是一种品德,也是一种行为准则。

《说文解字》曰:"忠,敬也,尽心曰忠。从心,中声。"从中,古人以不懈于心为敬,必尽心任事始能不懈于位,故忠从心;又以"中"有"不偏不倚"之意,"忠"为"正直之德",故从中声。

段玉裁在《说文解字注》中说:"敬者,肃也,未有尽心而不敬者。"

故而,"忠"的本义为"严肃认真,尽心尽力,忠贞不贰,坚守正道"。

辽宁大学毕宝魁教授考证。

从中,从心,心在中为"忠",即把心放在正中,不偏不倚,无论对待什么,只要把心的位置摆正,则是忠。中的本义就是正,是距离两边或周围同样距离。这样"忠"所表示的就是内心的中正,实事求

是，客观公正。这样来对待人和事，就是"忠"。（毕宝魁《〈论语〉"忠""恕"本义考》）

《玉篇》曰："忠，直也。"
《广韵》曰："忠，无私也。"
《增韵》曰："忠，内尽其心，而不欺也。"
《六书精蕴》曰："忠，竭诚也。"
司马光《四言铭系述》曰："尽心于人曰忠。"

由此可见，"忠"意指为人诚恳厚道、尽心尽力，尽力做好本分的事，有忠诚无私、忠于他人、忠于国家等多种含义。

东汉马融作《忠经》，系统总结忠德，开篇即言："忠也者，一其心之谓也。"（《忠经·天地神明章》）

是故，《辞海》解释"忠诚"为"真心诚意，无二心"。

张庆祥先生根据古籍、参酌今情，给"忠"字下了一个更广泛的定义。

忠，乃是对天地、国家、人民、君上、学术、信仰、职守、家庭及自己，都至公无私，始终如一，诚实不欺，任劳任怨，不避危难，尽心竭力地负责完成分内义务之美德。（《〈忠经〉述解·前言》）

忠诚代表着诚信、守信和服从，也代表着责任、热忱与敬业。忠诚，是一种信念，更是一种责任；是一种态度，更是一种行动；是一种美德，更是一种境界。忠诚作为我国传统文化所推崇的基本道德，是衡量党员干部、员工部属个人品质的基本准则。

忠诚，是领导干部必须具备的基本政治素质，彰显的是干部的官德、政德、美德。领导干部肩负着党赋予的历史使命，必须时时处处保持对党、对国家、对人民的高度忠诚。

忠诚在我国历史文化传统中具有很高的地位，"忠"被看作是最重要的道德规范，体现了对人的精神、文化价值的敬重，体现了道德价值的无上崇高地位。"忠、孝、仁、爱、信、义、和、平"被称为"八德"，"忠"列"八德"之首。"忠"不仅被看作是个人的"修身之要"，而且被定为"天下之纪纲""义理之所归"。早在《尚书》《左传》等典籍中，就有"忠德之正"的思想。孔子的主要思想被概括为"忠恕而已"。中国历史上下五千年，评价一个政治人物的好坏，常常看一个"忠"字，忠臣名垂青史，奸臣遗臭万年。诸葛亮"鞠躬尽瘁，死而后已"，岳母刺字"精忠报国"，文天祥"留取丹心照汗青"，都是广为传颂、脍炙人口的佳话，成为立德、立言、立功的楷模。

这其实是说，忠诚也是一种规范和秩序。

鲁定公姬宋，是鲁国第二十五任君主，公元前509年—公元前495年在位。当时，鲁国公室衰微，"三桓"控国政制，大夫多失礼于君，定公执政后，对此很是忧虑。鲁定公想知道怎样才能摆正君臣关系，于是召见孔子，以图有所补救。这一年，孔子51岁，正式步入官场。

定公问："君使臣，臣事君，如之何？"孔子对曰："君使臣以礼，臣事君以忠。"（《论语·八佾篇第三》）。君王任用臣子要符合礼的规范，臣子侍奉君主要有忠心。

孔子对鲁定公说的这番话虽重点在要求鲁定公"使臣以礼"，但其核心讲的是规范与秩序——"君有礼，臣尽忠"，放到今世，便是"上礼下忠"。

## 四、君礼臣忠，上礼下忠

在"家天下"的时代，要想保持政治清明，只能依赖于建立一种良好的君臣秩序。孔子的"君使臣以礼，臣事君以忠"，为这种君臣秩序制定了政治规矩，不失为一种既利家国又利百姓的政治准则。

为君者礼，可以化天下。

尧问于舜曰："我欲致天下，为之奈何？"对曰："执一无失，行微无怠，忠信无倦，而天下自来。执一如天地，行微如日月，忠诚盛于内，贲（同"奋"）于外，形于四海，天下其在一隅邪！夫有何足致也！"（《荀子·尧问》）

尧曾问舜："我想招引天下贤才，应该怎么办呢？"
舜回答说："治理国家，只要坚持专心一意而没有过失，做细小的事从不懈怠，忠诚守信而不厌倦，那么天下人自然会归顺。"
舜的观点十分明确：只要忠诚炽盛于内、振发在外、遍布于四海，那么天下人岂不就像在室内的角落里一样，又哪里需要去招引呢？

贞观初年，有大臣上书唐太宗，请求清除奸佞之臣，还提出了一个测试忠奸的办法：皇帝佯装大怒，凡不畏怒气、坦率进谏者则为忠贞，畏惧君威、逢迎顺从者必为奸佞。

唐太宗却认为君王奸诈，必无直臣。

君，源也；臣，流也。浊其源而求其流之清，不可得矣。君自为诈，何以责臣下之直乎？朕方以至诚治天下，见前世帝王好以权谲小数接其臣

下者，常窃耻之。卿策虽善，朕不取也。（《资治通鉴·唐纪》）

唐太宗说："皇帝如源头，臣子如水流。源头浑浊而要求水流清澈，是不可能的。皇帝自己以欺诈行事，怎能要求臣子行为正直呢？朕用诚信治理天下，看到前代帝王用狡诈伎俩和大臣相处，私下常常认为这是可耻的，所以爱卿你说的方法虽然不错，但朕不能采纳啊。"

君若无礼，必难服众。

孟子曾经对齐宣王说："君之视臣如手足，则臣视君如腹心；君之视臣如犬马，则臣视君如国人；君之视臣如土芥，则臣视君如寇仇。"《孟子·离娄下》

手足与腹心，则内外相依、上下相随、浑然一体；犬马与路人，则冷眼相对、君臣分离、背道而行；泥土草芥与强盗仇敌，则必然拔刀相向、怒目相对。

这一个"礼"，一个"忠"，怎生了得！

为臣者忠，足以安天下。

人各有所事，便应各有所忠。一个人，要忠于家庭；一个公民，要忠于国家；一名党员，要忠于组织；一名干部，要忠于职守。不懂得忠诚的人不是完整的人，做不到忠诚的人也不是完整的人。

马融对此深有体会。

为国之本，何莫由忠。忠能固君臣，安社稷，感天地，动神明，而况于人乎？

君子尽忠，则尽其心，小人尽忠，则尽其力。尽力者，则止其身，尽心者，则洪于远。

仁而不忠，则私其恩；智而不忠，则文其诈；勇而不忠，则易其乱。（马融《忠经》）

马融的意思，一言以蔽之，就是"善莫大于忠，恶莫大于不忠"。

一个人如果空有仁心，却没有公平正义的忠，就会四处施舍恩惠，拢络人儿；一个人若空有智谋，却没有公平正义的忠，就会用他的聪明去粉饰伪诈；一个人若空有勇气，却没有公平正义的忠，那就比平常人更容易作乱了。

当今社会虽然无所谓君臣，但仍有上级和下级之分、强势和弱势之别。故而，"君礼臣忠"不仅适用于君臣、君民之间，上级下级、领导部属之间，也适用于处理所有强者和弱者的关系，如教师和学生的关系、家长和子女等。

这便是"上礼下忠"。

在现实生活中，上级与下级、领导与部属的关系已成为人与人的关系中最普遍的关系。按照孔子给出的答案，该如何处理好这种关系呢？

显然，为上者，不要那么高高在上，凡事要讲规矩。

要得到下级的拥护和支持，就必须尊重下级。只有让下属从内心感受到领导的尊重、关爱，才能与其达成良好的合作关系，从而更有效地开展工作。当"使臣以礼"不是作秀，而是发自肺腑的时候，就成为领导者的人格魅力。凭借着这张"名片"，自然能够招贤才、聚能士，展宏图、成大业。

显然，为下者，要尊重上级的决定，服从上级的安排，和上级保持一致。

不管是党政机关、事业单位还是企业团体，下级服从上级都是现代化组织得以正常运行的保证。当然，服从不等于盲从。在发现领导的决策出现偏差的时候，也可以积极地把想法和建议告诉领导。下属不刻板地执行命令，而是考虑怎样做才能更好地维护集体的利益，这也是忠诚。

当然，我们必须清醒地认识到，对于"君礼臣忠""上礼下忠"，孔子当年强调的是"礼"，而现实中我们更强调"忠"。

忠诚，不仅是美德和品质，更是力量和智慧。

## 五、忠诚的力量

团队的力量来自忠诚。

在一个团队中，忠诚比能力更具有吸引力。因为忠诚涵盖了人们的信义、操守、诚实、正直、善良等美德。美国著名出版家和作家阿尔伯特·哈伯德说过："如果能捏得起来，一盎司忠诚相当于一磅智慧。"（《把信送给加西亚》）大家要知道，在英制度量衡中，一盎司的质量仅仅是一磅的十六分之一，用中国话来讲，那就是"一两忠诚胜过一斤智慧"。

今天，忠诚不仅仍然是国家、企业等组织对成员的道德要求，而且成为个人受人信任、被人重视、获人尊重的最重要素质。可以说，忠诚不但是组织的要求，也是一个人的立身之本、发展之基。诚如阿尔伯特·哈伯德所言："（忠诚）最大的受益者是我们自己，是整个社会。"

换言之，忠诚不仅是一种人生智慧，是立足职场的一张"王牌"，还是一条通向荣誉之路。

在一个团队中，忠诚比能力更具有吸引力。

下级对上级的忠诚，能够让领导者有一种事业上的顺畅感，同时能增强领导开展工作的信心和决心，更能增强集体的凝聚力，使组织得以发展壮大。因此，很多领导者在用人时不仅注重个人能力，更注重个人品质，而个人品质中最重要的就是忠诚。既忠诚又有能力的员工是每个领导者都信得过的得力助手。

在个人事业中，需要用智慧来决策的大事一般不会很多，而需要用行动去执行的小事却不少。少数人的成功需要智慧和勤奋，绝大多数人的成功则需要忠诚和勤奋。

实际上，无论是对于团队还是团队成员来说，忠诚都是极其宝贵的财富。《狼图腾》曾一度畅销，其中有言："忠诚并不意味着你说的我都同意，或者我相信你总是对的。忠诚意味着我与你有共同的理想，而且求同存异，并肩为之奋斗，对对方的信念、信任、坚贞和友爱充满信心。"忠诚不同于阿谀奉承，它从不寻求丰厚的回报，更没有其他的企图。

电视剧《大宅门》中，在"百草厅"白家老号被查封之后，白家二奶奶并没有赶走号里的资深员工和技术骨干，而是将他们"养起来"。当然，她得到的回报也是十分丰厚的，那就是这些资深员工和技术骨干对白家老号的忠诚。

1933年，正当经济危机在美国蔓延之时，哈理逊纺织公司因一场大火几乎化为灰烬。公司的3000名员工悲观地回到家，等待董事长宣布破产的消息及失业风暴的来临，可不久他们收到了公司向全体员工支薪一个月的通知。

一个月后，正当他们为下个月的生计发愁时，他们又收到了一个月的工资。在失业风暴席卷全国、人人生计无着之时，能得到如此照顾，哈理逊纺织公司的员工感激万分。

于是，他们纷纷涌向公司，自发清理废墟、擦洗机器，使出浑身解数日夜不停地卖力工作，恨不得一天工作25个小时。三个月后，哈理逊纺织公司重新运转起来。当地报纸惊呼：企业对员工的忠诚换来的是员工对企业的忠诚，这是忠诚创造出的奇迹！（邢东《人脉就是命脉》）

忠诚，起自行为，深化于态度。

行为忠诚是态度忠诚的基础和前提，态度忠诚是行为忠诚的深化和延伸。

真正的忠诚，是在没有任何监督措施的情况下，面对威胁或诱惑，依然保持这一高贵的品质。其实，大多数时候，能够约束我们的都不是外在的监督或控制，而是内心的自律与忠诚。

南宋学者赵与时在《宾退录》中说："读诸葛孔明《出师表》而不堕泪者，其人必不忠；读李令伯《陈情表》而不堕泪者，其人必不孝；读韩退之《祭十二郎文》而不堕泪者，其人必不友。"可谓千古至理。

所谓"忠""孝""友"，其实是分别针对团队领导、家庭成员、合作伙伴的"忠"。

作为一个团队成员，首先要忠诚于团队领导。这是职场上的第一等智慧。

## 六、第一等智慧

子张问政。子曰："居之无倦，行之以忠。"（《论语·颜渊》）。

孔子的弟子子张曾请教孔子如何治理政事。孔子回答说："在岗位上不懈怠，执行君令要忠诚。"

孔子讲到的，既是对职业的忠诚，也是对领导的忠诚。

对职业忠诚，并不仅仅是为了从职业中获取某种利益，更是将自己的工作当成信仰，将每一项任务当成使命。在现代社会，真正的忠诚更应该是一种职业的责任感和使命感，这是作为部属、员工基本的素养。

对领导忠诚，首先是因为忠诚是基本道德原则，违背了这个原则，无论是个人还是团队都会遭受损失。

麦克阿瑟将军昔年曾说："士兵必须忠诚于统帅，这是义务。"其实，这也是秩序。

对于一个团队而言，团队成员忠诚于领导者，是确保团队能够正常运行、健康发展的重要因素。

任何一个团队都必须有一个核心，这是确保团队不涣散的根本所在，也是整个团队实现自己目标的关键因素。

忠诚于领导，就要肯替领导着想。

其实，当领导还真是一件不容易的事。

领导身处权力的核心，自然也处在矛盾的焦点上，所以领导都有自己的苦衷，也经常遇到棘手的问题。无论是出于开展工作的实际需要，还是缓解精神紧张的心理需要，领导都希望下属能在关键时刻助自己一臂之力。

所以，团队成员要为领导分忧愁。

领导也是凡人，不可能事事正确。下属作为所有计划、决策的最终执行者和具体操作者，积累了大量的工作实践、丰富的工作经验，使得下属往往能够提出领导意想不到的办法，所以下属要多替领导思考问题，多替领导想办法。这些办法未必能全部直接用于领导决策，但至少能给领导提供一个可供参考的、有价值的方案，对于开阔领导视野会起到积极的作用。

所以，要给领导当参谋。

领导不易。正因为领导不易，下属才要真诚地理解领导的苦衷，主动承担、处理一些领导不便亲自参与的事情，使领导成为团体的精神支柱和信心源泉。

所以，要帮领导树威信。

身处领导的职位，也最容易得罪人，下属应善于替领导着想，替领导承担部分责任，让领导腾出精力专心思考大问题。当贯彻诸如职级调整、纪律处分、进退去留等事关团队成员切身利益的组织决定时，下属应多做疏导工作，起到必要的"掩护"作用，不能动不动就把领导推到第一线，以使工作留有回旋余地。

所以，要替领导担责任。

无论是为领导分忧愁还是帮领导树威信，无论是替领导担责任还是给领导当参谋，都是为领导着想、对领导"忠诚"的表现。

"肯替别人想，是第一等学问"（《呻吟语》），肯替领导着想是第一等智慧。

《圣经》有一条定律：你怎样对待别人，别人就怎样对待你。这条人际关系定律同样适用于复杂多变、竞争激烈的现代职场。当你超越个人利害，设身处地从领导的角度考虑时，领导一定能体会到，并会为你的忠诚所感动。最终你就会发现，这种善意会回馈到你自己身上。（舒庆《做好员工的艺术》第2章·"设身处地为领导着想"，中国经济出版社，2009年版）

对领导的忠诚，归根结底是对职责、对事业的忠诚，更是对体制、对制度和秩序的尊重与忠诚。

体制、制度和秩序，是个人发展机会的基础平台。对体制、制度和秩序的忠诚，便是最大的忠诚。

如果一个人不对他赖以生存的体制、制度和秩序心怀忠诚，那么他就不是一个合格的团队成员。

## 案例研究

### 瘦羊博士

甄宇，字长文，北海人。建武中，自青州从事征拜博士。每腊，诏书赐博士一羊，羊有大小肥瘦。时博士祭酒议欲杀羊称分其肉。宇曰："不可。"又欲投钩，宇复耻之。宇因先自取其最瘦者，由是不复有争讼。（《后汉书·甄宇传》李贤注引《东观汉记》卷十八）

刘秀是个崇尚儒术的皇帝。

刘秀称帝后，戎马未歇，即先兴文教，于建武五年（公元29年）十月起，在洛阳城南开阳门外营建第一所国立大学——洛阳太学，设立五经博士，恢复了西汉时期的十四博士之学，各以家法传授儒家经典。

刘秀崇尚儒术，也疼爱博士。每年岁终腊祭之后，刘秀都不忘赏赐给太学的十四位博士每人一头羊。

东汉以博士祭酒为五经博士之首，也就是洛阳太学的校长，兼管全国教育行政。受御赐分羊，是博士祭酒的职责所在。

可是有一年分羊的时候出了点小事故。不知道是哪一位负责分配福利的官长弄来的这一群羊，有大有小，有肥有瘦。博士们七嘴八舌，有的建议杀羊均分羊肉，有的建议抓阄分羊，这让负责分羊的博士祭酒，也就是太学校长很为难。

博士当中，有一位名叫甄宇。甄宇是青州北海安丘人，素来清静自守，不求名利。甄宇学的是《严氏春秋》，教授的生徒经常有几百人，建武年间任青州从事（刺史属官，主管一郡的文书，察举非法），被朝廷征召为授博士。

甄宇见众人争执不下，便当众取了最瘦小的一只羊，诸博士恍然大悟，纷纷效仿，分羊的任务因此得以体面地完成。

这个故事固然有凡事不计较、多替别人想、思维要创新、行为做表率等方面的意思，我们从忠诚的角度来看，甄宇却是在替领导着想，帮上司解围。

在"羊有大小肥瘦"无法均分，博士祭酒束手无策之际，甄宇帮领导解了围，自己也由此得到了一个"瘦羊博士"的雅号，以至于连刘秀都知道了。

"瘦羊博士"后来成为典故："博士甄宇，耻众分羊，特取瘦者，千古名扬。"（《二十四耻·初集卷八》）

后人也有诗赞叹甄宇："多少长安苦吟客，瘦羊博士擅风流。"（王士禛《渔洋诗话》卷上）

# 中 篇

## 群雁精神·"分明画出秋色"

道德当身，故不以物惑。

——管仲《管子·戒》

如果能追随理想而生活，本着正直自由的精神、勇往直前的毅力、诚实而不自欺的思想而行，则定能臻于至美至善的境地。

我相信我们应该在一种理想主义中去找精神上的力量，这种理想主义要能够不使我们骄傲，而又能够使我们把我们的希望和梦想放得很高。

——法国 居里夫人

# 第五章

## 敬业·奉献

我们从古以来,就有埋头苦干的人,有拼命硬干的人,有为民请命的人,有舍身求法的人……虽是等于为帝王将相作家谱的所谓"正史",也往往掩不住他们的光耀,这就是中国的脊梁。
——鲁迅《且介亭杂文·中国人失掉自信力了吗》

大雁千百为群，其中负责值守警戒者，人称"雁奴"。

雁群白日休息或进食时，雁奴不吃不喝；雁群夜晚眠宿时，雁奴不眠不休。不论风清月朗，不避雪雨风霜，雁奴始终坚守岗位。

为了提高群体的可持续飞行能力，在飞行过程中，领头雁带头用力搏击，振翅高飞。领头雁疲累了，马上就会有另一只大雁主动接替它。

飞行过程中，雁群中的每一只大雁都会努力扇动翅膀，以形成气流，为后面的大雁减少空气阻力。

### 感悟

头雁奉献于带头搏击，雁奴奉献于值守警戒，每一只大雁都奉献于为队友提供"向上之风"。

奉献，是一种真诚自愿的付出行为，是一种纯洁高尚的精神境界。团队的每个成员都要努力为团队付出，尽管有时这种付出可能不为人所知。

奉献之中有委屈，当属于"职业委屈"之类；奉献之时也化解委屈，当属于"职业精神"之属。

## 一、何为奉献

"奉"，形声。从手，从廾（gǒng），丰声。

《说文解字》："奉，承也。"从手，"用手捧物"之意，本义是指"两手恭敬地捧着"，意思是"给、献给"。

"献"，会意。从犬，鬳（yàn）声。

《说文解字》："献，宗庙犬，名羹献。犬肥者以献之。"所以，"犬"代表进献之物。"献"的本义是"献祭"，指"恭敬庄严地送给"，所以《广雅》解释说："献，进也。"意即下对上、卑对尊的进献。

"奉献"，就是"恭敬地交付、呈献"。

奉献，不仅是公民道德规范的要求，也是职业道德规范的要求。

奉献，是一种真诚自愿的付出行为，是一种纯洁高尚的精神境界，是人类最纯洁、最崇高的道德品质。无论时代发生怎样的变化，奉献精神永远熠熠生辉、光耀人间，永远是鼓舞和激励人们奋发向上的巨大力量。

中华民族是一个具有伟大奉献精神的民族。在几千年的中华文明史中，最耀眼的是无私奉献的灿烂光辉，最醒目的是无私奉献的杰出人物。他们之所以耀眼、醒目，是因为他们把自己的聪明、才智和业绩无私地奉献给了社会、国家和人民。"春蚕到死丝方尽，蜡炬成灰泪始干"千古流传，便是奉献精神的生动写照。

鲁迅先生说得好："我们从古以来，就有埋头苦干的人，有拼命硬干的人，有为民请命的人，有舍身求法的人……虽是等于为帝王将相作家谱的所谓'正史'，也往往掩不住他们的光耀，这就是中国的脊梁。"（《且介亭杂文·中国人失掉自信力了吗》）

鲁迅先生还说："这一类的人们，就是现在也何尝少呢？"

奉献既是一种高尚的情操，也是一种平凡的精神；既包含着崇高的境界，也蕴含着不同的层次。奉献既表现在国家和人民需要的关键时刻挺身而出，慷慨赴义，也融会和渗透在人们日常的工作和生活中。李大钊为追求真理而捐躯，白求恩为人类正义而殉职，董存瑞为人民解放而牺牲，邓稼先为科学事业而献身，是一种奉献；雷锋将有限的生命投入无限的为人民服务之中，徐虎走街串户解市民之难，吴天祥将万家忧乐挂在心头，是一种奉献；在本职岗位上恪尽职守、爱岗敬业、持之以恒、埋头苦干，也是一种奉献……在我们的社会生活中，千千万万的人向失学儿童献一份爱心，向灾区群众捐几件衣物，为保护环境尽一份微力，乃至为孕妇和老人让一次座位，也都体现了奉献精神。

可以说，奉献无所不在，无时不有。每个人不论职位高低，不论在什么岗位，都能够尽自己的所能做出奉献。（任仲平《论奉献》，《人民日报》2003年4月15日）

我们在奉献中生活，也在生活中奉献。

奉献，基于无私。

正如德国戏剧家与诗人贝尔托·布莱希特所说："无私是稀有的道德，因为从它身上是无利可图的。"毕竟，人的高层次的精神需要比贪图享受的物质需要更具有驱动力。活着，是"有一分热发一分光"，为的是替集体做点事。"丈夫贵兼济，岂独善一身。"（白居易《新制布裘》）"落红不是无情物，化作春泥更护花。"（龚自珍《己亥杂诗·其五》）

奉献，基于献身。

人生的境界，有"小我""大我""忘我"三个层次。"小我"者，利己也，只顾自己而不顾集体；"大我"者，胸怀国家，胸怀世界，热衷于为社会做贡献；"忘我"者，多了些献身精神，像一滴水融入大海一样，具有无私奉献的精神。"滴水是有沾润作用，但滴水必须加入河海，才能成为波涛"（谢觉哉），一个人只有当他把自己和集体事业融合在一起的时候才能最有力量。

奉献，基于苦干。

如果说"无私奉献"是我们思想修养追求的彼岸,那么"埋头苦干"则是抵达这一彼岸的桥梁。无私奉献不仅是一种高尚的情操,更重要的是还要表现为实实在在的具体行动。一位领导人说:"少说空话,多做工作,扎扎实实,埋头苦干。"

鉴于此,一位成功的总裁告诫说:"不用花心思打造明星团队,团队即是可以和自己脚踏实地将事情推进者。"

这就需要付出。

## 二、付出是一种心态

一分耕耘一分收获。"世间唯一最可证明的因果:你付出多少努力,就必有多少收获。"

要获得事业上的成功,除了要有理想一定能实现的坚定信念以及义无反顾、勇往直前的精神以外,还必须付出努力。

我们也许会产生一些困惑,虽则坚信"世间自有公道",然而,有的时候好像我们的付出并没有得到相应的回报;但是请记住,不是没有回报,只是时候未到,你要相信你的每一次努力都会在以后的日子里给你回报!

付出了,不一定会有即时的回报,但不付出一定没有回报。为团队付出时间、精力、热情和智慧,虽然有时可能是一种默默的付出,但是最终能够得到机会的人总是在岗位上付出更多的人。

付出,是成功路上一种必需的心态。付出,就是把事情当作职业来做,就是要勇于承担。承担是成长的开始,成长是成熟的开始,成熟是成功的开始。

付出,也是一种舍与得的因果关系。付出就是"舍得"中的"舍",

先舍再求后得。

印度有一句古谚："赠人玫瑰之手，经久犹有余香。"关于此，有很多温暖的故事。

如果没有奉献精神，就不可能多付出。尽管我们都明白，我们每个人都生活在一个由责任构成的集体之中，对社会和集体的付出其实也是对自己的付出。

如果人人都勇于为集体的利益而牺牲，换来的就会是集体的繁荣与强大；如果人人都为了个人利益而互相争斗，那么这个集体的灭亡之期就不远了。

就说雁奴。

雁群夜宿时，会有一只雁在周围专司值守警戒，如遇袭击就鸣叫报警，人称"雁奴"。

"雁奴，雁之最小者，性尤机警。群雁夜必择栖，恐人弋也。每群雁夜宿，雁奴独不瞑，为之伺察。或微闻人声，必先号鸣，群雁则杂然相呼引去。"（宋濂《宋文宪公集·雁奴》）

雁群白日休息或进食时，雁奴不吃不喝；雁群夜晚眠宿时，雁奴不眠不休。不论风清月朗，不避雪雨风霜，雁奴始终坚守岗位。诗人元好问言其"雁奴辛苦侯寒更，梦破黄芦雪打声"（《惠崇芦雁》），足见其辛苦。

这不正是"辛苦我一个，幸福千万家"么！

巴西的甘蔗田里生存着两种蚂蚁，黑蚂蚁和行军蚁。黑蚂蚁体形较小，生性温和，以植物和腐食为生。行军蚁体形彪悍，生性凶残，饿极之时甚至会吃掉同伴。行军蚁最喜欢的食物就是黑蚂蚁。按说，与强敌生活在一片土地上的黑蚂蚁必然会被不断掠食，数量会越来越少；但事实恰恰相反，甘蔗田里的黑蚂蚁依然生活得很好，倒是行军蚁的数量在逐年下降。

为什么会这样？带着这个疑问，生物学家对两种蚂蚁进行了长时间观察，结果他们获得了惊人的发现。

一天傍晚，黑蚂蚁大军准时返回巢穴，排在队伍最后面的二十多只黑蚂蚁却没有进去，而是守在洞口，看着同伴在巢穴里面忙碌地封闭洞口，然后搬来沙粒隐蔽洞口。就在这时，上千只游猎的行军蚁突然出现，一会儿的工夫，黑蚂蚁便全部被吃光了。意犹未尽的行军蚁四处寻找猎物，却始终没有发现黑蚂蚁的巢穴入口。最后，它们开始同类相残，大约有三分之一的行军蚁被吃掉了。

黑蚂蚁是非常脆弱的，失去巢穴的保护，即使没有外敌攻击，它们也会在恶劣的环境中耗尽体内的糖和水分而死去。让生物学家震惊不已的是，这种小小的蚂蚁竟然有为了集体而不惜牺牲自己的奉献精神。

正是黑蚂蚁这种舍己为人的举动，使庇护同类的巢穴永远不会被天敌发现，也使黑蚂蚁能在行军蚁出没的地带一直生存繁衍下来，并且数量越来越多。行军蚁虽然强大，同类相残的习性却使它们的数量越来越少，趋于灭绝的边缘。（感动《黑蚂蚁的奉献》，《意林（少年版）》2009年第7期，有删改）

## 三、"乌合之众"的取经路

对于多数管理专家而言，西天取经团队不能算是一个合格的团队，因为其团队成员要么个性鲜明，难以管理，要么缺乏主见，过于平庸；但就是这么一群"乌合之众"，最终克服了人们难以想象的困难，历经九九八十一难，完成任务取回了真经，结果真是出人意料！

经济学里有一种观点，是保罗·萨缪尔森提出来的，叫作"合成谬误"：每一个人局部看上去都是理性的、正确的、有效率的，加总起来却是一个谬误。在博弈论中表述为理性人的理性抉择导致次优结果。

西天取经团队的过程与结果却恰恰与之相反，似乎是个体的无理性却带来了整体的高智商。

原因何在？

网络上相关分析文章甚多，其中也不乏真知灼见。较为一致的意见是，西天取经团队中的每一个人都努力奉献，竭尽全力。

团队领导人唐僧虽然处事不够果断、精明，但对于团队目标抱有坚定信念，明知"渺渺茫茫，吉凶难定"，依然坚定前行，历经八十一难而心不改，获取真经的信念不败。更重要的是，唐僧在取经途中还以博爱和仁慈之心不断地教诲和感化着众位徒弟。

明星员工孙悟空是英雄的化身，凭着七十二般变化和一个跟头十万八千里的通天本领降妖伏魔，是取经路上的保障。孙悟空喜欢单打独斗，个性桀骜不驯，不受约束，是一个不稳定因素，曾多次因违背师父的意愿而被念紧箍咒，甚至被赶出取经队伍；但他对团队成员有着难以割舍的深厚感情，时刻惦念、维护着自己的团队，而且不屈不挠，愿为实现取经目标付出任何代价。

猪八戒贪图美色、爱财图利，生性好吃懒做，信念不够坚定，常在困难之时闹着分行李散伙，因此经常挨骂；但他从不因此心怀怨恨，一路上谈笑风生，提出了诸多意见和建议，尽管这些意见和建议多是"馊主意"。因他随和健谈，也充当了师父和师兄之间的沟通桥梁。

沙僧能力不强，但忠厚老实，寡言少语，为人低调，踏实肯干，一路上牵马挑担，不辞辛劳，是领导的忠实追随者，也是团队成员间的有效黏合剂，起着保持团队稳定的基石作用。

曾经热播的电视剧里也不乏类似的例子。

《我的团长我的团》里的"炮灰团"也不能算是一个合格的团队。一群国民党溃兵互相憎恶又相依为命，不饿死、不病死成为他们生存的最高目标。然而，在自称川军团副团长的龙文章的率领下，他们却投身到了真实的战斗中去。

"炮灰团"之所以能够成就惊天动地的事业，原因就在于团队中的每个人都努力承担责任，竭尽全力为团队付出和奉献。

为团队付出和奉献的人从不把自己当成可有可无的人，而是将自己当作不可或缺的人。

团队中不可或缺的人大概可分为两类：一类人负责创新和决策，他们创新创意，开创新的事业，引导团队的未来；另一类人负责跟随和执行，他们踏实肯干，日复一日地做同一件事，少有差错而且越做越好。团队就是在这两种人的努力下持续发展，螺旋式不断前进。

在雁阵里，领头雁属于前者，群雁属于后者。

在高空飞行时，领头雁勇于面对空气的巨大阻力，自觉承担起更多责任，为紧随其后的其他大雁创造飞行条件。雁群中的每一只大雁都会努力扇动翅膀，以形成气流，为后面的大雁减少空气阻力。

精彩的人生是乐于奉献和付出的人生。选择了奉献和付出，我们就会不畏艰辛苦楚。

在岗位上、在职业里，付出和奉献体现的也是一个人的爱岗敬业。

## 四、爱岗敬业

爱岗敬业是老生常谈，随着时代的变迁，人们不断赋予其新的内涵。美国吉姆·柯林斯的《卓越员工的12项修炼》中也把敬业作为第一项修炼内容，这说明虽然中西方文化有差异，但对从业人员的要求是相通的。

"爱岗敬业"这四个字既体现了职业道德，也体现了职业精神，更体现了我们的职业责任。它是推动人类社会进步的重要精神财富，也是社会对从业人员基本的职业道德要求。

那么，我们为什么要爱岗敬业呢？

首先，岗位是一种稀缺资源。不论是在国内还是在国外，岗位都是稀缺资源，不是人人想要就都能得到的，也不是具备了相应条件就一定能够任职的。可能有10个人、100个人具备了任职条件，但是最终只能录用其中一个人，所以我们占据了一个岗位就要珍惜这个岗位，要对得起这个岗位。

其次，职业是一种生存依托。一个人要活下去就得有活干，有活干才能获得报酬、生存发展。一个人有了一份职业，就有了赖以生存的基础，有了赖以发展的保障，应该加倍珍惜。

最后，岗位和职业也是一个人施展才华、奉献社会的机会与平台。爱岗敬业不仅是个人生存和发展的需要，也是社会存在和发展的需要。社会进步是靠科学技术和生产力的发展推动的，而每一项科学发明、每一次技术进步都需要人们付出极大的代价，都闪耀着敬业精神的光辉。

爱岗敬业的基本含义当然就是恪尽职守。爱岗，就是热爱自己的岗位和本职工作，并引以为豪；敬业，就是以敬重的心情、敬畏的态度对待自己的工作，认真负责、一心一意地去做好自己该做的事，深入钻研探讨，力求精益求精。

敬业之人是社会的基石，敬业精神是社会进步的动力。

中华民族历来有"敬业乐群""忠于职守"的优良传统。《礼记》中有"敬业乐群"之说，孔子也主张"敬事而信""执事敬"。北宋程颐进一步指出："所谓敬者，主一之谓敬；所谓一者，无适之谓一"

(《二程·粹言》卷上）。南宋朱熹则阐述，"敬业"就是"专心致志以事其业"。用今天的话来说，就是干一样爱一样，干一行爱一行，专心致志，一心一意。

可见，敬业一向是中华民族的传统美德、国人推崇的工作态度，自古薪火相传并不断发展。

梁启超曾说："我确信'敬业乐业'四个字，是人类生活的不二法门。"

"敬"字为古圣贤教人做人最简易、直接的法门……凡做一件事，便忠于一件事，将全副精力集中到这事上头，一点不旁骛，便是敬……凡可以名为一件事的，其性质都是可敬的。当大总统是一件事，拉黄包车也是一件事。事的名称，从俗人眼里看来，有高下；事的性质，从学理上解剖起来，并没有高下。只要当大总统的人，信得过我可以当大总统才去当，实实在在把总统当作一件正经事来做；拉黄包车的人，信得过我可以拉黄包车才去拉，实实在在把拉车当作一件正经事来做，便是人生合理的生活。这叫作职业的神圣。凡职业没有不是神圣的，所以凡职业没有不是可敬的。（梁启超《饮冰室合集·敬业与乐业》）

在现实生活中，真正能够找到自己理想职业的人必定是少数，绝大多数人都必须面对现实，自觉不自觉地从事那些自己不喜欢、不愿干的工作。

所以，要做到爱岗敬业，就必须学会调整好、处理好现实生活与理想期望之间的平衡关系。

毕竟，人有不同的需求，社会也有不同的分工。一座城市，上要有市长，下要有清洁工，想当市长的人肯定比想当清洁工的人要多，一座城市里只能有一个市长，却需要几百几千名清洁工，这么多清洁工，有的可能是心甘情愿的，更多的却是不得已而为之。

毕竟，一个人的生存和发展需要是不断变化的。一个人对于工作岗位的需求不会一成不变，而是随着个人的成长进步和社会的发展而不断变化的。在某一个时期，我们可能对某一个工作岗位感到比较满意，但随着时事的变迁，我们对工作岗位的满意度也会发生新的变化，现实与期望时刻处于不平衡状态。

毕竟，一个人的需求要与自己的能力匹配。从个人角度来讲，成长进步也需要有一个过程，并不是说自己认为自己适合什么岗位就能干什么岗位，而是要通过分析权衡，正确认识自己，真正找准定位，切实立足本职，发挥好自己应有的作用。

那么，在理想与现实不一致甚至差距非常大的情况下，要做到安于本职工作，就需要有敬业精神来给我们做精神支柱，尤其是在工作不顺利的时候。

一个人优秀，是因为他能干好自己喜欢的事情吗？

恰恰相反，是因为他能干好自己不喜爱甚至憎恶的事情，是因为他心里想着工作，想着怎样才能把工作干好，力求精益求精。

套用一句古话就是"如切如磋，如琢如磨"。

## 五、"如切如磋，如琢如磨"

子贡曰："贫而无谄，富而无骄，何如？"子曰："可也。未若贫而乐，富而好礼者也。"子贡曰："《诗》云，'如切如磋，如琢如磨'，其斯之谓与？"子曰："赐也，始可与言《诗》已矣，告诸往而知来者。"（《论语·学而》）

孔子的得意门生端木赐，字子贡，才华横溢，孔门十哲之一，六艺皆精，"受业身通"，孔子曾称其为"瑚琏之器"，认为其特别有才能，可以担当大任。

子贡在和孔子探讨"贫而乐道，富而好礼"的问题时，引用了《诗经·卫风·淇奥》里的一句话，"如切如磋，如琢如磨"，受到孔子的高度赞赏："子贡呀，你能从我已经讲过的话中领会到我还没有说到的意思，举一反三，看来今后咱们俩可以谈论《诗经》了。"

孔子还说过："不愤不启，不悱（fěi）不发。举一隅（yú）不以三隅反，则不复也。"（《论语·述而》）

孔子说，教导学生，不到他们全力以赴也弄不明白（虽不遗余力仍懵懂无知）的程度，不要去引导他们；不到他们心里明白却苦于不能完整、清晰地表达（虽能意会却不能言传）的程度，不要去启发他们。老师提出了一个问题，他们应该能够马上联想到其他同类问题（或老师举出了问题的一个方面，他们应该能够灵活地推想到其他方面）。如果他们做不到这一点，就不要再用那种方式教导他们了。

这是孔子的教学心得。

朱熹解释说："愤者，心求通而未得之意；悱者，口欲言而未能之貌。"也就是说，"愤"，是心里急于弄清楚而又无从着手；"悱"，是嘴里想说而又无从谈起。

这里的"愤"和"悱"的过程，其实就是"如切如磋，如琢如磨"。

朱熹注释说："言治骨角者，既切之而复磋之；治玉石者，既琢之而复磨之；治之已精，而益求其精也。"（《论语集注》）。"大意是说，君子的自我修养，就像加工骨器，切了还要磋；就像加工玉器，琢了还得磨。

切磋琢磨，本来是指把骨头、象牙、玉石、石头等制成器物，切割、雕刻之后还要仔细打磨；已经十分美好了，还要力求更加精致美好，这就是"精益求精"。

赵翼曾言："盖事之出于人为者，大概日趋于新，精益求精，密益加密，本风会使然。"（《瓯北诗话·七言律》）

一个人要做到优秀，就必须精益求精。当然，要做到精益求精，必须要有正确的心态。

人的很多决定和行为取决于人的心态。

员工的正确的心态，首先依靠自己正确的调适，也取决于团队正确的培养。

调适也好，培养也罢，最主要也是最重要的，还是让员工建立起几个"正确对待"。

正确对待职业。就是要爱岗敬业。以感恩的心对待工作，是对个人魅力、个人价值的一次完美提升。这是职业道德，也是职业精神，更是职业责任。我们要让职业意识融入个人的工作行为中，融入企业文化中。

正确对待工作。就是要恪尽职守。工作是我们生命中最珍贵的礼物，要谨慎认真地做好本职工作，细心、耐心地守住职位或岗位。心里要想着工作，想着怎样才能把工作干好。职业生涯发展的道路上没有空白点，每一种环境、每一项工作都是锻炼，每一个困难、每一次失败都是机会。

正确对待自我。就是要心境平和。对于个人的事情，要有平和的心态。对事对物、对名对利应有一种"得之不喜，失之不忧"的态度，不苛求身外之物，多反省内心的贪欲。

正确对待团队。就是要学会感恩。学会感恩，收获人生。要知道感恩单位，学会感恩企业。单位和企业是我们的"家"，它不仅给我们提供了生存的必要条件，还为我们提供了一个发挥自我、表现自我、施展自我才华的平台。

有了这几个"正确对待"，我们就有了前进的动力。

坚持这几个"正确对待",修炼这几个"正确对待",需要我们勤于自省、心存敬畏,常怀凛凛之心。

## 六、自省和敬畏

"自省",是指通过自我意识来省察自己的言行。

一个人追求信仰,无非是两条路:一是外向求索,二是内省思考。自省,即人的自我检讨,包含自我检查、自我监督和自我批评。

自省是一个心理过程,它直接指向自己的灵魂深处,是改造主观世界的一个重要手段,也是提高自身修养、培养良好品德的一种有效方法。经常自省可以明是非、知得失,进而克非改过、去恶存善,从而达到净化思想、提升境界的目的。

孔子是中国历史上提出"自省"的第一人。孔子的学生曾参把孔子的"自省"精神具体化,提出了"吾日三省吾身"(《论语·学而》)。

哪"三省"呢?

第一"省","为人谋而不忠乎?"替别人办事尽力了吗?讲的是忠诚。

第二"省","与朋友交而不信乎?"与朋友交往失信了吗?讲的是诚信。

第三"省","传不习乎?"老师教导、上级交办的事做好了吗?讲的是实践。

作为一名团队成员,我们可以经常自我盘点。

我的优势是什么?

我的弱点是什么?

我的盲点是什么？

我最害怕的是什么？

我最想要的是什么？

这就是现代意义上的"三省吾身"。

作为一名领导者、管理者，也可以经常自我盘点：我有包容力吗？我有欣赏力吗？我有自控力吗？我有前瞻力吗？

这也是现代意义上的"三省吾身"。

当然，"自省"多是痛苦的，但人就是在这种痛苦的自省中逐步提升了修养、锻炼了人格，变得高尚起来，变得温润如玉、清朗若谷。

宋朝的洪迈有一句话："三省吾身，谓予无愆。"（《容斋续笔》·十五·逐贫赋）有了自省，我们就会少犯错误，不犯错误。疏忽了，怠惰了，我们就少了提高和进步的机会。

这种盘点，就是现代意义上的"三省吾身"。

勤于自省，必定慎独慎微。

"敬畏"，"敬"包含"畏"，即敬重而害怕。

人有敬畏之心，既是一种人生态度，也是一种人生理念。由于害怕正义的惩罚，因而约束自我是意志力坚强的一种体现。敬畏的东西太多固然不好，可是什么也不敬畏也就没有了规矩和标准。

孔子曰："君子有三畏：畏天命，畏大人，畏圣人之言。"（《论语·季氏》）

"天命"，指自然运行规律和社会发展规律。自然规律不可违背，我们要尊重和顺应自然规律。

"大人"，指辈分长的人、成就大的人、级别高的人、学问好的人。前辈师长不可怠慢，我们要尊重和敬仰前辈师长。

"圣人之言"，指权威文化。权威文化不可亵渎，我们要尊重和热爱权威文化。

"三畏"是一个人成功的基本前提和必备条件。

"君子有三畏",愚以为总的是说作为健全、高尚的社会人,内心世界要有敬畏的情感,要有恰当的自我定位,要有准确的前进目标,不可无法无天、唯我独尊。敬畏感是人类的一种非常神圣的情感,人们当思之记之。(白子超《说〈论语〉》)

心有所敬,行有所循;心有所畏,行有所止。有所敬畏才能有所遵循。

从大处上来说,我们才能敬畏规律、敬畏法律、敬畏纪律;从工作上来说,我们才能敬畏组织、敬畏信仰、敬畏群众;从生活上来说,我们才能不闯红灯,不说脏话,不随地吐痰,不乱丢垃圾,不乱穿衣服。也就是说,对那些容易给他人带来不便、产生伤害的一切事情都要心存敬畏。

做人没有敬畏之心,人生必定失败;从业没有敬畏之心,前途必然坎坷。

无所敬畏,人不仅远离了神圣,也靠近了罪恶。

心存敬畏,自然手握戒尺。勤于自省、慎独慎微,心存敬畏、手握戒尺,我们就有了方向感。这其实就是积极的心态。

积极的心态是成功定律中的黄金法则。拿破仑·希尔的《成功定律》中列举了17条成功定律,第一条就是积极的心态,又称"PMA 黄金定律"。

在积极心态的影响之下,个人就会努力追求工作的最高质量,而不是最低标准。毕竟,任何事情都有一个精度标准。

## 七、人生精度

那么，工作的精度标准是什么？

工作的精度标准大体有两个：一个是工作要求的极致，也就是尽善尽美，这是最高标准；另一个是个人能力的极致，也就是尽心尽力，这是最低标准。

两者合二为一，工作的精度标准就是，尽心尽力，将事情做到尽善尽美。

人生的精度标准也是如此。

当然，精度既包含精密度，也包括准确度。

精密度，是精致细密、精确周密的程度；准确度，是结果符合预期目标的程度。既有精密度，又有准确度，用一句俗语来说，就是"努力把每一件事情都做成一朵花"。

有人说，你真能把一件事做成一朵花？

答案是肯定的。在职场上、在岗位上，确实有人能把事情做成一朵花，而且那些惯于将事情做成一朵花的人大都成功了。

绝大多数人爱好某个职业或者某项事业，只是想享受这个职业或者事业可能给自己带来的成功，带来的光环，带来的巨大收益空间，却没料到，收益和付出永远成正比，越炫目的光环背后付出越多。

编辑的光环很炫目，可是你并不知道，一个优秀编辑需要一生孜孜不倦地精益求精。这个精益求精的过程极其单调，极其繁复，也极其细致，磨炼人也考验人。（黄晓阳《职场二规则》）

黄晓阳先生的结论是："是否因爱好而工作并不重要，重要的是你能不能在工作中产生并且培养爱好。"

这便是"乐业"。

孔子曾以学习的三层境界"知、好、乐"为例，谈"乐业"的重要性。他说："知之者不如好之者，好之者不如乐之者。"（《论语·雍也》）大意是说，懂得学习的人比不上喜爱学习的人，喜爱学习的人比不上以学习为乐的人。

兴趣是最好的老师，学习知识重要的是培养学习的兴趣。对学习知识感兴趣，就会变被动为主动，以学习为乐事，在快乐中学习。这样既能提高学习的效率，也能够加深对知识的理解，学到的知识才能够灵活地运用。

人生能从自己的职业中寻出趣味，生活才有价值。

梁启超曾说："凡职业都是有趣味的，只要你肯继续做下去，趣味自然会发生。""我信得过我当木匠的做成一张好桌子，和你们当政治家的建设成一个共和国家同一价值；我信得过我当挑粪的把马桶收拾得干净，和你们当军人的打胜一支压境的敌军同一价值。大家同是替社会做事，你不必羡慕我，我不必羡慕你。"

原因何在？梁启超先生讲了四条。

第一，因为凡一件职业，总有许多层累、曲折，倘能身入其中，看它变化、进展的状态，最为亲切有味。

第二，因为每一职业之成就，离不了奋斗；一步一步地奋斗前去，从刻苦中得快乐，快乐的分量加增。

第三，职业性质，常常要和同业的人比较并进，好像赛球一般，因竞胜而得快乐。

第四，专心做一职业时，把许多游思、妄想杜绝了，省却无限闲烦恼。（《饮冰室合集·敬业与乐业》）

## 案例研究

### 湖人之败

2004年6月，拥有NBA历史上最豪华阵容的湖人队，在总决赛中的对手是14年来第一次闯入总决赛的东部球队活塞。赛前，很少有人会相信活塞队能够坚持到第七场。媒体更是"一边倒"地认为："从历史到现实，活塞尽显劣势，湖人预定总冠军戒指。"

从球队的人员结构来看，科比、奥尼尔、马龙、佩顿，湖人队是一个由巨星组成的"超级团队"，每个位置上的成员几乎都是全联盟最优秀的，再加上由传奇教练菲尔·杰克逊执教，在许多人眼中，这是20年来NBA历史上最强大的一支球队。要在总决赛中将其战胜，只存在理论上的可能性，更何况其对手只是一支"平民球队"。

然而，最终的结果出乎所有人的意料，湖人队几乎没有做多少抵抗便以1∶4的成绩败下阵来。

2004年6月NBA总决赛，湖人队迎战活塞队。

在几乎所有人都认为西部球队将赢下连续第六个冠军的时候，人们却发现，总决赛前势如破竹、叱咤全联盟的洛杉矶湖人队居然被"蓝领军团"活塞队坚固的防守、整体作战的方式，以4∶1轻松击败，痛失总冠军。

这一年湖人队出人意料的失败不仅导致"湖人王朝"解体，湖人的"黄金阵容"宣告崩解，主教练"禅师"菲尔·杰克逊一度下课，"大鲨鱼"奥尼尔黯然离开西部球队，"小飞侠"科比饱受争议，"手套"加里·佩顿转投波士顿凯尔特人，而且对东部球队的崛起、团队篮球的理念再次生根产生了深远的影响。

湖人队输在"内乱"，这连普通球迷都看出来了。OK组合各自为政、争风吃醋，奥尼尔和科比都觉得自己才是球队的领袖，在比赛中单打独斗，全然没有配合；"外来户"马龙和佩顿只是冲着总冠军戒指而来，根本就无法融入整个团队，也无法完全发挥其作用，以至于在9年之后，詹姆斯还在翻这笔"旧账"。

2013年年初，湖人队遭遇五连败，这让詹姆斯有些坐不住了。"每个人都喜欢湖人，没有用的，就算他们有超豪华的阵容又能如何呢？"詹姆斯说，"2004年的马龙、佩顿、奥尼尔和科比也没有拿到冠军啊。"詹姆斯看衰湖人的豪华阵容，其实是想说明一个道理：拥有豪华的明星阵容并不一定就能够斩获总冠军。

明星员工的内耗和冲突往往会使整个团队变得平庸。没有付出，没有奉献，"1+1"不仅不会大于或等于"2"，甚至还可能小于"2"。

2012年10月中旬，当年大败的当事人之一"手套"加里·佩顿接受了SLAM的专访，并就2004年湖人兵败总决赛的事发表了自己的看法。

当年大败后，"湖人王朝"解体，佩顿转投波士顿凯尔特人，但该球队实力有限，在季后赛中早早被淘汰。仍然没有放弃夺得总冠军希望的佩顿在赛季前以自由球员身份加入热火队，并凭借其丰富的比赛经验屡屡救热火队于危难之中。最终，热火队在并不被人看好的情况下，在总决赛中连胜四场，以4∶2战胜达拉斯小牛队（达拉斯独行侠队），成功捧得总冠军奖杯。佩顿的总冠军之梦也宣告实现。

佩顿说道："人们真的不了解 2004 年的情况有多么复杂。首先，这支球队遭受了打击，如果马龙不受伤，我们本可以赢的。其次，奥尼尔正在和湖人管理层较劲。最后，科比受到官司困扰。这个年轻人以为自己将要在监狱中度过余生，那个时候的他无法全身心投入篮球比赛当中，我不能因此责怪他。如果我是他，也会这样的。每天他都要去丹佛，他觉得自己没指望了，媒体甚至所有人都在谈论他会输掉这场官司。他需要重新掌控自己的人生，可人们不了解，他的专注力不在篮球上。我们队有太多的问题。"

这也是团队缺乏凝聚力的表现。

缺乏凝聚力的团队如同一盘散沙，其战斗力自然也会大打折扣。

按照佩顿的说法，那时的湖人队有点像"野牛"团队。

野牛个个身强力壮，如果单打独斗，兽中之王狮子都不是它的对手；但当上千头野牛在一起时，甚至斗不过一只狮子。因为野牛没有集体意识，各自为政，遇到危险各自逃命，不肯互救，所以它们不是比自己身体弱小的独狼的对手，也自然会出现一头母狮追逐上千头野牛的悲壮场面。

"野牛"团队的弱点在于，限制了成员间的协同配合，忽略了团队的力量。这说明，再强壮的群体，不依靠团队力量，没有合作互助的精神，也会遭到分割猎杀的厄运。

按照詹姆斯的说法，那时的湖人队也有点像"螃蟹"团队。

竹篓里面放一群螃蟹，不必盖盖子，螃蟹肯定爬不出去。为什么呢？因为，只要其中一只往上爬，其他螃蟹便纷纷攀附在它的身上，拼命拉扯，往上爬的自然会被拉下来。我爬不出去，你也别想爬出去，最后大家都爬不出去。其结局就是，被人放在同一口锅里做成香辣蟹或清蒸蟹。

"螃蟹"团队的弱点在于，成员间没有形成合力，反而限制了彼此及团队的发展，这是团队没有凝聚力、向心力的表现。

企业中之所以会出现这样的团队，员工的素质和表现其实都是表象，其根源在于管理者身上。

野牛团队平时能够和平共处，但关键时刻特别是危险时刻，混乱无序，互不相帮，有一种"大难临头各自飞"的意味。在实践中，就是企业一遇到困难或危机，便会暴露出问题，甚至分崩离析。对于这样的团队，管理者首先要给大家创造合作的机会，特别是在遇到麻烦、问题的时候，更要群力群策，调动起大家的主动性、积极性，共同解决问题。

"螃蟹"团队则始终在内斗，团队成员为各自的利益而互相打压、互相拆台、互相牵制、互相制约，跟风内斗，这个团队永远不可能前进，只有死路一条。这时，管理者首先应该是一条线，将所有的珠子串在一起，形成一条项链。

无论是"野牛"团队还是"螃蟹"团队，管理者要做的就是提高自己的影响力、领导力，强化分工和合作，打造凝聚、团结的团队氛围，同时以身作则，平衡协调各团队成员。最终，聚沙成团，化腐朽为神奇，将一盘散沙打造成一块铁板。

# 第六章

## 合作·协助

单个的人是软弱无力的,就像漂流的鲁滨逊一样,只有同别人在一起,他才能完成多项事业。

——叔本华

大雁群飞比单独飞行增加71%的飞行动力。飞行中的大雁会大声鸣叫以相互激励，传递信号和信息，鼓励落后的同伴。此亦大雁之智。

雁阵飞行时或为"一"字，或为"人"字，从头到尾依长幼之序排列，称作"雁序"。壮雁飞得再快也不会赶超老雁。此亦大雁之礼。

当有大雁生病或受伤时，就会有其他大雁来协助它飞行并照料它。如果有大雁受伤脱队，就会有另两只大雁脱队来帮助和保护它。此亦大雁之义。

### 感悟

一雁不能成春。团队成员应该培养强烈的归属感，融入团队。

不善合作，一败涂地；齐心协力，共享成功。团队成员要与领跑的人在一起，走同一条路。

团队合作有利于提高决策效率，有利于团队成员之间的交流沟通，有利于提高成员参与团队决策的积极性。

## 一、不抛弃，不放弃

"不抛弃，不放弃"，是2007年热播的电视剧《士兵突击》中的一句台词，之后被用于各种励志场合。

这句台词也让无数观众感到纠结：不抛弃和不放弃的，究竟是什么？

显而易见的答案是"班长、连队"，较为隐性的答案是"勇气、信仰和善良"。

按照"百度百科"的解释：所谓"不抛弃"，就是不抛弃亲情、爱情、友情以及它们所带来的温暖与安全，不抛弃努力创造的一切。

所谓"不放弃"，就是不放弃我们心中的信念、理想与追求，应该坚持的原则，以及由信念、理想、追求与原则所换来的努力与拼搏，不放弃最后一刻成功的机会，不放弃任何成长与净心的机会。

如此看来，不抛弃和不放弃的，一是自己，二是别人。这个"别人"，在职场上包括团队领导、精神导师、合作伙伴，合而为一便是团队。

1920年9月，刘半农先生在英国伦敦大学留学期间，作诗《教我如何不想她》，"她"字便首创于此。

枯树在冷风里摇，
野火在暮色中烧。
啊！
西天还有些儿残霞，
教我如何不想她？
…………

《士兵突击》里，特种兵队长也说："山里的黄昏，容易让人想起旧事。"

有一天，看到山里的黄昏想到旧事时，能够让我们不至于太寂寞的，除了家人和友情，大概也就是我们的团队，以及团队里的团队领导、精神导师、合作伙伴了——那不正是"我的团长我的团"么！

"我的团长我的团"，怎能抛弃，怎能放弃！

因为不能抛弃、不能放弃，所以不管是在顺利的时候还是困难之际，团队成员之间都要互相帮助、互相扶持、互相推动。

互相帮助、互相扶持、互相推动，就是合作。

大雁"五常"俱全，堪称合作之典范。

一是仁。一队大雁当中，总有老弱病残之辈，属于弱势群体，丧失了劳动能力，不能独立打食，其余的壮年大雁绝不会弃之不顾，而定会养其老、送其终，此为仁者之心。

二是义。雌雄雁相配如夫妻，向来是从一而终，若是一只不幸被捕杀或病死，落单的一只成为孤雁，到死也不会再找其他伴侣，甚至不会独活。如果一只大雁生病或受伤了，会有其他大雁来协助它飞行并照料它。如果一只大雁受伤脱队，就会有另外两只大雁留下来帮助和保护它，直到它能够飞行或死掉，才一起或者离开它追上前面的雁阵。这是其情义过人之处。

三是礼。雁阵飞行之时必定形成阵列，或为"一"字，或为"人"字，从头到尾依长幼之序排列，称作"雁序"。壮雁飞得再快也不会赶超老雁，这是其礼让恭谦之意。

四是智。大雁群飞比单独飞行增加71%的飞行动力。当大雁脱离雁群时会感到孤独且飞行迟缓，会渴望尽早归队。飞行中的大雁会大声鸣叫以相互激励，传递信号和信息，鼓励落后的同伴。大雁生性智慧警觉，且有雁奴值更，因而难以猎获。

五是信。大雁是候鸟，每年秋天南翔越冬，第二年春天北返，随时节迁徙，从不违约爽期。

有此"五常"，天上之雁与地上之犬、水中之鳢（黑鱼），并称"三厌"，道士不食。孙思邈真人在《卫生歌》中说："雁有序兮犬有义，黑鲤朝北知臣礼。人无礼义反食之，天地神明俱不喜。"

另外，大雁也有规。雁阵齐飞，每一次振翅、每一次滑翔都有规则、有纪律，充满了规矩意识。

李时珍也曾说"雁有四德"。

"雁有四德：寒则自北而南，止于衡阳，热则自南而北，归于雁门，其信也；飞则有序而前鸣后和，其礼也；失偶不再配，其节也；夜则群宿而一奴巡警，昼则衔芦以避缯缴（猎取飞鸟的射具），其智也。"（《本草纲目·禽之一·雁》）。

如此看来，雁之"五常"也好，"四德"也罢，皆与合作相关，或为合作所致。

## 二、狮子和兔子

合作，是指共同创作，共同从事，二人或多人一起工作以达到共同目的，联合作战或操作，等等。

合作就是个人与个人、群体与群体之间为达到共同目的而相互配合的一种联合行动或方式。

美国"学术和教育之父"诺亚·韦伯斯特曾说："人们在一起可以做出单独一个人所不能做出的事业，智慧、双手、力量结合在一起，几乎是万能的。"用中国的一句谚语来说，就是"人心齐，泰山移"。

有一则寓言故事《狮子和兔子》。

一只兔子坐在山洞口写文章，一只狐狸过来要吃了他，兔子说："等我把文章写完。"狐狸感到非常奇怪："你能写什么文章？"兔子回答："我的文章是《兔子为什么比狐狸更强大》。"狐狸不信，兔子说："不信你跟我来。"兔子把狐狸领进山洞，狐狸再也没有出来。兔子继续在洞口写文章，一头狼过来要吃了他，兔子说："等我把文章写完。"狼问："你能写什么文章？"兔子说："我的文章是《兔子为什么比狼更强大》。"狼不信，兔子又把狼领进了山洞，狼再也没有出来。山洞里，一头狮子正剔着牙，打着饱嗝，读兔子的文章《一只兔子能力的大小，关键要看它的导师是谁》。

在这个故事中，兔子和狮子的合作就是一个双赢的结局。狮子可以毫不费力地获得猎物，而兔子也得到了安全保障，可谓各得其所。这就是合作的力量。

燕千鸟跟鳄鱼之间也是一种合作伙伴关系。

鳄鱼牙齿粗疏，吃东西时牙缝里容易嵌进肉屑残骨，以至于腐烂生蛆，这让鳄鱼极为痛苦。燕千鸟在鳄鱼稀疏的牙齿间跳来跳去，剔牙齿、捉蛆虫，侍候得鳄鱼很舒服，同时自己也得以饱餐。

燕千鸟体形很小，只有乒乓球那么大，嘴巴细长，是给鳄鱼清理嘴巴的鸟，被称为"牙签鸟"或"鳄鸟"。

鳄鱼闭嘴睡觉时，燕千鸟会飞到鳄鱼嘴边挠它，鳄鱼一发痒就会张开大嘴，此时燕千鸟就从容地进去栖息、觅食。燕千鸟在鳄鱼嘴里吃饱了，待够了，就用羽毛摩擦鳄鱼的上颚，鳄鱼就会张嘴打哈欠，燕千鸟会趁机飞出。

以鳄鱼之凶残，所有的鸟兽都避之唯恐不及，这种小鸟却能同鳄鱼友好相处，鳄鱼也从不伤害这种小鸟。

鳄鱼和燕千鸟互相帮助，共同生活。鳄鱼牙缝里的食物残渣可以被清除掉，燕千鸟也不用到处寻找食物了，双方各得其所。

在《动物世界》节目里，我们经常能看到这样的景象。

荒野茫茫，一群野牛在河边饮水。突然，几只潜伏的狮子飞奔而出，野牛一哄而散。一只狮子抓住一头野牛的后腿，另一只狮子趁机咬住牛嘴，顺势扭断牛脖子，封住其喉管。野牛在与数只狮子搏斗的时候，其他数十头野牛就在不远处旁观。

有时，我们也能够看到这样的景象：狮子逮住了一头野牛，一群鬣狗蜂拥而上，疯狂地与狮子抢食。它们不要命的凶狠劲儿、齐心劲儿，常常吓得狮子放弃猎物，站在旁边看鬣狗疯狂掠食，最后愤然离去。

团队精神实际上就是合作精神。

社会是一个合作的体系，需要彼此分享经验、智慧和劳动成果。这就是相互依存原理。

## 三、相互依存

"人"字的结构就是互相支撑。

远古时期，生产工具简陋，人们的生产经验有限，劳动技能很低，想击败猛兽、捕捉猎物，只能依靠多人的联合之力。现代社会，知识爆炸，竞争激烈，人们仍然需要互相帮助，共同繁荣。

大家一条心，才能共同渡过江河。

大军事家孙武曾说：善于用兵打仗的人，能使部队如"率然"（常山之蛇），击其头则尾应，击其尾则头应，击其中则头尾共应。

有人质疑道：难道你说的都是真的？孙武说：只要指挥得当，就能全军齐心协力奋勇杀敌，强弱各尽其力。

孙子曾举一例："夫吴人与越人相恶也，当其同舟而济，遇风，其相救也如左右手。"（《孙子兵法·九地》）

春秋时，吴越两国经常打仗，两国的民众也都将对方视为仇人。可是，当他们同船渡河时，遇到了大风，眼见船就要翻了，为了保住性命，他们也能暂时放下仇恨，互相救援，犹如一个人的左手和右手一样。因为只有合力稳定船身，才能逃过灾难，安全到达河对岸。

这就是"同舟共济"，也叫作"风雨同舟""吴越同舟"。

一枝独秀，体现不了春天的生机；一树独立，无法阻挡狂风的侵扰；一人独行，撼动不了巨大的事物。

只有互相帮助，才能共同发展。

某地某人有一匹马和一头驴。途中，驴对马说："如果你肯救我一命，请分担一点我的负担。"马不听。驴筋疲力尽，倒下死了。主人把所有的货物，连同那张驴皮都放在马背上。马哭着说："真倒霉！我怎么这样不幸？我不肯替驴分担一点负担，却驮上了全部的货物，还加上这张皮！"（《伊索寓言》）

素有"华夏第一相"之称的管仲年轻时与鲍叔牙是朋友。鲍叔牙是齐桓公早年的亲信，他向齐桓公推荐了管仲。管仲出任相国，他自己却"以身下之"，甘愿屈居于管仲之下。"管鲍之交"也成为千古佳话。

管仲晚年曾深情地回忆他与鲍叔牙的相知相交和深情厚谊。

"吾始困时，尝与鲍叔贾，分财利多自与，鲍叔不以我为贪，知我贫也。吾尝为鲍叔谋事而更穷困，鲍叔不以我为愚，知时有利不利也。吾尝三仕三见逐于君，鲍叔不以我为不肖，知我不遭时也。吾尝三战三走，鲍叔不以我怯，知我有老母也。公子纠败，召忽死之，吾幽囚受辱，鲍叔不以我为无耻，知我不羞小节而耻功名不显于天下也。生我者父母，知我者鲍子也。"（《史记·管晏列传》）

管仲说：我当初贫困的时候，曾经和鲍叔一起经商，分钱的时候我常常多拿一些，鲍叔不认为是我贪心，他知道我是因为生活贫困；我曾经给鲍叔出谋划策，结果使他更加贫困，鲍叔不认为是我愚钝，知道这是因为时运有好的时候，也有不好的时候；我曾经三次做官三次被君主免职，鲍叔不认为是我没有才干，他知道是因为我没有遇到好时机；我曾经在战场上三次战败，却都没有以身殉国，而是落荒而逃，鲍叔不认为是我胆小怕死，他知道我有老母亲要赡养，必须留下有用之身；公子纠战败，召忽为他而死，我却活了下来，被囚禁，受尽凌辱，鲍叔不认为我没有气节，不知廉耻，他知道我不会因为小节而感到耻辱，而是以功名不能显扬于天下为可耻。生我的人是我的父母，但最了解我的人是鲍叔啊！

管仲临死的时候没有举荐鲍叔牙为相国的接任人选，但并不妨碍他在任职期间对鲍叔牙的关照。

鲍叔牙外有管仲的荫庇照顾，内有个人的道德修养，结果家道久远，"子孙世禄于齐，有封邑者十余世，常为名大夫"。他的子孙世世代代在齐国享有俸禄，得到封地的有十几代，多数是著名的大夫。

在生物界，不仅存在着环环相扣的食物链，也存在生物之间相互依存、互惠互利的共生现象。

共生又叫"互利共生"，是两种生物彼此互利地共同生存，缺此失彼都不能生存的一类种间关系，是生物之间相互关系的高度发展。在共生关系中，一方为另一方提供有利于其生存的帮助，同时获得对方的帮助。

20世纪六七十年代，以玛格丽特·马勒教授为首的一些心理学教授学者，将"共生现象"移入对人的人性个性化、人格发展的研究中，其目的无疑是人们所期望的："请接受我的关怀，也期待你的笑容。"

作为人们为达到某一共同目标而相互配合、相互协作进行的一种活动，合作能够集聚力量、启发思维、开阔视野、激发创造性，并能培养同情心、利他心和奉献精神。精诚合作会使我们分享到成功的愉悦，互助互惠能让我们取得更大的胜利。合作的结果不仅有利于自身，也有利于对方。

因此，合作不仅是一种相互依存的关系，也是一种智慧。

之所以说合作是一种智慧，是因为合作的本质是借助别人的力量使自己成长。

## 四、借力成长

成长不仅仅是个人的事情。毕竟，任何人单靠自身的力量和努力都是不够的，只有借助别人的力量，实现"从我到我们"的转变，才能把自身的作用发挥到极致。

所谓的"从我到我们"，就是把"小我"融入团体合作之中，合作互补、团结协作，最大限度地发挥"大我"的力量。

当一个人能够借助别人力量的时候，就可能得到更快的成长。

### 1. 合作意味着双赢

合作是一种力量优势的互补。只有合作，才能优势互补、取长补短，形成合力，把自身优势与他人优势结合起来，把双方的长处最大限度地发挥出来，突破孤军奋战的局限，实现双赢或多赢。

取尺之长，彰显了寸的灵巧；取寸之短，褒扬了尺的长度。于是，尺寸合作使工之器愈利，使工之事愈善。

"石油大王"洛克菲勒说："我获得成功的奥秘，就在于有一大批人在工作中真诚地合作。"

第二次世界大战以后，井深大在东京成立"东京通信研究所"，并邀请盛田昭夫加盟，此后两位天才精诚合作长达51年，共同经营索尼公司。他们从青年时期就在一起，走过困境，步入辉煌，进入垂暮，甚至到两人先后中风失去说话能力时，仍然相互沉醉于彼此的高度默契之中。井深大把公司运营事宜完全交托于盛田昭夫，从而获得了专注于技术焦点的时空；盛田昭夫则更多是以井深大为支柱和精神上的依托，到井深大那里获得肯定是他面对外部世界的力量源泉。

"合作共赢"意识是现代人成功的重要标志。

无论你的合作伙伴是谁，也无论你们的合作方式是怎样的，都要明白，建立在资源共享前提下的合作始终是现代竞争中最有发展潜力的。

## 2. 合作意味着机会

"一个篱笆三个桩，一个好汉三个帮。"现代社会竞争激烈，靠个人的力量单打独斗必然是举步维艰，只有在合作中寻求发展，才能有良好的开局。

一位成功的企业家这样形容"共赢"意识："精明的商人就是一只蚂蚁，一旦发现一块好的骨头，马上会回过头来呼朋引伴组团投资。"

由地缘和血缘关系织成的社会网络，使得"什么生意赚钱""哪里有做生意的机会"等市场信息能够在各地商人之间相互传递。这种网络使他们关注的市场往往突破了城市的区域局限，看似是多人来分一杯羹，实际上他们是扩大了市场，提高了知名度。最终，一个个企业快速地成熟并成长起来。（张笑恒《合伙人》）

世上的植物中，最有气势的当属红杉，高达60~100米。按理说，

越高大的植物，根就该扎得越深，但红杉的根只浅浅地延伸在地表。原来，红杉实际上是一大片红杉林，红杉彼此合作，其根系紧密相连，不仅能够抵御飓风侵袭，也方便快速大量地吸收水分，而不需要耗费过多的能量，可谓合作中的典范。

合作也可以帮助我们规避风险。由于与合作者共同分担风险，在遭遇危机的时候，我们的损失可以降到最低。

一位到南美洲森林探险的旅行者目睹了一个壮烈的场面：一群蚂蚁被野火包围，火圈在迅速地缩小，黑压压的蚁群即将葬身火海。这时，蚁群很快地聚集到一起，抱成一个巨大的蚂蚁团，蚂蚁团顺着地势向小河的方向滚去，熊熊的大火烧焦了蚂蚁团外围的蚂蚁，蚂蚁身体不断发出爆裂的声音，但烧焦的蚂蚁一点也没有松动，蚂蚁团迅速地滚过了火区，进入了小河，蚁群得救了。

### 3. 合作意味着"1+1>2"

只有合作才能够实现"1+1>2"。如果不合作，1就是1，2就是2。

每个人都有自己的优势和劣势，每个人的智慧和能力都是有限的。每个人都应该把自己的优势与大家分享，并利用别人的优势来弥补自己的不足。真诚合作，取长补短，就会实现能力倍增。

个人英雄主义的年代一去不复返，现代社会更需要合作。故而，个人一定要给自己植入正确的合作观念。

耳聋的人和盲人都有自己的缺陷，但如果耳聋的人把自己当成盲人的眼睛，盲人把自己当成耳聋的人的耳朵，两人互相帮助，那也就意味着，耳聋的人获得了"耳朵"，盲人获得了"眼睛"。很多拓展训练项目选择"耳聋的人和盲人合作"游戏来培养成员间的合作精神，不无道理。

合作是生存之道，每个人都应审视自己是否具备合作的精神。

在单位中，每个员工都有自己的特长，也都有奉献精神，可是如果不把这些分散的力量拧成一股绳，就无法形成前进的合力，甚至会因为员工各自为政而相互掣肘。俗话说"三个臭皮匠，顶个诸葛亮"，若三个诸葛亮不能精诚合作，可能还不如一个臭皮匠。

"一个和尚挑水吃，两个和尚抬水吃，三个和尚没水吃。"

当然，合作毕竟是由两个或两个以上个体共同完成的事情，双方或多方之间，由于利益不同、观念不同、思维方式不同等，难免会产生矛盾和冲突。要实现完美合作，便离不开包容。

合作体现和谐，合作展示包容。

## 五、包容与肚量

包容，指容纳，宽容大度。

"包容"语出《汉书·五行志》："上不宽大包容臣下，则不能居圣位。"大意是说，国君不能宽大为怀，包容臣子的缺点、错误或冒犯言行，就不能久居圣位。只有宽大为怀，方能江山永固。

包容，是一种心态，也可谓"包容心"。

包容心，是以不背离生活准则为标准，在能够承受的范围内适当调整宽容底线。所谓"自强不息，厚德载物"是也。

"自强不息，厚德载物"，源出《周易》："天行健，君子以自强不息"；"地势坤，君子以厚德载物"。梁启超在清华大学任教时，在一场名为《论君子》的演讲中引用了这两句话来激励清华学子。此后，"自强不息，厚德载物"被写进了清华校规，后来又逐渐演变成清华校训。

后来，著名哲学家张岱年先生把"自强不息，厚德载物"概括为中

华民族精神。

"厚德载物"意谓：君子应增厚美德，容载万物。就是要有包容心。

包容提升修养，包容反映气度，包容体现智慧，包容构建和谐。宇宙之所以广阔，是因为能够包容璀璨繁星；地球之所以神奇，是因为能够包容生灵万物；大海之所以宽阔，是因为能够容纳所有的河流；天空之所以广博，是因为能够包容所有的云彩。

有容乃大。

《尚书·君陈》曰："尔无忿疾于顽，无求备于一夫。必有忍，其乃有济；有容，德乃大。"大意是说，对一个人不能求全责备，要求他尽善尽美。为人学会忍耐，就会有补益；学会宽容，德行才算伟大。

明代兵部尚书、太子太保袁可立，曾在河南睢州家中"弗过堂"自著一联："受益惟谦，有容乃大。"

两百年后，林则徐任两广总督时亦在府衙题写一联自勉："海纳百川，有容乃大；壁立千仞，无欲则刚。"警示自己要豁达大度，告诫自己要宽容大气。

法国文学大师维克多·雨果曾说："世界上最宽阔的是海洋，比海洋更宽阔的是天空，比天空更宽阔的是人的胸怀。"

一个人的心胸有多大，他的舞台就有多大；一个人的包容有多少，他拥有的就有多少。

有包容心就是要有肚量。

"肚量"就是"度量"，指的是能宽容人的限度。

中国有句俗话，叫作"宰相肚里能行船"，所强调的就是肚量。姑且不论那些宰相是否都有肚量，但人们都把那些胸怀宏阔的人看作是可敬的人。以"君子"作为人生准则的古人，更是提出"量小非君子"，直接把肚量作为衡量君子的重要标准。一个有度量的人，即使事业无成，平淡无奇，也会受到世人尊敬；反之，即使才高业旺，倘若锱铢必较，也一定会受人唾弃，谓之"小肚鸡肠"。

　　法正归于刘备帐下后屡献奇策，深受刘备信任和敬重，号称刘备手下第一谋士，陈寿称赞其可比魏国的程昱和郭嘉。法正于四十五岁英年早逝，刘备十分感伤，追谥其为翼侯，是刘备时期唯一一位有谥号的大臣，由此也可见法正地位之高。就是这样一个人，却"不以德素称"。其原因就是法正的度量小。据史书记载，法正得志后，"一餐之德，睚眦之怨，无不报复，擅杀毁伤己者数人"（《三国志·蜀书·庞统法正传》），后世有人便因此认为法正乃小人之流。

　　量大福亦大，机深祸也深。
　　《菜根谭》中云："德随量进，量由识长。故欲厚其德，不可不弘其量；欲弘其量，不可不大其识。"一个人的品德会随着气度的宽宏而增进，气度也会随着社会经验的不断丰富而更为宽宏。要想增进自己的品德，就不能不使自己的气度宽宏。要想提升自己的气度，就不能不增加自己的社会经验。
　　史学家吕思勉先生曾说："一个人，如其胸襟宽大，能够容纳异己，不和人分派角立，而总把人家看作自己人，这个人在我们的语言中，就称之为度量大；反之则称为度量小。这亦是人人懂得的，看起来似乎平淡无奇，然而人的事业成就之大小，甚至有无成就，都是决之于此，绝不可以轻视。"吕思勉先生专著《论度量——论宋武帝与陈武帝》一文，谈度量问题。

　　寒山与拾得，是佛教史上两位著名的诗僧，贞观年间隐修于天台山国清寺。两位高僧行迹怪诞，言语非常，相传是文殊菩萨与普贤菩萨的化身。《古尊宿语录》载："昔日寒山问拾得曰：世间有人谤我、欺我、辱我、笑我、轻我、贱我、恶我、骗我，如何处治乎？拾得云：只是忍他、让他、由他、避他、耐他、敬他、不要理他，再待几年你且看他。"

包容意味着理解和通融。在当今社会，求同存异、包容共济是一种潮流。很多时候，我们的包容不仅是给别人机会，更是为自己创造机会。

在人的所有优秀品质中，最难得的便是宽厚包容。

当然，在一个和谐的团队中，不仅要有包容，还要有竞争，更要有激励。

## 六、竞争与激励

人是社会人，一个人不可能在社会中完全独立地生活，人与人之间的合作与竞争是社会生存与发展的动力。

"在合作中竞争，在竞争中合作"，正如一枚硬币总有两面一样，合作与竞争也是相互依存、互为补充的两个方面。

团队的和谐并不否定个人的才华，而其核心便是"大家比着飞"。

雁阵之所以没有在一种既定的模式中变得腐朽，正是因为在维持团队稳定的同时，其时刻都在进行着细节的改变，从而使雁阵更加稳定，飞得更高。这就是竞争。

物竞天择，适者生存。

农学专家袁隆平经常不辞辛苦亲自深入田间去发现、采集可供培养的种子。其实，在实验室里进行培育能省却很多繁杂的步骤，且能在最短的时间里得到所需要的种子。这个道理难道袁隆平先生不知道吗？

袁隆平解释说："在实验室中搞实验，一般没有成片栽植的条件，所谓的'培养'一般是针对单株。在大自然中，我们经常可以看到这样一个奇怪的现象：稀疏生长或独自生长的植物，枝干柔弱弯曲，也长不高，抗击自然灾害的能力自然不强；但成片的植物则每一株都高大挺拔，从不旁逸斜出，抗击自然灾害的能力会成倍提高。"

原因何在呢？袁隆平给出了这样的答案："稀疏的植物因为没有竞争存在，就懒散着随意生长，这往往使它们长得奇形怪状，最终不会成材，而长在一起的植物，每个个体要想生存就必须让自己长得高大强壮，这样才能争得有限的阳光、水分等生存资源，从而存活下来。一个有责任心的良种培育专家，不仅要考虑增产增收，还要在增加作物的抗自然灾害能力、抗倒伏能力上做文章。"（张前《竞争的力量》）

竞争，不仅是一切生命个体的生存法则，也是人类社会的一个永恒主题。成功的人生是参与竞争的人生。一个人只有在竞争中经受磨难，才能经得起风雨，扛得住挫折。竞争往往是生命自强不息、锻炼成才的最大动力。

老鹰之所以能够成为鸟类中最强壮的种族，正缘于此。

根据动物学家的研究，老鹰之所以成为鸟类中最强壮的种族，可能与它的喂食习惯有关。老鹰一次生下四五只小鹰，而老鹰每次猎捕回来的食物一次只能喂食一只小鹰。老鹰的喂食方式并不是依据公平平等的原则，而是哪一只小鹰抢得凶就给哪只吃。在此情况下，瘦弱的小鹰吃不到食物都死了，只有最凶狠的才能存活下来。代代相传，老鹰一族愈来愈强壮。（《老鹰喂食》，《教育》2009年第18期）

人们将鹰族这种"适者生存"的现象称为"老鹰效应"。

老鹰喂食的故事告诉我们,"公平"不能成为组织中的公认原则,组织若无适当的淘汰制度可能会因小仁小义而耽误进化,在竞争激烈的环境中会遭到自然淘汰。

在组织规范之内的有序竞争,其实是相互激励。有序的竞争,也是为了激励。

激励,是指激发人的行为的心理过程。管理学意义上的激励,是指激发员工的工作动机,也就是说用各种有效的方法去调动员工的积极性和创造性,使员工努力去完成组织交付的任务,实现组织的目标。

有效的激励必定会让员工产生超越自我和他人的欲望。

员工都需要激励,哪怕是一次赞赏的掌声、一个认可的眼神、一句赞美的话语,都有可能感动他们,点燃他们的激情,从而促使他们的工作动机、进取欲望更加强烈,并将其潜在的巨大的内驱力释放出来,为组织的远景目标奉献自己的热情。

激励,在一个人的学习、工作、生活中有着不可估量的作用。每个成功的人都是在激励中获得前进的原动力,在激励中成长,从而变得出类拔萃。

海洋馆有一条大鲸鱼,虽然重达8600千克,却能跃出水面6.6米,并向观众表演各种杂技。有人向训练师请教训练方法,他说,在最开始训练时,先把绳子放在水面下,使鲸鱼不得不从绳子上方通过。每次成功通过,它都能得到奖励。每通过一次,就会把绳子提高,只不过每次提高的幅度都很小,这样鲸鱼不需要花多大力气就能跃过去。随着时间的推移,鲸鱼创造了奇迹。(肯·布兰佳等《鲸鱼哲学》,张鸿斌译,中国人民大学出版社,2004年版)

激励,也包括自我激励。

一旦掌握自我激励的方法,自我塑造的过程也就随即开始了。

## 七、塑造自我

人活一世,需要挖掘真分量,释放正能量,活出高质量。

塑造自我,其实是寻求成长的内驱力。

### 1. 自知者明

塑造自我,首先要正确地认识自我。

"知人者智,自知者明"(《道德经》)。"人贵有自知之明"。相对于"知人"而言,"自知"更为重要。

智,是自我之智。明,是心灵之明。"知人者",知于外;"自知者",明于道。智者,知人不知己,知外不知内;明者,知己知人,内外皆明。智,是显意识,形成于后天,来源于外部世界,是对表面现象的理解和认识,具有局限性和主观片面性;明,是对世界本质的认识,具有无限性和客观全面性。欲求真知灼见,必返求于道。只有自知之人,才是真正的觉悟者。(上官一线《老子智慧讲堂》第五章"自知可以长久")

可是,"不识庐山真面目,只缘身在此山中"。人们对自身的认识往往缺乏一定的积极性和坚持性,因此才会当局者迷、当事者迷。

正确地认识自我,既要正确处理我与人的关系,还要正确处理我与事的关系,更要正确处理我与己的关系。

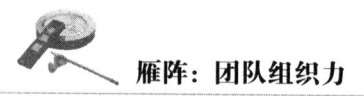

正确处理我与人的关系，是在与他人交往的过程中建立比较参照系，然后根据需要去规划自己的前途。

正确处理我与事的关系，是在成功中总结经验，在失败中汲取教训，校正策略，追求成功。

正确处理我与己的关系，是从我与己的关系中认识自我，也就是"吾日三省吾身"，努力把别人眼中的我和自己心中的我合成一体。

### 2. 吾爱吾身

塑造自我，还要积极地悦纳自我。

按照马斯洛需求理论，尊重需求是仅次于自我实现需求的第二层次的需求。

人有自尊的需要，积极悦纳自我便是心理健康的表现。当你快乐地接受了自己，你的整个心胸便会舒展和开阔，同时你会发现，你也更加容易接受他人了。

良好的自我悦纳，不仅可以有效缓解发展中的矛盾冲突，而且可以使自我得到更加健康的发展。

积极悦纳自我，有三个方面要注意。

一是要善待自我。懂得爱惜自己的人才会有人珍惜。善待自己是一种自我释放、自我调节、自我塑造的行为方式，也是一种积极健康的生活态度。

二是要尊重自我。要坦然地接受自己的一切，好的和坏的，成功的和失败的，并在这个过程当中积极培养自己的价值感、自豪感、愉悦感和满足感。

三是要接受自我。正确评价自己，不仅要接纳自己人格中的优点、长处，更要接受自己的缺点与不足，并在此基础上使自我得到良好的发展。

悦纳自我的实现途径，也正在其中。

1926年，大村文年进入"三菱矿业"成为一个小职员。在公司举行的新人欢迎会上，他对与他同时进入公司的同事说："我将来一定要成为这家公司的总经理。"

此后的数十年，大村文年凭着其不屈的斗志与惊人的体力，孜孜不倦地工作。在毫无派系背景的情况之下，终于在35年之后当上了"三菱矿业"的总经理。

无独有偶，1949年24岁的罗杰·史密斯进入通用汽车公司时也是非常自信地宣示："我将来要成为通用汽车公司的总裁！"就是这一句话让面试官决定留下这个年轻人。32年后的1981年，罗杰·史密斯出任通用汽车公司第八任CEO（首席执行官）。

高度的自我激励，指示他们要永远朝着成功迈进。

## 3. 自我约束

塑造自我，更要有效地控制自我。

自我控制是人主动地改变自己的心理品质、特征及行为的心理过程，是健全自我意识、完善自我的根本途径。

有效控制自我，其实也就是要提升自我管理能力。

黄晓阳先生认为，一个人的自我管理能力大致体现在四个方面：角色管理，知道自己是什么人；时间管理，知道日子该怎么过；任务管理，知道工作该怎么干；关系管理，知道自己应该结识哪些人。

人生很长，也很短。

按照黄晓阳先生的说法，自我管理做好了，就会明白自己这一辈子要做什么样的人，并且脚踏实地努力去做；就会明白一辈子真的能做很多事。自我管理做不好，人一辈子能做的事情只有一件——混。（黄晓阳

《职场二规则》）

　　一个年轻人要跟苏格拉底学习哲学。苏格拉底带着他来到一条河边，突然把他推到了河里，自己也跳到水里，用力把他往水底按。年轻人拼尽全力才将苏格拉底掀开，爬到岸上。

　　年轻人不解，苏格拉底说："我只想告诉你，做任何事情都必须有绝处求生那么大的决心，才能获得真正的成就。"

　　加强自我修养，不断塑造自我，是为了完善自我、超越自我。
　　不断塑造自我的过程，也是一个完善自我、超越自我的过程。
　　塑造自我、完善自我、超越自我，成功就会在我们手中。

## 案例研究

### 将相和

　　（渑池之会）既罢归国，以相如功大，拜为上卿，位在廉颇之右。廉颇曰："我为赵将，有攻城野战之大功，而蔺相如徒以口舌为劳，而位居我上，且相如素贱人，吾羞，不忍为之下。"宣言曰："我见相如，必辱之。"相如闻，不肯与会。相如每朝时，常称病，不欲与廉颇争列。已而相如出，望见廉颇，相如引车避匿。于是舍人相与谏曰："臣所以去亲戚而事君者，徒慕君之高义也。今君与廉颇同列，廉君宣恶言而君畏匿之，恐惧殊甚，且庸人尚羞之，况于将相乎！臣等不肖，请辞去。"蔺相如固止之，曰："公之视廉将军孰与秦王？"曰："不若也。"相如曰："夫以秦王之

> 威，而相如廷叱之，辱其群臣，相如虽驽，独畏廉将军哉？顾吾念之，强秦之所以不敢加兵于赵者，徒以吾两人在也。今两虎共斗，其势不俱生。吾所以为此者，以先国家之急而后私仇也。"廉颇闻之，肉袒负荆，因宾客至蔺相如门谢罪。曰："鄙贱之人，不知将军宽之至此也。"卒相与欢，为刎颈之交。（《史记·廉颇蔺相如列传》）

蔺相如出身低微，原来是赵国宦者令（宦官内侍总管）缪贤的舍人（门客），因为给缪贤出谋划策而成为缪贤的亲信。赵惠文王十六年（公元前283年），他在缪贤的举荐下出使秦国，因完璧归赵被赵惠文王拜为上大夫。

四年之后的公元前279年，秦昭襄王为集中力量攻打楚国，邀请赵惠文王在渑池会盟，要就当时天下的政治军事问题与其会谈，以使两国罢兵修好。

赵惠文王不敢去。

春秋时，周襄王十三年（公元前639年）春，宋襄公在鹿地会盟诸侯，被楚成王趁机扣留，在楚国关了半年之久，到冬天才被释放回国。

公元前299年，楚怀王应秦昭襄王之约在武关会面，结果被秦国扣留了三年，最终忧郁成疾，命丧咸阳。

前车之鉴，就在眼前。

廉颇、蔺相如则认为，赵惠文王应该去，不去便是向秦国示弱。廉颇亲率大军护送赵惠文王到边境，陈兵于秦赵国境线上，严阵以待。蔺相如则陪同赵惠文王前往渑池赴约。

渑池会上，蔺相如舌战群臣，据理力争，见招拆招，以死相逼，最后力挫强秦，为赵国保住了尊严。

渑池之会结束后，赵惠文王非常感激蔺相如给他挣回了面子，"以相如功大，拜为上卿，位在廉颇之右"。

上卿，乃战国时高级爵位，位同一国之相，一般授予劳苦功高的大臣或贵族。

廉颇，则是一代名将。公元前283年，也就是蔺相如"完璧归赵"的那一年，廉颇率大军伐齐，长驱直入攻取阳晋，以"攻城野战之大功"威震诸侯，拜为上卿。如今，出身低微的蔺相如"徒以口舌为劳"，亦拜上卿，且位在廉颇之上，廉颇自然不服，并扬言"我见相如，必辱之"。

蔺相如则善自谦抑，"不肯与会""不与争列""引车避匿"。他给出的理由是，"今两虎共斗，其势不俱生。吾所以为此者，以先国家之急而后私仇也"。按照戏剧里的说法，就是"将相不和成何样，二虎相争必有伤。并非蔺相如胆小退让，怕的是将相不和有害家邦。"廉颇听闻之后负荆请罪，二人遂成刎颈之交。

蔺相如以国家利益为重，识大局、顾大体，不为廉颇的不满言行所动，忍气吞声，处处避让。他的相忍为国的行为不仅是尊重廉颇，更是尊重自己、尊重国家。廉颇知错就改，不仅没有威信扫地，反而使人们对他更加敬重。

由是，蔺相如、廉颇的肝胆相照、团结一心成为赵国的安全保障。这可以称得上是"团结就是力量"的最早的写照。

后世也有这样的例子。

建武二年，执金吾贾复在汝南，部将杀人于颍川，恂捕得系狱。时尚草创，军营犯法，率多相容，恂乃戮之于市。复以为耻，还过颍川，谓左右曰："吾与寇恂并列将帅，而今为其所陷，大丈夫岂有怀侵怨而不决之者乎？今见恂，必手剑之！"恂知其谋，不欲与相见。谷崇曰：

"崇，将也，得带剑侍侧。卒有变，足以相当。"恂曰："不然。昔蔺相如不畏秦王而屈于廉颇者，为国也。区区之赵，尚有此义，吾安可以忘之乎？"乃敕属县盛供具，储酒醪，执金吾军入界，一人皆兼二人之馔。恂乃出迎于道，称疾而还。贾复勒兵欲追之，而吏士皆醉，遂过去。恂遣谷崇以状闻，帝乃征恂。恂至引见，时复先在坐，欲起相避。帝曰："天下未定，两虎安得私斗？今日朕分之。"于是并坐极欢。（《后汉书·邓寇列传》）

贾复，东汉名将。贾复虽是儒生出身，却临阵果敢、身先士卒，以勇武见称，是刘秀麾下一名悍将。东汉建国后，贾复拜执金吾，封冠军侯，名列"云台二十八将"第三位。

建武二年（公元26年），贾复率军征伐更始政权的郾王尹尊等部，其手下一名部将在颍川擅杀人命，被颍川太守寇恂逮捕下狱。

那时候，刘秀刚刚平定天下，将帅之间皆互相包容，但寇恂为了严明军纪，竟然当众处死了这名部将。

屡立战功的贾复知道以后，极为震怒，认为寇恂故意与他为难，在回师颍川时公开表示："我和寇恂都是将帅，他竟然敢杀我的人，一点面子也不讲。大丈夫有怨报怨，有仇报仇，我与寇恂势不两立！今天要是见到他，我一定要亲手杀了他！"

为了避免冲突，寇恂决定不与贾复见面。当时寇恂的外甥谷崇在寇恂手下为将，他对舅父寇恂说："我带剑侍卫在侧，如果突然有变，也能应付。"

寇恂说："外甥啊，这事不是这样说的。当年蔺相如避让廉颇，乃是以国事为重。小小的诸侯国的将相都有这种风度，我怎么能忘了呢？"于是命令属下各县厚置酒肉，犒劳贾复军的将士，寇恂亲自出迎于道旁。为了避免冲突，寇恂待了一会儿，就以身体不适为由离开了。

贾复过来一看寇恂走了，立即派兵追赶，无奈寇恂招待得太好，军士都已经喝多了。

事后，寇恂派谷崇回京向刘秀报告，刘秀立即召寇恂回京觐见。寇恂去见刘秀的时候，看到贾复也在，就想起身回避，被刘秀留住。刘秀正需要这两位协力辅佐，为此他亲自出面调解，要贾复以大局为重。

刘秀说："天下未定，两虎安得私斗？朕为你们调解，怎么样？"贾复这才回心转意，两人握手言和。

相忍为国，是为了国家的利益而做一定的让步。

无论什么时候都要以国家的利益为先，以大局为重，做人要有宽阔的胸怀。

将相之和，实乃国之大幸。

其实，赵国的对头秦国是一个很特别的国家，出现过很多杰出的将相搭档，如秦惠文王时期的纵横家丞相张仪和战略名将司马错，秦昭襄王时期的战略丞相范雎和战术名将白起，秦庄襄王时期的丞相吕不韦和大将蒙骜，秦始皇时期的文客丞相李斯和战争大师王翦，等等。秦国正是靠着这些杰出的黄金相将搭档，为秦国最终一统天下提供了巨大的助力。

将相不和，是国家之祸。

贞元元年（公元785年），唐德宗想征拜张延赏为中书侍郎、同中书门下平章事，但遭到李晟的阻挠。

张延赏是名臣，历经宦海，政绩突出，累任要职，尤其是经营四川功勋卓著。

李晟是名将，有收复长安、平定朱泚之乱的大功，是名将中的翘楚，朝廷的中流砥柱。

李晟当时正受唐德宗和朝廷倚重，因李晟反对，张延赏最终只被授为尚书左仆射（虚衔），未能成为宰相。

这一文一武两位朝廷重臣的矛盾，说起来不值一提，竟然是因为六年前两人在剑南争夺一名官妓，还因此结上了仇。

三年正月，晟入朝，诏晟与延赏释憾……晟然之，于是复加同中书门下平章事。及延赏当国用事，晟请一子聘其女，固情好焉，延赏拒而不许。晟谓人曰："武人性快，若释旧恶于杯酒之间，终欢可解。文士难犯，虽修睦于外，而蓄怒于内，今不许婚，衅未忘也，得无惧焉！"无几，延赏果谋罢晟兵权。（《旧唐书·卷一百二十九·列传第七十九》）

贞元三年（公元787年）初，李晟入朝。唐德宗又想拜张延赏为宰相，他一面让大臣居中调解李、张之间的矛盾，一面亲自做调解工作。他拿出一段"瑞锦"，让两人分别系上，表示和解之意。

李晟因此不再反对，张延赏遂顺利出任同中书门下平章事。

按照李晟的想法，既然两个人已经和解，如果两家能够联姻，就能稳固这种关系，谁知道当李晟提出这个想法时，张延赏竟然一口回绝了。李晟大惊："我们武将性格爽快，如果有矛盾，一杯酒就能尽释前嫌。这文人却是表面和解，心里记仇。张延赏不许婚姻，这是还在记仇啊！"

果然，张延赏一当上宰相便积极谋划罢免李晟的兵权，不到两个月，唐德宗便削去李晟兵权，改任他为太尉、中书令。

张延赏主持朝政大事，将李晟排除在决策圈之外，甚至在一些军政大事上专门与李晟作对，处处反其道而行之。

张延赏的耿耿于怀却坏了朝廷的大事。

当时吐蕃是唐朝的重大威胁，屡屡进犯，由于李晟在西南主持军务，吐蕃的进犯屡屡被击败，所以吐蕃对李晟是又恨又怕。吐蕃遣使求和，李晟因为"戎狄无信"而反对许和，张延赏却力驳李晟的反对意见，积极推动和谈。

当年闰五月，唐朝大将浑瑊与吐蕃大相尚结赞在平凉会盟，哪知尚结赞已经在盟坛西部预先埋伏好了骑兵，做好了劫盟的准备。鼓声一起，伏兵杀出。浑瑊单枪匹马杀出重围，唐朝会盟官员自副使崔汉衡以下60余人皆被扣押，其余随从将士全部被杀，"结盟"变成了"劫盟"。张延赏惭惧交加，不久就去世了。

一将一相，把意气之争带到国家大事上实不应该。

此谓反例。

其实"安史之乱"的直接原因也是将相不和。

杨国忠任相期间，专权误国，败坏朝纲。当时，安禄山拥兵边陲，甚获唐玄宗宠信，引起杨国忠忌恨，两人因此交恶，而唐玄宗又对此不加干预。安禄山久怀异志，加上手握重兵，遂以讨杨之名举兵叛唐。

# 第七章

## 改变·创新

当你的工作或职业生涯面临着巨大的变革时,你的脑海里会浮现出一幅怎样的画面?费尽心机去驱赶一群青蛙?的确,面对变革,你可能会觉得无所适从,备受挫折,甚至于内心狂躁不安。最糟糕的是,这种充满着挑战性、不期而至的变革往往会沉重地打击你的自信心,让你绝望透顶,就像是在驱赶一群青蛙一样无所适从。

——(美国)安娜·莎莲娜、李·布洛克

雁阵：团队组织力

大雁春天北飞，至秋南翔，是为了改变自己的生存环境。

大雁在飞行过程中会根据天气、风向、气流等各种因素不断变换相适应的阵型，或"人"字阵，或"一"字斜阵，以此来节省并更有效地利用每一份力量，力求花最少的力气走最长的路程。

在迁徙编队里飞行的大雁，同样会根据风向、气流和领头雁的变化来及时调整自己的位置和飞行姿态。

### 感悟

团队要根据形势的变化，及时、灵活、适度调整和变革工作的策略，从而保证整个团队同心协力，一直向前，以此来节省并更有效地利用每一份力量。

团队的每个成员都应在变革中不断地调整和改变自己，并对自己固有的观念、习惯和思维方式进行修正。

## 一、无所适从

唯有变化是永恒不变的。

我们所处的是一个新事物、新知识、新经验层出不穷的时代，世界比以往任何时候都更加变化莫测。

在这个信息爆炸的时代，世界变化万千，科技日新月异，知识的生命周期越来越短，社会的演进变化越来越强烈。

在这个飞速发展变化的时代，没有永远不变的赢家，没有任何一个人、一个企业、一个行业可以永远站在时代的前沿。

身处这样的时代，倘若还用老眼光来看待世界，那可真是桃花源中人"乃不知有汉，无论魏晋"了，更何况这种剧烈的演进变化充满了不确定性和竞争性。

可是，身处这样的时代，面对这样的外在环境变化以及外在环境变化给我们的组织带来的内在变化，很容易让我们变得手足无措、无所适从。

面对一场充满了不确定性和竞争性的变革，我们该如何快速调节心理状态，如何调整自己的行为特征以适应变革？如何在变革中脱颖而出？

美国国际互换有限公司（CCMC）的创始人安娜·莎莲娜和李·布洛克，在其《谁能在变革中生存》一书中做了这样的阐述。

当你的工作或职业生涯面临着巨大的变革时，你的脑海里会浮现出一幅怎样的画面？费尽心机去驱赶一群青蛙？的确，面对变革，你可能会觉得无所适从，备受挫折，甚至于内心狂躁不安。最糟糕的是，这种充满挑战性、不期而至的变革往往会沉重地打击你的自信心，让你绝望透顶，就像是在驱赶一群青蛙一样无所适从。"（安娜·莎莲娜、李·布洛克《谁能在变革中生存》）

当年，曾经一开口就让歌迷为之痴迷的崔健，在他的第一首摇滚歌曲《不是我不明白》中唱道："不是我不明白，这世界变化快。"

事实是，不是世界变化太快，是你的心不够明白。

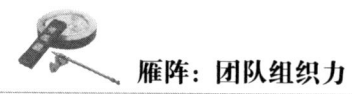

## 二、迟钝

从历史上来看，对文明进化过程中出现的突变，人们做出的反应常常是迟钝甚至是抗拒的。

当我们突然遇到一件事情的时候也都会顺着过去的习惯去思考、去抉择；但是我们必须注意到，当我们毫不犹豫地根据已有知识和经验行事的时候，结果常常事与愿违。

一位心理学家和乔打赌道："如果给你一个鸟笼挂在你房中，那么你就一定会买一只鸟。"乔同意打赌，并把心理学家给的一只漂亮的鸟笼挂在书桌旁。结果人们走进来时都会问："乔，你的鸟什么时候死了？"乔立刻回答："我从未养过鸟。""那你要一只鸟笼干吗？"乔无法解释。后来，只要有人来乔的家中就会问同样的问题。乔因此被搞得烦躁不安，为了让人不再询问，乔干脆买了一只鸟装进了鸟笼里。

心理学家后来说，去买一只鸟比解释为什么他有一只鸟笼要简单得多。

人们经常是先在自己的头脑中挂上鸟笼，最后又不得不在鸟笼中装上些东西。

习惯于被细绳拴住的大象当火灾发生时不会逃跑，结果被烧死。这是惯性思维。

驴子驮盐过河，河水减轻了货物的重量，驴子顺利过河。后来驴子驮着棉花过河，结果被淹死了。这是经验思维。

这种惯性思维或经验思维会使人们在做某种选择时在不断自我强化中走入死胡同。

心理学中有个名词叫作"沉锚效应",指的是人们在对某人某事做出判断时容易受第一印象或第一信息支配,就像沉入海底的锚一样把人们的思想固定在某处。作为一种心理现象,"沉锚效应"普遍存在于人们生活的方方面面。第一印象和先入为主是其在社会生活中的表现形式。

"沉锚效应"有一个著名的案例。

现代铁路两条铁轨之间的标准距离是4英尺8.5英寸(1米=3.2808英尺),为什么采用这个标准呢?原来,早期的铁路是由建电车的人所设计的,而4英尺8.5英寸正是电车所用的轮距标准。那么,电车的轮距标准又是从哪里来的呢?最先造电车的人以前是造马车的,所以电车的轮距标准是沿用马车的轮距标准。马车又为什么要用这个轮距标准呢?因为古罗马人军队战车的宽度就是4英尺8.5英寸。罗马人为什么以4英尺8.5英寸作为战车的轮距宽度呢?原因很简单,这是牵引一辆战车的两匹马屁股的宽度。

有趣的是,美国航天飞机燃料箱的两侧各有一个火箭推进器,因为这些推进器造好之后要用火车运送,路上又要通过一些隧道,而这些隧道的宽度只比火车轨道宽一点,所以火箭助推器的宽度由铁轨的宽度决定。今天世界上最先进的运输系统的设计,早在两千年前便由两匹马的屁股的宽度决定了!

在生活中,人们一旦形成了某种固定观念,就会束缚住自己的手脚,限制住自己的思维,形成可怕的思维定式,成为人们认识事物的障碍。

司马迁《报任安书》有言："画地为牢，势不可入；削木为吏，议不可对。"在地上画个圈，"犯人"便不敢走出去，因为在他的心目中这就是牢房；即使是一个木制的狱吏也不敢正视，因为在他的心目中这就是狱吏。

这就是可怕的思维定式！

然而，历史总是向前发展的，"满园春色"关不住。只有我们不断更新观念，才能适应事物的发展，才能免于落后。

这就要求我们能突破——突破心中的樊篱。

## 三、突破心中的樊篱

成功学家拿破仑·希尔有言："一个人成功与否，就看他能否突破自我，找到潜在的能量！"

由于人们的人生经历、价值取向不同，感知能力不同，所处的地位不同，看问题的出发点不同，对事物的认识难免有一定的片面性。

"横看成岭侧成峰，远近高低各不同。不识庐山真面目，只缘身在此山中。"（苏轼《题西林壁》）因为身在庐山之中，视野为庐山的峰峦所局限，看到的只是庐山的一峰一岭、一丘一壑，局部而已。

要认识事物的真相与全貌，必须超越狭小的范围，摆脱主观成见。

"司马光砸缸"的故事家喻户晓。

在小伙伴掉进水缸而众人不知所措之时，司马光灵机一动，用石头砸破水缸，救了小伙伴的性命。

在没有保护措施的情况下，人是不能在水中待过长时间的。人一旦落入水中，要免于被淹死，最好也最简单的办法，就是让人和水分离。

让人和水分离的办法有两个：一个是"让人离开水"，另一个是

"让水离开人"。

长期的社会生活实践让人们知道并记住了，如果有人落水，要想施救必须"让人离开水"，这是常规的思维模式；但人们往往忘记了，其实，"让水离开人"一样能救人性命。这是司马光的思维，司马光思维的精髓所在，也是"司马光砸缸"的真正精彩之处。

美国著名心理学家、哲学家肯·威尔伯，是超个人心理学的最重要的作家。他曾著《事事本无碍》（或《心无疆界》）一书，颇具智慧，也充满了禅悟意味。

书里有一个简单的比喻：你在一张白纸上画一个圆圈，立刻就会产生两个概念，即"圈里"和"圈外"。如果画一条直线，那么一张白纸又可以分成"这边"和"那边"。

其实，这些所谓的"圈里、圈外""这边、那边"，都是人为设置的樊篱。虽然说"没有规矩不成方圆"，但如果规矩太多、太死，也会限制人的行为甚至思想。

所谓突破，就是给大脑松绑；给大脑松绑却不是一件容易的事情。如前所述，每个人都被自己固执的观念所控制，大多数人不是不愿意改变，而是抗拒被改变。

日本的东芝公司1952年前后一度积压了大量的电扇卖不出去，7万多名职工为了打开销路，费尽心机，想了不少办法，依然进展不大。有一天，一个小职员向当时的董事长石坂提出了改变电扇颜色的建议。当时全世界的电扇都是黑色的，东芝公司生产的电扇自然也不例外。这个小职员建议把黑色改为浅色。这一建议引起了石坂董事长的重视。经过研究，公司采纳了这个建议。第二年夏天，东芝公司推出一批浅蓝色电扇，大受顾客欢迎，市场上还掀起了一阵抢购热潮，几个月之内就卖出了几十万台。从此以后，在日本乃至全世界，电扇就不再是统一的黑色

面孔了。（何名申《如何突破思维定式》，《现代交际》1997年第9期）

只是改变了一下颜色，大量滞销积压的电扇在几个月之内就销售了几十万台。这一改变颜色的设想所带来的效益竟如此之大！

这个设想如此简单，似乎既与渊博的知识不相关，也与丰富的经验无涉，为什么东芝公司其他几万名职工就没人想到、没人提出来呢？为什么日本及其他国家成千上万家电器公司，以前都没人想到、没人提出来？显然，这是因为自有电扇以来就是黑色的。虽无人硬性规定，但彼此相仿、代代相袭、因循相守，渐渐地就形成了一种惯例，一种传统。

这位小职员提议的可贵之处，就在于突破了"电扇只能漆成黑色"这一思维定式的束缚。

据说，当年联合利华公司引进了一条香皂包装生产线，结果发现这条生产线有个缺陷：常有盒子里没有装入香皂。十几位专家组成科研攻关小组，综合采用多种技术，花了几十万元，终于成功解决了这一问题：每当生产线上有空香皂盒通过，两旁的探测器就会检测到，这时驱动一只机械手把空皂盒推走。中国南方有个乡镇企业引进同样的生产线，也出现了同样的问题，老板大为恼火，于是把这个问题交给了一个工人解决。这个工人很快就想出了办法：在生产线旁边放一台风扇猛吹，空皂盒自然会被吹走。

有个关于美国国家航空航天局的故事，流传甚广。

美国国家航空航天局首次准备将宇航员送入太空，但他们很快接到报告，宇航员在失重状态下用圆珠笔、钢笔根本写不出字来。于是，他们用了10年时间，花费2000万美元发明了一种新型圆珠笔。这种笔适用于在失重状态、身体倒立状态，或在水中，或在任何平面物体上书写，甚至在−300℃的极端气候下也能书写流畅。然而，后来他们通过情报渠道得知，苏联宇航员在太空中一直使用铅笔。

这些故事是否属实姑且不论，它其实是想告诉人们，有时看上去很复杂的问题可能有极简单的解决办法。

## 四、曲径可以通幽

人的思维总是依着惯性前进，一旦进入某一路径，无论"好"与"坏"，都可能对这种路径产生依赖，而丝毫不会注意到身边的其他出口和方向。这就是"路径依赖"理论。

其实，这些出口的外面可能就是成功的自由天地。

虽则是山峦叠障、流水环绕"疑无路"，可一旦你不畏艰险开拓奋进，移步换形之后，自然就能看到繁花似锦、春日美景的"又一村"。用王维的诗来说，就是"遥爱云木秀，初疑路不同。安知清流转，偶与前山通。"（《蓝田山石门精舍》）

曲径可以通幽，逆境中也往往蕴含着无限的希望。

"逼上梁山"，"逼"当然是压力，"上"可不就是动力吗？"逼"的时候陷于绝处，一旦"上"了"梁山"，便得"逢生"。

冯梦龙讲过两个故事，是关于王导和谢安的。

王丞相善于国事。初渡江，帑藏空竭，唯有练数千端。丞相与朝贤共制练布单衣。一时士人翕然竞服，练遂踊贵。乃令主者卖之，每端至一金。

谢安之乡人有罢官者，还，诣安。安问其归资，答曰："唯有蒲葵扇五万。"安乃取一中者捉之。士庶竞市，价遂数倍。此即王丞相之故

智。(《智囊全集·术智部·谬数卷》"王导"条)

东晋初年,因为南渡立国不久,国库空虚,只有数千匹丝绢。解决办法无外乎开源节流。开源之法,一是向治下民众搜刮,二是让官僚富商报效。丞相王导却另辟蹊径,他与朝中大臣每人制作了一套丝绢单衣,一时间官员及读书人竞相仿效,于是丝价暴涨。王导随即下令出清府库丝绢,每匹售价竟高达一两黄金。财政危机暂时解除了。

后来谢安任东晋宰相时,一个同乡罢官回乡,来向谢安辞行。谢安问他路费凑齐了吗,同乡回答:"惭愧,我手上没有现金,只有五万把蒲葵扇。"于是谢安随手拿了一把扇子。看到宰相大人手把蒲葵扇,一时人人效仿,遂成时尚。士人百姓争相购买,于是扇价高涨。谢安同乡手中的蒲葵扇自然卖了一个好价钱,大大挣了一笔。按冯梦龙的说法,这也是仿效王导的做法。

"上有所好,下必甚焉",当权者的爱好引导时尚潮流。王导"制衣"和谢安"捉扇"的共同之处,就在于他们都利用了人们的这种心理,不费心力就从从容容地解决了复杂、棘手的问题。

对于管理者,凡事未必要亲力亲为,要巧妙地借助他人的力量解决问题。

英国有一家大型图书馆要搬迁,由于藏书量巨大,所以搬运成本算下来高得惊人。这时,一位图书管理员想出了一个办法:马上对读者放开借书条件,并延长还书日期,只需读者增加相应押金,并把书还入新的地址即可。结果不但大大降低了图书搬运成本,还受到了读者的欢迎。

美国纽约国际银行在成立之初,选择在电台做广告,想借此迅速提升知名度。其做法是,同时买断纽约所有电台的黄金时段10秒钟,以银行的名义向人们提供沉默时间。这天晚上,全纽约的广播电台突然在同一时刻播放了一则通告："听众朋友,从现在开始播放的是由本市国际银行向您提供的沉默时间。"紧接着所有电台同时中断了10秒钟,在这一时段不播放任何节目。一时间,纽约市民对这个莫名其妙的10秒钟沉默时间议论纷纷,"沉默时间"遂成为纽约市民茶余饭后的热门话题,各大媒体也争相报道。纽约国际银行的知名度迅速提高,很快便家喻户晓。

在人们的思维里,广告就是广而告之,平面广告得有内容,广播广告得有声音,电视广告得有画面;这家银行做广告却以沉默快速获得知名度,以明显的差异化营销方式获得了出奇制胜的效果。

永乐间,降虏多安置河间、东昌等处,生养蕃息,骄悍不驯。方也先入寇时,皆将乘机骚动,几至变乱。至是发兵征湖、贵及广东、西诸处寇盗。于肃愍奏遣其有名号者,厚与赏犒,随军征进。事平,遂奏留于彼。于是数十年积患,一旦潜消。(《智囊全集·上智部·迎刃卷》"于谦"条)

明朝永乐年间,明成祖朱棣把归顺的蒙古人大多安置在河间、东昌一带,让他们在这里繁衍生息,可他们骄蛮不驯。明英宗正统十四年（1449年）七月,瓦剌首领也先恩威利诱蒙古诸部大举入侵明朝,他们再伺机而动,几乎酿成变乱之祸。后来,两湖、贵州和两广贼寇作乱,朝廷发兵征讨,于谦上奏皇帝,提议选派蒙古人中的勇士,给予丰厚赏赐,让他们随军出征。平叛之后,于谦又奏请皇帝让那些人留居当地。于是几十年来的积患,转眼间便消除了。

连冯梦龙都说,于谦之策真是高明得紧啊。

生活中有很多难题,其实只要换一个思路都可以迎刃而解。

这就是创新。

## 五、古老的创新

改变和创新是时代的主流。没有改变,没有创新,就不会有文明的发展和社会的进步。自然,改变和创新能力也是一种弥足珍贵的资源。

"创新"其实是一个非常古老的词。在英文中,"创新"写作innovation,它起源于拉丁语,包含三层含义:第一,更新;第二,改变;第三,创造新的东西。

创新作为一种理论,形成于20世纪。1912年,美国哈佛大学教授熊彼特第一次把创新引入了经济领域。

实际上,创新就是对传统的否定。

朱熹有言:"须破得旧说,方立得新说。"(《答友人》)只有破除陈旧过时的主张见解,才能有所创新——破旧才能立新。

刘熙载说:"阐前人所已发,扩前人所未发。"(《艺概·文概》)要善于阐述前人已提出的东西,善于扩充前人尚未提出的东西。

赵翼也曾以诗文论创新:"大凡才人好名,必创前古所未有,而后可以传世。"(《瓯北诗话》)有才能的人、崇尚名声的人,他们的作品总追求开拓创新,然后才能留传于世间。

"不创前未有,焉传后无穷。"(《读杜诗》)只有创作出前所未有的作品,才能流传久远。

"李杜诗篇万口传,至今已觉不新鲜。江山代有才人出,各领风骚数百年。"(赵翼《论诗五首·其二》)各个时代的人才都有其影响,不要盲目崇拜前人,而要敢于创新。

同理,善于以新颖独特的方法去解决问题的思维过程,就是创新思维。创新思维能突破常规思维的界限,以超常规甚至反常规的方法、视角去思考问题，提出与众不同的解决方案，从而产生新颖的、独到的、有社会意义的成果。

三十三年春，秦师过周北门……及滑，郑商人弦高将市于周，遇之。以乘韦先，牛十二犒师，曰："寡君闻吾子将步师出于敝邑，敢犒从者。不腆敝邑，为从者之淹，居则具一日之积，行则备一夕之卫。"且使遽告于郑。（《左传·僖公三十三年》）

春秋中期，秦国在穆公即位后国势日盛，已有图霸中原之意，但东出道路被晋所阻。鲁僖公三十二年（公元前628年），郑国的郑文公、晋国的晋文公先后去世。秦穆公决定趁着晋、郑两国新君初立人心不稳，袭取郑国，进入中原，和晋国一争高下，打败晋国，谋求霸业。

第二年春天二月，秦穆公派孟明视、西乞术、白乙丙三人为主将，率军偷越晋国南部边境，经滑国偷袭郑国。兵至滑国，恰遇郑国商人弦高赴周贩牛。弦高稍一打听，弄清了秦军此行的目的，不由得大吃一惊。秦军来偷袭，郑国国内根本不知道，赶回去报信已然是来不及了，不去报信，郑国一点儿准备都没有，在秦国大军袭击之下肯定会城破国亡。如何阻止秦军的偷袭呢？

急中生智，弦高有了一个应对之策。

弦高一面派人秘密飞速回国报信，一面大张旗鼓地来到秦军军营，以使臣身份求见秦军主将，献上四张熟牛皮和十二头牛，说："我国国君听说贵国大军要经过郑国，特意派下臣前来犒劳。您老几位都知道，我们郑国弱小贫穷，这点东西权作见面礼，敬请笑纳，大批物资不日即将送到。"

弦高名为劳军，其实是明确告诉对方：我国已经做好准备。秦军主将孟明视等人见机密已经泄露，偷袭已不可能，内应也已经外逃，只好在灭掉滑国之后撤军回国。结果在崤山被晋军伏击，三位主将被俘。

李维·斯特劳斯（Levi Strauss），是著名牛仔裤品牌"Levi's"的创始人。

1848年美国加利福尼亚州发现了金矿，李维·斯特劳斯也怀揣着梦想，跟随淘金大军前往西部。途中被一条大河挡住了去路，他灵机一动，在河上做起了摆渡生意，生意自然十分红火。后来，过河的人少了，他也到金矿去淘金。他又发现这里淡水奇缺，因而价格奇贵，于是转而掘井卖水，又着实发了笔财。当更多的人也来掘井时，他又发现人们缺少耐磨耐穿的长裤，于是就用废弃的帐篷、积压的帆布缝成了世界上第一条牛仔裤，这种牛仔裤深受矿工、农夫和西部牛仔的喜爱，订单源源不断涌来，由此levi's牛仔裤享誉全球。

据说，李维·斯特劳斯在去淘金之前曾去请教一位成功者，该如何抓住机会让自己快速成功。成功者给了他一封信，告诉他成功的秘密就在这封信里，并要他在遇到重大困难和障碍的时候再拆开。后来，当李维·斯特劳斯拆开那封信，发现上面写了这样几句话："这个世界没有问题，只是当你的思想发生改变的时候，这个世界就会跟着发生改变！"

有一个"一孔值百万"的故事。

20世纪40年代，美国有许多制糖公司向南美洲出口方糖，因在海运中受潮，损失巨大。公司投入了大量资金请专家研究，但始终未能解决这一问题。后来，有一位名叫科鲁索的制糖工人想出一种简单的防潮方法：只要在包装纸上开一个小孔，使空气能够对流，方糖就不会受潮了。科鲁索把自己的"打孔"发明申请了专利，一家制糖公司得知后出价100万美元买下了这项专利技术的使用权。

## 六、"幸存者偏差"

　　思维定式在给人们带来方便与快捷的同时，也束缚了人们的认知，使其总是按照以往的思路思考问题、解决事情，这导致人们不能更好地适应变化，致使命运的天平偏向失败、荆棘、坎坷的一方。

　　古罗马的马库斯·图留斯·西塞罗，与恺撒同时代，是著名的政治家、演说家、雄辩家、法学家和哲学家，公元前63年当选为执政官，在后三头同盟成立后被安东尼派人杀害于福尔米亚。

　　西塞罗讲过一个故事。

　　一群宗教信徒在某次沉船事故中幸存，他们就找人作画（画面上是一群人在事故中祈祷），以此来宣扬：因为他们做了虔诚的祷告，所以才会在沉船事故中幸存。某信徒拿了这幅画给一个无神论者看，这个无神论者直接反问道："那些祈祷之后被淹死的人，他们的画像在哪里？"

　　这就是"幸存者偏差"的出处。那些"祈祷之后依然被淹死的人"，他们已经死了，不可能再去告诉别人，"我们的祈祷失灵了"。

　　关于"幸存者偏差"，还有一个较知名的"飞机防护"案例。

　　"二战"期间，美国空军对作战飞机做了一次统计，发现飞回来的飞机机翼中弹的特别多，机舱上的弹孔反而没多少。按照直觉判断，应该是加固机翼，可这种逻辑对吗？当然不对，事实上，恰恰应当加固机舱和发动机装甲，因为"飞回来的飞机"机翼上弹孔多，正说明打中了机翼飞机还能回来，可打中机舱飞机就没救了，会直接坠毁，根本不给

你机会数弹孔。后来的实践也证实了这一点，他们加固了机舱装甲，果然飞机坠毁率下降了。

看不见的弹痕最致命！

按照直觉进行判断的军方指挥官认为，"应该加强对机翼的防护，因为这是最容易被击中的位置"。这大错特错了。

这个做出了正确判断的人是美国哥伦比亚大学的统计学家沃德教授，军方后来就是采纳了他的建议。后来的实战效果非常好，挽救了很多飞行员的生命。

这个故事给了我们两个启示。

第一，战死或被俘的飞行员无法发表意见，所以弹痕数据的来源本身就有严重的偏差。

第二，作战经验丰富的飞行员的专业意见也不一定能提升决策的准确性，因为这些飞行员大多是机翼中弹而机尾未中弹的幸存者。

如果用一句通俗的话来概括，"幸存者偏差"就是"死人不会说话"。

"死人不会说话"很好地解释了这种偏差的重要成因。当我们分析问题时所依赖的信息全部或者大部分来自"显著的信息"，而较少利用"不显著的信息"，甚至会彻底忽略"沉默的信息"，如此一来，得到的结论与事实情况就可能存在巨大偏差，从而形成错误的认知和结论。

"幸存者偏差"本质上是一种取样偏差，我们更多关注那些成功者，而忽略了失败者，从而做出了错误的判断，甚至得出了荒唐的结论。

那些广为流传的创业案例都是"成功"案例。越是成功的、越是具有传奇色彩的案例，被宣传的次数就越多（比如乔布斯、盖茨）。相反，那些创业"失败"的案例呢？

那些鼓吹"成功学"的文章和书籍中，其论证过程通常也存在很多谬误。比如认为成功者都很"勤奋",你若"勤奋",也能成功。那些很勤奋却没有成功的人呢?

那些保留下来的老建筑,让后人感叹,建筑师的水平真是一代不如一代了;但实际上这些保留下来的老建筑,很可能就是因为其设计水平高才被保留下来的。谁想过,有大量的设计水平差的建筑早就被拆掉了?

那些电影明星、畅销书作家、歌星,收益动辄数十万元、数百万元乃至数千万元,号称"天价"。可是,我们不能忘记,在他们的背后还有一个基数巨大的同类群体,他们挣扎在生存线的边缘,甚至仅仅是某个大城市的"漂族"呢。

"幸存者偏差"是一种典型的人类认知思考的逻辑谬误,在几乎所有的领域我们都可以看到"幸存者偏差"。

古代的家具就是结实,现代的家具质量越来越差了;古代的纸墨质量就是好,存放几百上千年都不会腐烂;古代人真厉害,流传下来的字写得真好,有那么多书法家……

当然,在我们的思维中,除了"偏差",还有"盲点"。

打破思维定式,不仅在于打开那些被暂时封闭的思考方向,纠正那些被直觉误导的思维偏差,更在于消灭我们的思维中经常会出现的那些盲点。

## 七、消除盲点

"盲点",本是一个生理学名词,指的是视网膜上无感光细胞的部位。

早年间,神创论批驳进化论的观点之一就是,眼睛这种非常精妙的

结构必然是上帝创造的，靠进化是不可能产生的；支持进化论的科学家则提出，如果是上帝创造的眼球，何必留下盲点这么一个莫名的缺陷？

无论如何，我们每个人在洞见自己时，总有局限性和盲点。

美国实用主义哲学家约翰·杜威说过："人基本上是一种由惯性铸成的动物。"惯性思维的可怕之处就在于，思维沿前一思考路径以线性方式继续延伸，并暂时封闭了其他的思考方向、其他的门。

集体照相的时候，摄影师一般的做法是，"看着我的手，一——二——三！"往往有一些人恰巧会在数到"三"的时候坚持不住而闭上眼睛，结果被拍成了"瞎子"。其实，摄影师为什么不能换个思路呢？比如，可以提示："请大家都闭上眼睛，听我喊到'三'的时候再一起睁开。"这样一来，当然是一个闭眼睛的也没有，而且个个神采飞扬——岂不是皆大欢喜！

清朝时，沧州城南有一座寺庙靠近河岸，洪水过来，大门被淹，塌在了河水里，门前的两个石兽也一起沉没了。十多年后，和尚重修寺庙，于是寻找石兽。和尚认为石兽一定是顺着水流到下游去了，往下游寻找了十多里，却没有找到任何踪迹。

这时，一位在寺中设馆讲学的先生发话了。

一讲学家设帐寺中，闻之笑曰："尔辈不能究物理，是非木杮（fèi：削下来的木片），岂能为暴涨携之去？乃石性坚重，沙性松浮，湮于沙上，渐沉渐深耳。沿河求之，不亦颠乎？"众服为确论。

一老河兵闻之，又笑曰："凡河中失石，当求之于上流。盖石性坚重，沙性松浮，水不能冲石，其反激之力，必于石下迎水处啮沙为坎穴，渐激渐深，至石之半，石必倒掷坎穴中。如是再啮，石又再转。转转不已，遂反溯流逆上矣。求之下流，固颠；求之地中，不更颠乎？"如其言，果得于数里外。然则天下之事，但知其一，不知其二者多矣，

可据理臆断欤？（纪昀《阅微草堂笔记》）

学者说："你们这些人真笨，怎么就不想想这其中的道理呢？石兽不是木片，怎么可能被洪水冲走呢？石头坚硬沉重，河沙松软浮动，石兽埋没于沙上，一定会越沉越深。顺着河流寻找石兽，不是颠倒错乱了吗？"大家都很佩服，认为这是正确的结论。

一个老河兵听说了这事，笑着说："你们要知道，凡是丢在河里的石头，都应当往上游寻找，因为石头坚硬沉重，河沙松软浮动，水流不能冲走石头，河水的反激力一定会在石头下面形成陷坑。越冲越深，冲到石头底部的一半时，石头必定倒在坑洞里。像这样再冲击，石头又会再次转动，这样不停地转动，就变成了逆流而上。到河的下游寻找石兽，本来就颠倒错乱了，在原地深处寻找，不是更错吗？"

大家按照他的话去寻找，果然在上游几里外的地方寻到了石兽。

纪晓岚感叹道："看来，天下事，只知其一、不知其二的人多得很啊，怎么可以仅凭一己之见就做出判断呢？"

建文元年（公元1399年），大明朝祸起萧墙，燕王朱棣起兵反叛，史称"靖难之役"。

朱棣是在战火中成长起来的一代名将，作战指挥能力当然不在话下。问题在于，燕军虽屡战屡胜，但南军兵多势盛，攻不胜攻，燕军所克城邑旋得旋失，不能巩固。尤其是在山东，他一败于济南，再败于东昌，三败于夹河，自己也差一点儿被南军活捉，朱棣感受到了前所未有的压力，甚至心中的希望之火也快要熄灭了。山东似乎成了朱棣通往京城路上最大的障碍，但这个障碍真的存在吗？

当年明月在《明朝那些事儿》里对此做了这样的描述。

朱棣不会想到，自己在无意中已经陷入了一个思维的陷阱：去京城就一定要打山东吗?

..........

这个让人啼笑皆非的事件告诉我们,在我们的思维中,是存在着某些盲点的,而我们自己往往会陷入钻牛角尖的困境中。对于朱棣而言,山东就是他的盲点,由于在济南遭受的失败给了他太深的印象,他似乎认为如果不攻下济南就无法打下京城。

如果朱棣就这样钻下去,他将不可避免地走向失败,但关键时刻一个具备这种思维的人点醒了他,这个人就是道衍……他敏锐地发现了朱棣思维中的这个盲点。

朱棣就如同一个高明的小偷,想要入室盗窃,精通撬锁技术,但济南这把锁他怎么也打不开,无论用什么万能钥匙费多少时间也无济于事。此时老偷道衍来到他的身边,告诉他,其实你的目的并不是打开那把锁,而是进入门内,现在在你眼前的只是一扇木门。(当年明月《明朝那些事儿》)

拿破仑是工程兵出身,于是将工程学引入战争中,利用大炮远程攻击,因而横扫西欧;但是他拒绝采用铁皮作为船身,所以在与英国的对战中从未占得上风。

"二战"初期,德军攻无不克,但因为没有意识到雷达的作用,所以在希特勒寄予厚望的大不列颠空战中,强大的德国空军费尽心力也无法将实力微弱的英国空军消灭掉。

华丽与平淡之间其实就是一面墙,突破内心思维就能得到不一样的期许。

拙作《理性的力量》(企业管理出版社,2015年版)上篇专谈思维方式的话题,有兴趣的朋友可以读读。

## 案例研究

### 二桃杀三士

公孙接、田开疆、古冶子事景公,以勇力搏虎闻。晏子过而趋,三子者不起。

晏子入见公曰:"臣闻明君之蓄勇力之士也,上有君臣之义,下有长率之伦,内可以禁暴,外可以威敌,上利其功,下服其勇,故尊其位,重其禄。今君之蓄勇力之士也,上无君臣之义,下无长率之伦,内不以禁暴,外不可威敌。此危国之器也,不若去之。"

公曰:"三子者,搏之恐不得,刺之恐不中也。"

晏子曰:"此皆力攻勍敌之人也,无长幼之礼。"因请公使人少馈之二桃,曰:"三子何不计功而食桃?"(《晏子春秋·内篇谏下第二》)

春秋时期,齐景公朝内有公孙接(公孙无忌)、田开疆、古冶子三名勇士,个个勇武异常,深受齐景公的宠信,但他们恃功自傲,对相国晏婴也极其失礼。

晏婴很是担心,他建议齐景公:"明君蓄养勇士,为的是对内禁止暴乱,对外威慑敌人,使上位者赞扬其功劳,百姓佩服其勇气,所以才让他们养尊处优。现在您蓄养的这几位勇士却是上没有君臣之礼,下不讲究长幼之伦,内不能禁止暴乱,外不能威慑敌人,已经沦落为祸国殃民之辈,不如赶快除掉。"晏子的意思是,这三位勇士勇武过人,但又没有什么头脑,对国君也不够忠诚,万一受人利用教唆,必成大患,所以要尽快除掉。

齐景公同意除掉他们，但也不无忧虑："这三个人力气大，硬拼恐怕拼不过，暗杀恐怕也难以成事。"

晏子以自己的聪明才智，拿出了一个颇具创新思维的办法——"二桃杀三士"。

齐景公按照晏婴的计谋，将两只桃子赏给三位勇士。

公孙接倒是瞧出了一些问题，他仰天长叹："相国大人，您这一手太厉害了！您设的是一个'计功食桃'的局，三个人，两只桃，要是不拿桃子的话，就是承认自己没有勇气和功劳了！"

公孙接虽然瞧出了问题，看出了这是一个局，但既然是一个局，他也就不得不往里跳。

结局大家都知道了：三人各摆功劳，互不相让。

公孙接自报有搏熊杀虎的功劳，田开疆自报曾两次力战却敌，于是各取了一桃，最后古冶子却以"杀鼋救马"的功劳胜他们一筹。公孙接、田开疆二人听后皆羞愧自刎而死，古冶子也因"不仁不义"凄然自刎。

古冶子自杀前说："二子死之，冶独生之，不仁；耻人以言，而夸其声，不义；恨乎所行，不死，无勇。虽然，二子同桃而节，冶专其桃而宜。"虽然我知道，我应该吃这个桃子，但是我们三人一起为将，他们两个死了，我若一个人活下来，是不仁；我贬低别人，夸耀自己，是不义；我既然悔恨自己的错误行为，如果不以死谢罪，是无勇。既然这样，他们二人同为一只桃子而死，很有节操，而我独为一只桃子而死也是应当的。

看来，古冶子也看出了这是一个局，但也不得不往里跳。

要实现杀掉勇士的目标，不一定要亲自动手，那样做风险太大。其实，让勇士杀勇士，才是高明的做法。

生活中有很多难题，其实只要换一个思路就可以迎刃而解。同样一件事情，从不同的角度考虑，就会导致不同的行为，产生截然相反的结果。

**笔者余论**

"二桃杀三士"这个典故是放在"铲除权臣"这一篇系来讲的。

晏婴伺机使巧，兵不血刃消除了政治隐患，其智慧虽非寻常，但是手段过于阴险毒辣。

诸葛亮《梁甫吟》云："一朝被谗言，二桃杀三士。"李白《惧谗》诗："二桃杀三士，讵假剑如霜。"看来，他们对于晏婴此举甚为不齿。

三位勇士的"君子之风"倒是更能打动人心。三位勇士虽然恃才傲物，却能舍生取义——当他们觉得自己做错事情时，不惜用生命去弥补过错，这是一种高贵的精神，所以他们自刎之后，无论是晏子还是君王，都有悲切之意。

清代诗人崔象珏《三士墓》诗则云："勇士虽优兼智短，名心太重视身轻。仪延并用终为乱，诸葛何须笑晏婴！"崔象珏否定三位勇士，说这三位勇士虽然勇武，却缺少智谋，过于看重名声，却轻视生命。同时崔象珏还大大嘲讽了诸葛亮一把，说他并用魏延、杨仪二人，结果惹出了大乱子，有什么资格嘲笑晏婴！

山东省淄博市淄川区淄城镇有三士冢，一墓三坟，墓侧置已故山东著名书法家张逊三所书"三士冢"石碑，相传乃三位勇士的合葬墓。

# 第八章

## 沟通·商量

以真实肝胆待人，事虽未必成功，日后人必见我之肝胆。

以诈伪心肠处事，人即一时受感，日后人必见我之心肠。

—— 金缨《格言联璧》

飞行中的大雁会大声鸣叫，这不是简单的鸣叫，而是在传递一种信号和信息，尤其是在转弯或变换队形的时候，叫声会很特别。沟通的顺畅保证了大雁团队的协作毫无阻碍。

大雁善于沟通，是有其科学根据的。

大雁的眼睛分布在头的两侧，可以覆盖从正前方向后128°角的范围，而大雁"人"字形编队的最佳夹角也是120°。这就使得每一只在编队里飞行的大雁都能看到头雁，而头雁也可以看见全部的编队成员。也就是说，雁群在编队飞行中，每一只大雁都能看见整个雁群编队，从而能够更好地相互沟通、交流或者自我调整。

### 感悟

沟通是人与人之间、人与群体之间进行思想与感情的交流和反馈的过程，以求达成思想的一致和感情的通畅。

沟通是团队协作完成工作的必要手段，团队中需要正面积极的沟通。团队成员要积极沟通，善于沟通。

沟通，不仅是信息交换，更是一种态度。

## 一、学会沟通

沟通是人与人之间、人与群体之间进行思想与感情的交流和反馈的过程，以求达成思想的一致和感情的通畅。

作为信息交流的重要手段，沟通就像一座桥梁，连接不同的人、不同的文化和不同的理念。

沟通的种类很多，如人事沟通、管理沟通、服务沟通等；但不管是哪一种沟通，说到底都是人与人之间的沟通。

沟通是维系组织存在，保持和加强组织纽带，创造和维护组织文化，提高组织效率、效益，支持、促进组织不断进步发展的主要途径。

沟通在管理中就如人的血脉，如果沟通不畅，就如血管栓塞：上行沟通不到位，就无法得到领导的信任；下行沟通不到位，组织运行就不会顺畅；平行沟通不到位，合作就不会愉快。生活中没有沟通，就没有快乐；工作中没有沟通，就没有乐趣；事业中没有沟通，就无法获得成功。

所以，要学会沟通。

其实"沟通"就是沟通，还是中国人造的这个词比较妙，用"水沟"的"沟"以及"通畅""通过""疏通"的"通"。"沟通"就好比"通沟"。

政府和人民之间的"管道"不通畅了，有了民怨，要沟通。

公司与职员之间有了"鸿沟"，造成"劳资纠纷"，要沟通。

父母与子女之间有了"代沟"，出现了所谓叛逆的子女、执拗的父母，要沟通。

就连自己想不开时，就好像脑袋中的"沟"被堵住了，要好好思索一番，也是沟通。

"沟通"就是"通沟"，把不通的管道打通，让"死水"成为"活水"，彼此能对流、能了解、能交通，能产生共同意识。

沟通像是大禹治水，又好像武侠小说里的"打通任督二脉"，常常堵塞的是那里，打通的是这里，下面一通，就全通了。（刘墉、刘轩《创造双赢的沟通》）

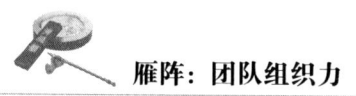

当然，沟通要讲究方式和策略，对不同的人、不同的事，在不同的阶段，沟通所面对的情况复杂多样。这是一门功课，需要我们在实践当中不断学习，不断积累，不断提高。

刘墉、刘轩父子合著的《创造双赢的沟通》里，提出了"沟通兵法"十条，有兴趣的朋友可以读读。

韩非子在谈到这个问题时曾说："凡说之务，在知饰所说之所矜而灭其所耻。"（《韩非子·说难》）沟通的要领，在于准确掌握对方值得自豪的地方，坚决回避、掩盖对方认为耻辱的地方。

一位表演大师上场前，弟子告诉他，他的鞋带松了。大师点头致谢后蹲下来仔细系好，等到弟子转身后又蹲下来将鞋带解开。旁观者不解，大师回答："我演的是一位劳累的旅者，长途跋涉使他的鞋带松开，可以通过这个细节表现他的劳累和憔悴。"

"那你为什么不直接告诉弟子呢？""他能细心地发现我的鞋带松了并且告诉我，我一定要保护他这种积极性，及时给他鼓励。至于我为什么要将鞋带解开，将来还有很多的机会教他表演，可以下一次再说啊。"

每一个团队都希望获得"1+1>2"的结果，期望能够通过团队整合实现个人能力简单叠加所无法达到的成就，这当然离不开团队成员之间的良好沟通。

这其实就是一个不断磨合、沟通的过程，就像夫妻关系的发展一样，少年夫妻虽然浓情蜜意，但是还难以做到心有灵犀；老年夫妻虽然平淡如水，但只需一个动作，甚至一个眼神、一个表情彼此就能心领神会。

情境一：高三月考后，沈鑫成绩下滑，心里很难过，于是去找班主任谈心。班主任说:"你这次考不好,早在我预料之中,还难过什么!不好好反省反省,下次只会考得更糟。"

情境二:韩梅上数学课时有部分内容没听懂,中午她去找郝老师,郝老师正在批改作业。韩梅说:"老师,您今天讲课速度太快了,我没听懂,您现在再给我讲一讲吧。"

同样的情境,班主任和韩梅其实还可以这样说。

班主任:"你这次考得不理想,心里难过我能理解,要认真反思造成成绩下滑的原因,老师相信你下次会考好的。"

韩梅:"对不起,郝老师,打扰您工作了。课堂上我有些内容没听懂,您现在方便给我讲解一下吗?"

这种沟通才是有效的沟通。

所谓有效的沟通,是通过听、说、读、写等载体,通过演讲、会见、对话、讨论、信件等方式将思维准确、恰当地表达出来,以促使对方接受。

良好有效的沟通能够让交流的双方彼此充分理解,达成共识,所以说"沟通也是生产力"。

有效沟通的前提是信任。

## 二、从信任开始

要建设一个拥有良好沟通的团队,首先要做的,也是最重要的就是建立信任。

信任是社会关系的一种形式,每个人都希望得到别人的理解和信任,这是人的一种心理需求。人们也总是根据彼此间是否存在信任关系来决定应该如何交往，所以信任影响着人们相互间的沟通行为。缺乏基本的信任，就失去了正常沟通的基础，良好的沟通也就无从谈起。

人有亡铁者，意其邻之子，视其行步，窃铁也；颜色，窃铁也；言语，窃铁也；动作态度无为而不窃铁也。俄而，抇其谷而得其铁，他日，复见其邻人之子，动作态度无似窃铁者。（《列子·说符》）

这就是著名的"邻人偷斧"，《吕氏春秋》称之为"疑邻窃斧"。

当怀疑是邻居的儿子偷了斧子的时候，觉得他的言谈举止没有一样不像是偷了自己斧子的。当找到了斧子后，再看邻居的儿子，发现他一言一行、一举一动都很正常，怎么看也不像偷了斧子的样子。

《三国演义》中，长坂坡大战时，糜芳向刘备报告说赵云投降了曹操，张飞又添油加醋地说赵云投降是为了富贵，刘备批评他们说："子龙是我故交，安肯反乎？""子龙从我于患难，心如铁石，非富贵所能动摇也。"与之相对的是，曹操患头痛病，华佗提出用开颅法根治，曹操却怀疑华佗要谋害自己，于是将华佗关入大牢，拷打致死。

信任，就是因相信而敢于托付。

德国当代社会学家卢曼曾说："信任是为了简化人与人之间的合作关系。"可见，信任源自对制度和秩序的尊重。

如果人与人之间都能够"敢于托付"，就不会存在隔阂，就能够由"沟"变"通"，由"隔"变"畅"。沟通不是挂在嘴上的说辞，而是心与心的交流。

陶行知先生任育才学校校长时，有一天看到一个男生正想用砖头砸同学，就将他制止，并责令他到校长办公室。陶行知先生回到办公室时，男生已在等他。陶行知先生掏出一块糖递给他，说："这是奖励你的，因为你按时来了。"接着又掏出一块糖给他，接着说："这也是奖给你的，我不让你打同学，你立即住手了，说明你很尊重我。"男生将信将疑地接过糖果。陶行知先生又说："我了解过了，你想打那个同学是因为他欺负女生，这说明你很有正义感。"说完，又掏出第三块糖给他。这时男生哭了："校长，我错了，同学再不对，我也不能采取这种方式对他。"陶行知先生又拿出第四块糖说："你能认错，再奖励你一块。现在，我的糖果已经分完，我们的谈话也该结束了。"

成功总是与高信任度联系在一起的。

建立在彼此信任基础上的人际关系、团队成员之间的合作关系，不仅是文明的、令人满意的、美好的关系，也是效率最高的关系。值得信任的个人或团体意味着他们能够践行政策、道德准则、法律和其先前的承诺。

对于团队成员来说，充分信任他人能够使自己更好地胜任工作，提高工作质量，更好地满足团队的要求。对于团队领导来说，要相信每一个团队成员都在为实现团队目标而努力。

苏格兰作家、诗人乔治·麦当劳曾说："信任是比爱情还要珍贵的奖赏。"

人与人之间只有形成了"因相信而敢于托付"的关系，才能使"沟通"成为一种现实的存在，才能让心与心得以连通。在这样的环境中，矛盾和问题就失去了滋生的土壤，就能使大家和谐、共赢，共同发展。

信任可以产生无穷的力量。

一场突如其来的地震引起的塌方把三名采煤工人困在地下100多米深的巷道里。一天过去了，两天过去了，其中一个人受不了黑暗与寂静的折磨，于绝望中疯狂冲入巷道深处，再也没有回来。另一个在不停地挖掘过程中耗尽了所有力气，在时梦时醒的惊悸中闭上了双眼。一个星期后，唯一的幸存者被蒙住双眼抬上地面。

这是发生在20世纪70年代的一个真实的故事。多年后，其中的一名遇难者家属曾这样问他："当初你怎么就挺过来了？"他沉默了好长一会儿，然后说出了那年他在井下重复了上百遍的那句话："会有人来救我们的。"

只是因为信任别人，所以才拯救了自己。生与死的哲理，往往就是这么简单。（刘晓东《信任的两种境界》，《八小时以外》2002年第10期，有删改）

当然，由于个性特征的差异带来的沟通障碍必然会影响信任的程度，而有效倾听能够把沟通障碍减小到最低。

有效的倾听能够增强信息交流双方的信任感，能够使团队中的每位成员充分感受到来自其他成员的尊重，使得团队沟通更为顺畅。

沟通中有了倾听，就变成了商量。

## 三、爱你有商量

商量是商决、计议和讨论。商量就是交换意见、商讨切磋。

《周易》有言："商兑未宁，介疾有喜。"大意是说，通过商讨，虽然还没有达成共识，但矛盾已趋弥合。三国时期魏国王弼注释："商，商量裁制之谓也。"

商量，直到今天都是科学决策的重要手段。善于运用商量的手段，可以使矛盾归于统一。因此，提高商量艺术就成为获得成功的关键之一。

"商量"的重要性也体现在党的决策中。

政协的首要职能是协商，协商就是一种商量。商量一般指人们之间相互沟通、交换意见，而政协的协商，是就国家的重大问题听取各方面意见，是一种有特定组织形式和程序的高层次商量。

实践证明，遇事商量比不商量好，多商量比少商量好，早商量比晚商量好。平时多商量，遇事先商量，有利于广泛听取各党派团体和各族各界人士的意见，促进决策的民主化、科学化；有利于增进理解、扩大共识，使党和政府的方针政策成为大多数人的自觉行动；有利于发现和集中群众的智慧与经验，依靠群众的力量克服困难、解决问题；有利于协调利益关系、化解社会矛盾，维护和发展团结稳定的政治局面。

在商量的过程中了解各方面情况、集中群众的智慧，这是领导者少犯错误、不断进步的重要途径。

…………

（《人民日报海外版》2000年3月8日第2版，有删改）


商量更是讨价还价。

商品的"质"是固定的，可以协商的往往只有"量"，所以叫"商量"。这个"量"既包括交易的数量，也包括报酬的数量。

《敦煌变文集·董永变文》："家里贫穷无钱物，所买（卖）当身殡耶娘。便有牙人来勾引，所发善愿便商量。长者还钱八十贯，董永只要百千强。" 蒋礼鸿通释："商量就是还价。"

早期的商人在市场上讨价还价时不愿意让旁人知道他们商量的价格，就会把手伸在对方的袖子里，用手指比画字形来交流，称为"捏码子"；还会用一种类似暗语的"价目析字语"来表示出价，就是利用汉字的结构特征，采用字谜谜面的方式暗示所要表达的价格。

隗芾先生曾说，既然是商量，就要给出多种选择，至少是两个选择，如"是"和"否"。如果只有一种选择那就不叫"商量"，而是强加于人。在"是"和"否"之间最好能有多个层次。层次越多，商量的成功率就越大。

商量表现在决策和执行两个方面。

在决策阶段，从领导者发出一个创意，先征求大家意见，这就是商量。通过商量完善方案，再由领导者决断，这就叫"民主集中制"。这与"独断"不同的地方，就是事先的商量。

在执行阶段，通过商量使下属了解执行的意义和细节，激发下属的责任感，才能主动积极地把事情做好。商量也是联系领导与员工、沟通上下级关系的柔和剂，也是形成团结合力的融合剂。所以说商量很重要。（隗芾《3·5短论：商量很重要》）

"商量"是通行世界的有效手段，因为商量使每个问题的解决都打上了"民主"的印记。

更重要的是，商量是一种温柔的力量。

## 四、温柔

著名教育专家魏书生不止一次说过："也许我其他方面不如一般人，但有一条是胜过他们的，就是遇事商量。"他有一句口头禅就是："商量商量。"他还写过一篇文章，题目就叫《商量，商量，再商量》。

为什么"商量商量"具有如此神奇的力量呢？

一位身处教学一线的老师总结了以下几条原因。

第一，商量就是尊重。心理学家马斯洛将人的需要分为五个层次，其中将"尊重的需要"放在第四个层次，仅次于"自我实现的需要"，这就足以说明"尊重"在人的心理构成中的重要性。做领导的，遇事能同下属或群众商量，这就是尊重人；做老师的，遇事能同学生商量，这也是尊重人；做家长的，遇事能同子女商量，这还是尊重人。尊重人的人，人们也会尊重他，因为他满足了别人高层次的心理需要，别人心里会感到愉悦，自然也乐于做他所要求的事了。

第二，商量就是平等。人都喜欢平等待人的人，讨厌居高临下、趾高气扬的人。你遇事商量，遇事相"求"，大家岂有不乐而为之之理？仔细想来魏书生"遇事商量"的管理方法，不仅平等民主，充分挖掘了每一个学生的能力，而且使学生的想象力、创造力、管理能力等诸多能力，在一个班级、一间教室、一个有限的空间里得到了无限的展示机会。

第三，商量就是沟通。人们曾把学生与长辈间的隔阂形容为"代沟"，教师与学生之间、领导与下属或群众之间，有"沟"并不可怕，可怕的是因方法不当而拉长了沟的距离。"商量商量"能够沟通思想，填平鸿沟，和谐情感，加深友谊。也正因如此，大事会"化小"，小事会"化了"。（此处参考肖海蓉《有感于魏书生的"遇事商量"》）

看来，魏书生之所以如此看重"商量"，就是因为它是上下之间、师生之间、父母与子女之间的情感润滑剂。

河南豫剧中有两出传统经典剧目，就是《包青天》和《三哭殿》，这两个故事也是商量的经典。

*《包青天》故事梗概：陈世美进京赶考，中状元后被皇帝招为驸马。妻子秦香莲久无陈世美音信，于是携子上京寻夫，但陈世美不肯相认，丞相王延龄劝说未果，就让秦香莲去找包拯告状。陈世美派校尉韩琪追杀秦香莲，韩琪不忍下手，只好自尽以求义。包拯找得人证物证，欲定驸马之罪，公主与太后皆赶至阻挠，包拯终不让步。皇帝下旨要求*

包拯放人，秦香莲激将之下，包拯将陈世美正法。

在《包青天》的故事里，任何人都不能商量，也无法商量。包拯接案后，陈世美很顽固，秦香莲很倔强，均不能商量。陈世美被捕后，皇姑很高傲，太后又失当，无法商量。最后，皇帝圣旨高压，秦香莲反言激将，都拒绝商量。包拯没有任何选择，只能顶着"抗旨不遵"的罪名杀掉了陈世美。

结果就是，金枝玉叶的皇姑失了颜面，来救丈夫，丈夫却被杀；身为国母的太后失了颜面，来帮女儿救人，却没救成；权威至高无上的皇帝失了颜面，下圣旨救妹夫却没有救下；执法如山的包拯也失了颜面，开罪了一干权贵，还落了个"抗旨不遵"的罪名……

大家都不妥协，于是都失了颜面。陈世美贪恋富贵，皇姑骄横轻法，太后恃权强逼，皇帝圣旨高压，包拯不留情面，秦香莲绝情决杀；但实际上，换个角度来看，妻子救丈夫，皇姑没有错；母亲帮女儿，太后没有错；为了妹妹救妹夫，皇帝没有错；职责所在，严格执法，包拯也没有错；逼官杀夫的秦香莲，只是想要讨个公道，也没有错。

大家都不能商量，最终导致这样一个结果。

再看《三哭殿》的故事。

《三哭殿》故事梗概：大唐贞观年间银屏公主之子秦英在金水桥钓鱼，适逢太师詹洪纪经过，因道锣惊散了鱼儿，秦英失手打死太师。太师之女詹贵妃哭奏于太宗，要求斩秦英为父报仇。银屏公主绑子上殿，并搬请太后，一同要求释放秦英。太宗杀、放两难，百般劝解，命公主跪请詹贵妃宽恕。詹贵妃以国事为重，同意释放秦英。

在《三哭殿》的故事里，因为大家都能够商量，有得商量，各退一步，就有了一个比较令人满意的结果，大家都有面子。皇姑救儿子，活了；太后帮女儿，成了；皇帝劝贵妃，听了。贵妃让大家都有了面子，自己也得了个"贤良"的大面子。

作为最温柔的力量，商量其实也是妥协。

## 五、妥协

管理其实就是妥协的过程，事情往往就是在妥协后才能逐渐协调、逐步解决的。

"妥协"一词似乎人人都懂，用不着深究。其实，"妥协"的内涵和底蕴比它的字面含义要丰富得多，而懂得与践行更是完全不同的两回事。

在一些人的眼中，妥协似乎是软弱和不坚定的表现，似乎只有毫不妥协，方能显出英雄本色；但是，这种非此即彼的思维方式，实际上是认定人与人之间的关系是征服与被征服的关系，没有任何妥协的余地。

"妥"，是"适当、合适、安稳、停当"的意思；"协"，是"和睦、融洽、帮助、辅助"的意思。英文中"妥协"一词为Compromise，字典解释为"Take a middle course"，意为"不偏不倚"，或理解为"不偏激，和解"。

妥协，就是以独立为前提、以底线为原则的适当让步，以避免冲突和争执。这其实是双方或多方在某种条件下达成的共识。

妥协是务实、通权达变的智慧。在解决问题上，妥协不是最好的办法，却是在没有更好的办法出现之前的最好的解决办法。

华为总裁任正非先生基于华为自身的管理实践提出了"管理灰度"的概念，认为"坚定不移的正确方向来自灰度、妥协与宽容"，而且"明智的妥协是一种让步的艺术，妥协也是一种美德，而掌握这种高超的艺术，是管理者的必备素质"。

任正非先生在《管理的灰度》一文中对"妥协"做了极其精彩的论述。

方向是坚定不移的，但并不是一条直线，也许是不断左右摇摆的曲线，在某些时段中来说，还会画一个圈，但是我们离得远一些，或粗一些来看，它的方向仍是紧紧地指着前方。

…………

坚持正确的方向，与妥协并不矛盾，相反妥协是对坚定不移方向的坚持。

当然，方向是不可以妥协的，原则也是不可妥协的；但是，实现目标过程中的一切都可以妥协。只要它有利于目标的实现，为什么不能妥协一下？当目标方向清楚了，如果此路不通，我们妥协一下，绕个弯，总比原地踏步要好，干吗要一头撞到南墙上？

…………

妥协并不意味着放弃原则，一味地让步。明智的妥协是一种适当的交换。为了达到主要的目标，可以在次要的目标上做适当的让步。这种妥协并不是完全放弃原则，而是以退为进，通过适当的交换来确保目标的实现。

…………

只有妥协，才能实现"双赢"和"多赢"，否则必然两败俱伤。因为妥协能够消除冲突；拒绝妥协，必然是对抗的前奏。（任正非《管理的灰度》）

在《公平与妥协：和谐社会的发展目标与实现机制》一文中，张仲涛先生论及妥协有几个观点。

妥协是一种避免激烈外部冲突或以非强制方式解决矛盾冲突的手段，是一种"双赢"的方式，是达成矛盾双方利益契约的重要政治规则。

妥协是人们在处理矛盾和冲突时理性和智慧的表现，也是一种经常被采用的化解矛盾冲突的手段。

妥协作为一种智慧和化解矛盾的方式之所以经常被采用，原因在于妥协本身的优势和特点。

美国宪法的产生便是妥协智慧的结果，当时的制宪者就是通过妥协这种理性的智慧而创造出了一个民主原则与共和原则共存的成功范例，以至于今天的美国人仍然惊叹和感激他们的先辈在200多年前就有这种伟大的妥协精神和智慧。同样，妥协也是马克思主义经典作家经常采用的重要政治策略。列宁曾一针见血地指出："马克思主义并不绝对否定妥协，马克思主义认为必须利用妥协。"列宁认为，妥协是达到革命目的的重要手段之一，是"为了更好地一跃而后退"……同样，人们在日常生活和工作中也经常采用妥协的方式来化解矛盾和改善关系。（张仲涛《公平与妥协：和谐社会的发展目标与实现机制》，《广东行政学院学报》2008年第1期，有删改）

妥协，其实是一种合理的"不公平"，但结果往往比较圆满。

## 六、圆满与弹性

在《包青天》的故事里，当事各方执拗于对错，拒不妥协，结果大家都颜面尽失。

在《三哭殿》的故事里，双方的妥协没有混淆对错，却使当事双方都有了面子。

大家都有面子，就说明事情处理得很圆满。大家都失了颜面，事情自然不圆满。

要想将事情办圆满，就要学会在制度的弹性之内讲究情理。

弹性，本指事物的可多可少、可大可小等伸缩性，是介于刚性和柔性之间的一种状态。

弹性，是刚强与柔和的互相调剂，是刚柔相济，也是刚柔兼济，更是刚柔并济。刚强和柔和的相互补充便是恰到好处，刚与柔的平衡可以使人生和谐安定、坚实温馨。在具备勇敢、刚毅、强悍等品质与特征的同时，又保持文采、柔和、温柔，在"阳刚"的同时也不失掉"阴柔"，是从古至今人们所追求的一种至高境界。

弹性，体现的也是韧性。

韧性就是执着和耐力。耐力是被动规范内心，持之以恒；执着是主动校正轨迹，保持方向。

每个人、每件事都不会一帆风顺，更多的时候需要韧性。

韧性，大意志也。事业凭韧性而渐进，人才藉韧性而玉成。"积土成山"为韧；"水滴石穿"为韧；"春蚕吐丝"为韧；"皓首穷经"为韧；"面壁十年"为韧；"卧薪尝胆"为韧；"纠缠如毒蛇，执着如怨鬼"为韧；"野火烧不尽，春风吹又生"为韧……至柔至刚为大韧。无形无色之水，无边无际之气，无影无踪之风，无名无欲之草，无声无息之根，皆藏锋守拙，以柔弱胜刚强。"韦"，熟牛皮也；"刃"，刀锋也。故"韧"乃刚柔相济也。人之处事，柔而不刚，难以有始；刚而不柔，难以有终。刚柔相济，方能有始有终，善始善终。（陈伯安《伯安百说》之"韧性说"）

把弹性引入管理，便是弹性管理。

弹性管理，是管理的原则性和灵活性的统一，即通过一定的管理手段，使管理对象在一定条件的约束下具有一定的自我调整、自我选择、自我管理的余地及适应环境变化的余地，以实现动态管理。

一些学者在比较了20世纪80年代美国和日本的企业之后指出了今后企业管理弹性化的趋势。当时美国企业规模大，组织分工细，但内部缺乏沟通，管理集权程度高，灵活性差；而日本企业组织结构相对简单，并且会随着业务需求及时扩充或收缩某些部门。日本企业的发展速度令世界震惊，自此企业管理中的弹性观念也开始为人们所认知和接受。

弹性管理的优越之处，一是使组织系统内的各环节能在一定范围内自我调整、自我管理以加强整体配合，二是使组织系统整体能随外界环境的改变而在一定范围内自我调整以具有适应性。

尤其是面临人才红利，往往只有在管理弹性中发掘"才富"金矿，才能笑到最后。

汉高祖刘邦被楚霸王项羽排挤到汉中时，在项羽手下当警卫的韩信看到自己在楚营混不出名堂，便离楚归汉，在萧何手下当了一个管理仓库的小官，但是当韩信自动离职而被萧何追回之后，刘邦并没有怪罪他。在萧何推荐下，刘邦愿意让他统兵打仗做将军。当萧何提醒刘邦，这样还是留不住韩信时，刘邦竟顺口允诺，那就让他做大将军！

刘邦这样做的意义非同小可，等于得到了一个"才富"大金矿。韩信没有让刘邦失望，"明修栈道，暗度陈仓"一鸣惊人，为刘邦迅速崛起奠定了基础。此后韩信南征北战，攻城拔寨，军事才能得到了淋漓尽致的发挥，被后人奉为"兵仙""战神"。其为汉王室立下赫赫战功，直逼项羽"别姬"，让刘邦完成了天下一统的伟业。（《在管理弹性中发掘"才富"金矿》，《北方牧业》2014年15期，有删改）

刘邦不拘一格降人才的故事告诉我们，弹性大、空间大，可以最大限度地调动人才的积极性，发挥其潜能。

弹性管理最突出的特征就是，在一定弹性限度内有一个弹性范围。

从另一个角度来说，就是"留有余地"。

## 七、凡事留有余地

处事之道，势不可尽，"为其后可复者也，则事寡败矣"。一件事情做了以后还能再弥补，这样做事就很少失败了。

战国时期一代雕刻大家桓赫曾说过这样的话。

"刻削之道，鼻莫如大，目莫如小。鼻大可小，小不可大也；目小可大，大不可小也。"（《韩非子·说林下》）

雕刻的原则是：鼻子不如先雕得大一些，眼睛不如先雕得小一些。因为鼻子雕得大了，可以修改得小一些，雕得小了就不能再改大了；眼睛雕刻得小了，可以修改得大一些，雕得大了就不能再改小了。

桓赫的意思是，在处理问题时，要留下一点回旋的余地，掌握"留下一点空白"的技巧。

留一点空白，多一分美好。

中国画多用"留白"，即所谓的"计白当黑""以无为有"。通俗地说，就是匠心独运地在画面上留以空白——故意留下空缺。

留白，给予了创作者舒展的空间，也给予了欣赏者想象的空间。画家的神来之笔，画幅中最能引人冥思遐想、玩赏不止的地方，往往在于"留白"。我们常说"有心恰恰无"，"留白"即是"无"的表现。哲理中"道以无为大，大而无所容"，说的也是这个意思。

凡事留有余地，是生活的智慧，也是管理的艺术。

美国著名的玛丽·凯化妆品公司总裁玛丽·凯在《掌握人性的管理》一书中说过这样一句话："管理是一门了不起的艺术，它的最高境界是让每个被管理者都感到自己的重要。"要达到这种境界，就需要每一位团队的领导者和管理者不断地发现、唤醒团队成员心中的这份"重要"！

这正是心理学中的"留白效应"。

留有余地，才能做到进退从容、屈伸自如。无论做什么事情，无论有什么称心如意的事，无论你的事业多么顺利，都不要忘乎所以、得意忘形、自以为是，而是要始终保持清醒的头脑，凡事留有余地，什么事情都不要做过头。只有这样，当遇到意外之事，我们才会有后路可退。

《菜根谭》中说："事事要留个有余不尽的意思，便造物不能忌我，鬼神不能损我。若业必求满，功必求盈者，不生内变，必招外忧。"

不论做任何事都要留有余地，不要把事情做得太绝，这样即使是苍天也不忌妒我，神鬼也不会伤害我。假如对一切事物都要求尽善尽美，一切功业都希望登峰造极，即使不因此发生内乱，也必然招致外来的攻讦和忌恨。

路径窄处留一步，与人行；滋味浓时减三分，让人尝。此是涉世一极乐法。

## 案例研究

### 廷理挡驾

楚王急召太子。楚国之法，车不得至于茆门。天雨，廷中有

> 潦，太子遂驱车至于茆门。廷理曰："车不得至茆门。至茆门，非法也。"太子曰："王召急，不得须无潦。"遂驱之。廷理举殳而击其马，败其驾。太子入为王泣曰："廷中多潦，驱车至茆门，廷理曰'非法也'，举殳击臣马，败臣驾。王必诛之。"王曰："前有老主而不逾，后有储主而不属，矜矣！是真吾守法之臣也。"乃益爵二级。而开后门出太子：勿复过。（《韩非子·外储说右上》）

廷理挡驾的故事，是《韩非子》中一个非常著名的个案。

这个故事表面上看是王权与法权的对峙和冲突，实则是讲沟通与商量的必要性与重要性。

春秋时期，诸侯宫廷南面的宫门称作"雉门"，也叫作"茆门"（或写作"茅门"）。为了管理雉门，楚庄王颁布了《茆门法》，规定诸侯、大夫、公子入朝时，所乘的车辆都不能驶进茆门，以保证国君安全。

有一次，楚庄王紧急召见太子熊审。因为天刚下过雨，平地积水难行，太子要把车子驶进茆门。这时，守卫茆门的廷理拦住了车驾。

廷理是执掌刑狱的负责人。廷理说："太子，按照规定，您的车子不能进入茆门，进去了就是犯法。"太子说："大王紧急召见，我不能等到没水的时候再进吧？"说完，驱车强行驶进。廷理眼看拦不住，立即命令手下卫士举枪刺伤了太子的驾马，还砸了太子的车子。

太子大怒，蹚着水跑进了朝堂，向楚王哭诉，要求诛杀廷理。楚庄王说："这个廷理，国君面前不越法，储君面前不归附，真是个守法的臣子，值得敬重啊！"于是给廷理加爵位两级，然后开了后门让太子出去，并告诫："你可不要再犯这种愚蠢的错误！"

在这个故事中，所有人都没有错，也都有错，而且谁也没有面子。

楚庄王没有错。制定制度没有错，召见太子没有错。

太子没有错。国王紧急召见，地上积水难行，特事特办，也没有错。

廷理也没有错。既然是规定，那大家都得执行。按照职权执行规定来说，他当然也没有错。

当然，谁也都有错。曾仕强先生有如下评论。

楚王没有错吗？楚王当然有错，楚王如果一方面派人去叫太子，一方面派人去告诉廷理今天情况很特殊，请他破例一次，一切不就解决了吗？但是，这种方法楚王不会接受，他会说："那我当这个国王干什么？什么事情都要考虑得很周到，我像国王吗？国王就是我发布命令，你们负责具体执行。"

太子没有错吗？既然是太子，马上就要登基当皇帝了，修养还这么差。可是，正是因为他是太子，所以才修养不好的；如果他不是太子，他的修养反而会很好。也许你会反驳这种观点，你会说："如果是我，我一定会很有修养的。"实际上你恐怕在那时还不如他呢！

廷理没有错吗？在劝说不听的情况下，你可以一面阻拦，一面派人报告国王啊。就算你职责在身、硬性挡驾是对的，你也不该刺伤了太子马车的马匹、砸坏太子的车驾呀！（曾仕强《在中国如何当领导》第一章第三节）。

故事的结局却是谁都没有面子。首先是太子没有面子，奉旨见父却被搞得灰头土脸，如何去见王公大臣？其次是楚庄王很没有面子，召见自己的儿子，结果儿子的马被杀，车被砸；最后是廷理没有面子，奉公守法按制度办事，却得罪了太子这样的大人物。

圆满就是大家都有面子。这个故事的结局却不是很圆满。

所以，从这个角度来看，造成故事结局不圆满的关键，是廷理这个环节出了问题。

廷理是执掌刑狱的执法官。按理说，廷理尽忠职守，不畏权贵，兢兢业业地做好分内的事情，应当受赏。楚庄王最后虽然给廷理加了薪俸，却没有给他升职。

从廷理的角度来看。

第一，法即是法，不能因为违法者是太子就视而不见，也不能因为天下大雨就送人情。在廷理眼中，法律不是人情，哪怕犯错的是太子，哪怕犯错的是一国之君。尽管楚庄王紧急召唤，尽管太子应诏驾临，尽管门前积水难行，然而楚庄王有规定，国家有制度，太子要硬闯，为了坚守自己的职责，在劝说未果的情况下，廷理只好硬性挡驾。

第二，如果太子冲进去了，国君怪罪下来，责任由谁来承担？因为这是失职，失职是要追究责任的，所以廷理按照制度规定刺伤了太子的马，并砸了太子的车，活脱脱一场"打銮驾"的好戏。不然，拦不下太子啊！

第三，如果放任太子驾车进去，国王因此惩罚了太子，那更是罪莫大焉。挡住了太子，说不定还是帮了他呢。

可是，委屈的廷理也许没有想过。

第一，既然要拦，为什么不把事情处理得更好一些呢？

在任何一个工作岗位上，工作者的职责都不仅仅是按部就班，按照条条框框墨守成规。要想把分内的事情做好，看似简单，其实并不容易，里面大有学问，因为现实中的很多事情不会按照计划或者预想来发展，当然也不是照搬制度条文就能妥善处理的。

一个只知道遵守死规矩、照搬死制度而不知灵活变通的人是永远不会有得到重用的机会的。廷理为什么不能以变通化解凶险，让国王、太子都满意，也让自己赢得喝彩呢？

第二，坚守职责，为什么不能随机应变呢？

任何一个单位、一个企业，任何事情的处理都牵扯到关系。很多事情，具体工作人员一旦做出通融、变通，就会违反规定和制度，从而造成失职；但是不通融、不变通可能会给单位、企业造成损失，该如何处理，就"仁者见仁，智者见智"了。最重要的是，要在不违反原则的情况下随机应变，让各方都有面子。

第三，如果发生了计划之外的突发事件，该怎么应对呢？

"凡事预则立，不预则废"，预防才是最好的解决方法。工作岗位上的"廷理们"，在平时的工作中就要预想到可能会发生的突发事件，然后找出解决和应对的方法，这叫"预案"。这样就不至于在事情突然发生时措手不及，甚至因举措失当，让单位、企业受损失，也使相关人员失了面子。

所以，要想将事情办圆满，就要学会在制度的弹性之内讲究情理。

# 下 篇

## 头雁意识·"十二楼中月自明"

好的领导培训出来的下属就像一群大雁，因为大雁有着相同的前进目标，并且随着领头的雁一齐向前飞。在大雁这个团队里有个很独特的现象，就是任何一只大雁都可以成为领头雁，这也就是为什么大雁在失去了一只头雁后会有新的领头雁站出来，带领别的大雁继续前行；而牛群只是一个散乱的群体，它们当中的每一个成员看上去都很有力量，但是行动迟缓，而且缺乏相同的目标，需要外界的人员来驱赶才会朝着相对固定的方向前行。好的领导就像大雁一样，而不好的领导会让他的团队变成牛群。

——资深培训师江雅苓女士专访，《中山商报》2005年5月16日

# 第九章

## 领　雁

　　目标的坚定是性格中最重要的力量源泉之一，也是成功的利器之一。没有它，天才也会在矛盾无定的迷径中，徒劳无功。

　　　　　　　　　　　——查士德斐尔爵士

大雁因时节变换而迁徙，春天北飞繁殖，至秋南翔越冬。一路千辛万苦，杜牧诗《雁》称之"年年辛苦来衡岳，羽翼摧残陇塞霜"，诚如此也！

大雁的故乡在西伯利亚一带，每年秋冬季节向南迁飞，第二年又会飞返西伯利亚繁衍生息。大雁南迁的路径主要有两条：一条是由我国东北经过黄河、长江流域，到达福建、广东沿海，甚至远达南洋群岛。衡阳有"回雁峰"，相传"北雁南飞，至此歇翅停回"，可知有相当数量的雁"声断衡阳之浦"。另一条是经由我国内蒙古、青海等地，到达四川、云南地区，甚至远至缅甸、印度去越冬。为了保证在天气变冷之前到达南方，在天气变暖时回到栖息地，越北的雁越早南飞。

大雁在飞行的过程中绝不轻易改变路线，雁群始终保持队列整齐，始终保持一种整齐有序的状态，朝着同一个目标飞行。

## 感悟

大雁的迁徙过程体现了大雁对奋斗目标坚定不移的追求。

一个团队，当然也首先要为自身设定一个目标；而且，目标一旦设定，就要团结一致奋勇向前，排除一切艰难险阻，坚持不懈，坚定不移，坚忍不拔，咬定青山不放松。

# 一、目标就是方向

目标，是一个永久的话题。

目标，是一个人、一个组织、一个团队所期望达成的结果和梦想，要达到的境界或目的。

目标就是方向，目标就是动力，目标就是计划。有无目标，关乎事业的成败，关乎个人的前程，并且贯穿于人生的全过程。

一个人应该有一个前进目标，有了目标，才能有前进的方向，我们才不会走错人生路。倘若要使自己的生活有意义，就要给自己设定一个希望达成的目标。

成功就是逐步实现一个有意义的既定目标。

大雁不惧羽翼摧残，万里衔芦，正因如此。

杜牧曾有诗云："万里衔芦别故乡，云飞雨宿向潇湘。数声孤枕堪垂泪，几处高楼欲断肠。度日翩翩斜避影，临风一一直成行。年年辛苦来衡岳，羽翼摧残陇塞霜。"（《雁》）

有一个"走出比赛尔"的故事。

在撒哈拉大沙漠中有一个小村庄比赛尔，在未被发现之前，是一块贫瘠之地。那里的人尝试过很多次，却始终没有一个人走出过大漠。人们说，在这里无论从哪个方向走，最后都会转回到出发地。1926年，英国皇家学院院士肯·莱文到了那里，听说了此事，决心做一次试验。他雇了一个名叫阿古特儿的比赛尔人带路，十天时间走了大约800英里，第十一天早晨果然又回到了比赛尔。

经过此事，他才明白，比赛尔人之所以走不出大漠，是因为他们根本就不认识北斗星。于是，他告诉阿古特儿，只要夜晚朝着北面那颗星走，就能走出大漠。阿古特儿照着他的话去做，三天后果然来到了大漠边缘。

阿古特儿因此成了比赛尔的开拓者，他的铜像被竖立在小城中央，铜像的底座上刻着一行字：新生活从选定方向开始。

在任何一个领域，取得较大成功的人，他们的行为几乎都是指向自己设定的目标。有了目标，内心的力量才能找到方向，漫无目的地飘荡终归会迷路。

拿破仑·希尔曾说："设定明确的目标，是所有成就的出发点。"

目标是一盏灯，它可以照亮我们的人生道路，有了这盏灯的指引，我们才不会迷失在人生的十字路口；目标是目的地，没有目的地，我们永远也无法到达终点。

一个没有目标的人，是一个茫然不知所措的人。一个人若缺乏有价值的人生目标，就如一艘轮船没有舵，只能随波逐流，无法掌握，最终只会搁浅在绝望、失败、消沉的海滩上。

一个团队也应该有自己的奋斗目标，有了目标，才知道要向何处去，才能明确团队的追求。

一个没有目标的团队，是一个没有存在价值的团队。所谓事业，其实就是不懈地奋斗、解决难题和实现梦想，没有可为之奋斗的目标，我们的奋斗过程既不会充实，也不会快乐。

没有目标就是没有前进的方向。如果没有前进的方向，或者方向不明确、不正确，一切努力结果是徒落悲伤。目标能够减少人生前进中的痛苦，目标定得越早痛苦越少，目标定得越好痛苦越少，目标越明确事业越顺利，没有目标将痛苦不堪，困难重重。有目标和没有目标的人，无论其工作还是生活质量都是不相同的，其精神生活和思想品德的表现层次也是不相同的，其生命过程和结果完全是不一样的。有目标的人，其生活上、精神上都会有一种享受感；而没有目标的人，则免不了遭受许多磨难和痛苦。其实，目标既是一个人的灵魂，又是一个人活着的强大精神动力。（周广生《论目标》，"光明网·光明观察"2010年6月14日）

有什么样的目标就有什么样的人生，有什么样的目标就有什么样的事业。这就是目标的力量。

## 二、目标的力量

《圣经》有云："你定意要做何事，必然给你成就，亮光也必照耀你的路。"（《圣经·约伯记》第二十二章）

用美国小说家、剧作家马尔兹的话说就是："在很大程度上，你想你是什么，你就是什么；你想你能做什么，你就能做什么。"

因为目标既是我们努力的依据，也是给予自我的鞭策。

一切的成就、一切的努力，都是为了目标的达成。

制定目标未必能让人增加寿命，但必定能增加人成功的机会。

目标能够让我们激发潜能，目标能够让我们超越自我，目标能够让我们认清使命。故而，目标可谓人生智慧的集中体现。

哈佛大学做了一项非常著名的关于目标对人生影响的跟踪调查。调查对象是一群智力、学历、环境等条件差不多的年轻人，经调查发现：27%的人没有目标，60%的人目标模糊，10%的人有清晰但比较短期的目标，3%的人有清晰且长期的目标。

25年的跟踪研究结果表明，他们的生活状况及分布现象十分有意思。

3%的人，几乎都成了社会各界的顶尖成功人士，其中不乏白手创业者、行业领袖、社会精英。10%的人，大都生活在社会中上层，成为各行各业的不可或缺的专业人士，如医生、律师、工程师、高级主管等。60%的人，几乎都生活在社会的中下层，安稳地生活与工作，但都没有

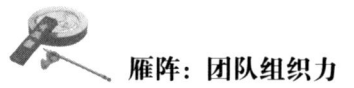

什么特别的成绩。剩下27%的人，几乎都生活在社会的最底层，生活都过得不如意，常常失业，靠社会救济，并且常常在抱怨他人，抱怨社会，抱怨世界。（李静林《目标的威力》，有删改）

第二次世界大战期间，朱利斯·法兰克博士曾被关在远东地区的俘虏集中营里，那时对他们来说，死是最好的解脱。他自己也想过一死了之，但是有一天，一位中国老人的出现激起了他的求生意志。

那位中国老人转过头来问了他一个问题："你从这里出去之后，第一件想做的事情是什么？"

这是他从来不敢想的问题，然而他的心里早有答案：我要再看看我的太太和孩子们。

后来，他回忆说："那个问题救了我一命，因为它给了我一个我已经失去的东西——活下去的理由！从那时起，活下去变得不再那么困难了，因为我知道，我每多活一天，就离战争结束近一点，也离我的梦想近一点。中国老人的问题不只救了我的命，它还教了我从来没学过却是最重要的一课：目标的力量。"

目标给了我们生活的目的和意义。当然，我们也可以没有目标地活着，但是要真正地活着，快乐地活着，我们就必须有生存的目标。……有了目标，我们才知道要往哪里去，去追求些什么。没有目标，生活就会失去方向，而人也成了行尸走肉。人们生活的动机往往来自两样东西：不是要远离痛苦，就是追求欢愉。目标可以让我们把心思紧系在追求欢愉上，而缺乏目标则会让我们专注于避免痛苦。同时，目标甚至可以让我们更能够忍受痛苦。"（转引自徐文钦《员工优秀靠什么？》，新华出版社2013年版）

在朱利斯·法兰克博士看来，目标为我们提供了快乐的基础。人们总以为舒适和豪华富裕是快乐的基本要求，然而事实上，真正会让我们感觉快乐的是某些能激起我们热情的东西。这就是快乐的最大秘密——缺乏意义和目标的生活是无法创造出持久的快乐的。

目标的力量是伟大的，一个目标会成就一个美好的未来，只要我们拥有自己的目标，甚至是对生活与事业抱有的美好梦想，光明前景就会在前方不远处。

人因梦想而伟大。

## 三、梦想与伟大

巴尔扎克有言："没有伟大的愿望，就没有伟大的天才。"伟大的人生都是从树立清晰而明确的目标开始的。

衡量成功的标准不是做了多少工作，而是做出了多少成果。目标能够唤醒我们内心深处的一种更为强烈的反应，使我们更加关注工作成果。

澳大利亚激励大师约翰·库缇斯曾说："一个人必须勇于面对，勇于尝试，如果赢了则赢了，如果输了就是输了。不管怎样，都好过你一屁股坐在家里面，因为那将一事无成！我每天的目标是尽力做到最好。如果我每天能充满自信，激励自己尽力做到最好，热爱自己的生活，接受并迎接前面的挑战，那么这就是美好的一天。"

约翰·库缇斯（John Coutis），1969年8月出生于澳大利亚，出生时仅有矿泉水瓶那么大，脊椎下部没有发育，天生双腿残疾。17岁因伤口感染被迫接受截肢手术，切去下半身；29岁时得了癌症……他以拒绝死亡来挑战医学观念，从一名普通的运动员做到知名教练，再到世界级的激励大师，其间他经历了常人无法想象的艰难与阻力。

他从12岁起就开始打室内板球。同时，他还是一位优秀的举重运动员和轮椅橄榄球运动员。他还能潜水，甚至还考了驾照。1994年约翰·库缇斯夺得澳大利亚残疾人网球赛的冠军。

成功的人生需要正确设定目标。

今天你站在哪里并不重要，重要的是下一步要迈向哪里。如果没有切实可行的目标作为驱动力，人很容易对现状妥协。所以，设定人生目标，一方面可以迫使自己打破现状，另一方面可以帮自己了解真正的自己。目标一旦设定，要想成功就容易多了。

刘易斯·卡罗尔的《爱丽丝梦游仙境》中有个情节。

爱丽丝问猫："请你告诉我，我该走哪条路？"
猫说："那要看你想去哪里。"
爱丽丝说："去哪儿无所谓。"
猫则回答："那么走哪条路也就无所谓了。"

当一个人没有明确的目标的时候，不仅自己不知道该怎么做，别人就算想帮助你也无从着手！当你自己没有清晰的目标与方向的时候，别人说得再好，那也只是别人的观点，却不能转化为自己的有效行动。

人因梦想而伟大，团队亦然。

一个团队，必须首先制定一个目标。这个目标可以勾勒出团队未来的蓝图、明日的美景，从而激励团队成员勇往直前。

有一位总经理说："不要让你的员工为你干活，而让我们的员工为我们的目标干活，共同努力，团结在一个共同的目标下面，就要比团结在你一个企业家底下容易得多。所以首先要说服大家认同共同的理想，而不是让大家来为你干活。"

当然，这样的目标必须是崇高的、有意义的，也必须是具有挑战性和一致性的。

## 四、挑战与崇高

所谓崇高，乃指目标的强大魅力。

崇高感来源于在相对弱小但代表正义的力量与强大敌对势力的抗争过程中人所展现出来的精神力量，崇高感源自正确的追求。

正确的追求促使人们在不甘平庸、开拓发展的同时，不断为自己寻找新的定位，以创新的意识在他人习以为常的地方发现新生的事物，在他人熟视无睹的时候提出独特的见解。

英国诗人华兹华斯有言："一个崇高的目标，只要不渝地追求，就会成为壮举；在它纯洁的目光里，一切美德必将胜利。"莎士比亚在《威尼斯商人》一书中写道："世间的很多事物，追求时候的兴致总要比享用时候的兴致浓烈。"

一个人若有了正确的追求，心灵会永远年轻。

美国人亨利·戴维·梭罗认为，每颗植物种子的形状、重量，都是为了在它成熟之际能够最大限度地重新扎根到土壤里，开花结果。在《种子的信仰》一书中，梭罗曾用诗意的笔触写道："我相信种子里有强烈的信仰，相信你也同样是一颗种子，我正期待你的奇迹发生。"

种子的信仰便是它的崇高目标和追求。

植物的种子都有崇高的目标和追求，更何况是人呢！

20世纪80年代，法国一位植物学家根据梭罗的理论在巴黎专门做了一项研究。他把生长在郊外的一株植物移植到城市中心。五年以后，这株植物的种子的重量增加了20%~30%。这是因为在城市中心几乎都是水泥地，如果种子没有达到一定的重量，风一吹来，它一般不大可能自然落到土壤里，而是会被吹落到近旁的水泥地上，从而失去在城市里重新扎根生长的机会。也就是说，种子发现自己的生存环境改变了，它为了能够更好地成长而努力增加自身的重量，或是改变自己的一些习性。

必须设定有意义的目标，才会知道何去何从。

所谓有意义，指的是人们为某种行为所能带来的作用和价值的认知，包括人们对意义的认知以及对人生的认识。

成功就是实现有意义的既定目标。

"有意义的目标"并不是让员工知道企业和单位的口号是什么，而是要让员工认识到他们的工作能对企业产品、组织形象、服务对象造成什么样的影响。

崇高的、有意义的团队目标弘扬真善美、传播正能量，促使人积极向上、奋勇前行，激励人攻坚克难、愈挫愈勇，能够使团队成员在精神境界上获得很大的提高。

这样的目标，首先要具有一定的挑战性。

20世纪60年代末，埃德温·洛克（Edwin Locke）在提出目标设置理论时发现，在适当的条件下，设置一个有难度但可以实现的目标会带来高绩效。

杰克·韦尔奇说过："我不断为每一位员工提供富有挑战性的工作，由此造就了了不起的通用员工，然后再由他们造就了了不起的产品和服务。"

"取法于上，仅得为中；取法于中，故为其下。"（《帝范》卷四）一个人制定了很高的目标，最后仍有可能只达到中等目标；如果只是制定了一个中等目标,最后有可能只达到低等目标。当然,如果一开始制定的就是低目标,那最后恐怕是一无所获了。

宋末元初时期的诗词评论家严羽《沧浪诗话·诗辨》中也有:"学其上,仅得其中;学其中,斯为下矣。"

据说,《论语》有云:"取乎其上,得乎其中;取乎其中,得乎其下;取乎其下,则无所得矣。"这是孔子教育学生时所说的话。《孙子兵法》亦云:"求其上,得其中;求其中,得其下;求其下,必败。"

这句话告诉我们,不论是治学目标还是人生规划,一定要志存高远。

如果想展翅高飞,就不能把目标定得太低;如果眼睛只盯在树冠以下,那就永远不可能在蓝天白云间翱翔。

当然,构成团队目标管理基础的,除挑战性外,还有一致性。

目标的一致性,是团队建设的基石。一个团队只有在所有成员对所要达到的整体目标认识一致时,才能为之付出努力,并最终实现共同目标。当人们意识到,只有所有成员全力以赴才能实现这个目标时,这种目标就能集中所有员工的注意力,从而能够形成更加紧密团结的团队。

目标的一致性是团队的核心部分。现在组织分工越来越细,团队需要具备不同技能的成员一起作战,组织要做的就是把团队成员聚合起来,拧成一股绳,为了共同的目标去努力。

有了一致的目标,团队的力量才有着力点。如果没有明确指出共同的目标,就和没有篮筐的篮球架一样。

狮群的每一次捕猎,目标都非常清晰,并且行动高度一致。不管现场多么混乱,它们一旦锁定了野牛群中的一头野牛,就会集中力量合围,从各个方向实施攻击,配合得天衣无缝。

狮群的高度一致常常令管理者羡慕不已,如果我们的团队能够这样高度统一，那定能攻无不克、战无不胜。

## 五、制心一处，无事不办

《遗教经》中说："制心一处，无事不办。"

美国19世纪思想家、诗人爱默生说过："一心向着自己目标前进的人，整个世界都给他让路！"

这其实就是说，一心向着自己目标前进的人会迸发出无限的智慧与卓越的成就。

"制心一处，无事不办"，人们把精力、智慧、决心、毅力投放到某一事业上，就没有不成功的，所谓废寝忘食、食不知味、专心致志。陈景润不会煮面条，不是他不聪明，而是把精力全部放在哥德巴赫猜想上了；爱迪生养了两只猫，却开了供猫出入的两个洞，发明之父没有智慧吗？当然不是，也是把全部精力放在发明创造上了，所以，人如果可以"制心一处"，就会迸发出无限的智慧与卓越的成就。

正如透镜将温暖的阳光聚焦，只要坚持足够的时间，就可以点燃焦点处的可燃物，从而形成火焰。

《把信送给加西亚》中的罗文便是"制心一处"的人。他不讲条件，历尽艰险，一心向着目标前进，终于把一封具有战略意义的书信交给了加西亚。

《把信送给加西亚》是现代企业的励志"圣经"，曾经在世界畅销书排行榜上雄踞第6名，因此被许多组织作为培养员工敬业精神的优秀读物，故事中的罗文也以其正直、忠诚的品格和自我牺牲的精神，成为人们学习的榜样。

《把信送给加西亚》讲述的是在19世纪美西战争中，美方有一封具有战略意义的书信急需送到古巴盟军将领加西亚的手中，可是加西亚正在丛林中作战，没人知道他在什么地方。此时，年轻的中尉罗文挺身而出，他历尽艰险，在徒步三周后，把那封信交给了加西亚。

"制心一处"，有几个条件。

一是毅力。坚强坚韧，不达目的誓不罢休。

如果具备知难而进的精神以及办法总比困难多的心态，就不会被困难吓倒。只要不被自己吓倒，就没有解决不了的困难。否则，就只能遗憾退场。

二是方法。必须掌握有效的方法，才能获得成功。

并不是只要努力就一定能获得成功。没有努力，当然不会成功，但仅有努力是远远不够的，事半功倍的做事方法也是不可缺少的。

三是资源。集中所有的精力、时间、信息、物质等，才能取得成功。

四是计划。有了目标，你还得要制订一个计划吧？目标的实现有赖于周密、细致且具有可操作性、可行性的计划的严格执行。

正如大雁每年飞回北方繁殖的时间是春分，飞往南方越冬的时间是寒露，其飞行路线是笔直的。这就是大雁的工作计划。

这些都很重要。然而最重要的，还得要经得住诱惑，扛得住挫折。

郑燮有诗："咬定青山不放松，立根原在破岩中。千磨万击还坚劲，任尔东西南北风。"（《竹石》）不管从什么方向刮来什么风，处于多么恶劣的环境，遭受多么痛苦的磨难，岩竹都不屈不挠，坚强挺住。

心不动，万物皆不动；心不变，万物皆不变。

## 案例研究

### 皇叔崛起

刘备一直是一个饱受争议的历史人物，誉之者称其仁义宽宏，是历史上少有的仁君；贬之者斥其虚伪做作、假仁假义，甚至民间也有"刘备摔孩子——收买人心"的说法。鲁迅先生也曾说《三国演义》"欲显刘备之长厚而似伪"。

在《三国志》中，陈寿这样评价刘备："先主之弘毅宽厚，知人待士，盖有高祖之风，英雄之器焉。及其举国托孤于诸葛亮，而心神无贰，诚君臣之至公，古今之盛轨也。机权干略，不逮魏武，是以基宇亦狭。然折而不挠，终不为下者，抑揆彼之量必不容己，非惟竞利，且以避害尔。"

刘备早期颠沛流离，但其弘毅宽厚，知人待士，百折不挠，后于赤壁之战与孙权联盟击败曹操，趁势夺取荆州，而后进取益州，建立蜀汉政权，终成帝业。

刘备有志向，"终不为下"。有志向就有目标。

刘备虽是皇族后裔，却出身贫寒，少时以贩履织席为业，然而他少年时就"有大志"。《三国演义》开篇便交代其家东南方有一桑树犹如"车盖"，刘备因此有"我为天子，当乘此车盖"之说。黄巾起义时，朝廷在各处招兵买马，刘备与关羽、张飞"桃园三结义"，同行应征，结成了一个稳定的政治集团。

诚如人言，"刘备是一位不善于用言语表达自己理想的领导人"，仅在三顾茅庐请诸葛亮出山相助时才言语曲折地表达了自己的志向。

一顾茅庐时，他曾对诸葛亮的朋友崔州平说："方今天下大乱，四方云扰，欲见孔明，求安邦定国之策耳。"（《三国演义》第三十七回）三顾茅庐时，当诸葛亮提出"愿闻将军之志"，他慨然对曰："汉室倾颓，奸臣窃命，备不量力，欲伸大义于天下。"（《三国演义》第三十八回）可见，刘备的理想就是要在天下大乱的环境中施展才能，治国安邦。

这是他坚定不移的目标。

刘备有精神，"折而不挠"。有精神就有进取。

刘备有一颗永不衰竭的进取心，"折而不挠，终不为下"。从24岁起兵到63岁去世，无论是在什么样的环境中他始终保持着自己强烈的进取心。

刘备前半生一直在失败中度过。他没有根基，没有兵粮，没有城池，投靠过多个诸侯，甚至一度靠山山倒、靠河河干，但他从未放弃对理想的追求。

建安六年（公元201年），曹操亲自率军讨伐刘备，刘备战败，往投刘表。这一年刘备41岁。

从这一年起，刘备在荆州一住就是7年，虽然刘表对他有所防备，但至少衣食无忧。

刘备投靠刘表后，生活安逸，久无战事。一日与刘表喝酒拉家常，刘备中途去上了一趟厕所，回来之后泪流满面。刘表问其原因，他长叹一声："备往常身不离鞍，髀肉皆散，今不复骑，髀里肉生。日月蹉跎，老将至矣，而功业不建，是以悲耳！"（《三国演义》第三十四回）我以前往来征战，身子就没离开过马背，大腿上一点赘肉都没有。现在不怎么骑马，腿上竟然长出了肥肉。时间过得好快，我很快就老了，但还一点功业都没建成，因此感到悲哀啊！

也许，没经历过人生大起大落的人很难想象，一个四十岁的男人，白手起家、奋进不已却依然一事无成，究竟是如何保持那种永不甘居人下的志向、野心和精神的。

这个时期的刘备竟然没有一天忘记年少时想要做的事，没有一天忘记建功立业的初心，没有沉迷于眼前的轻歌曼舞，更没有因为颠沛流离而萎靡不振。

正因为40岁的时候心中所想的还是少年时未曾实现的梦想，60岁时，刘备才达到了自己人生的巅峰。

"男儿到死心如铁"（辛弃疾），不撞南墙不回头。

冯立鳌先生这样评论刘备。

刘备不乏远大的理想和对理想不懈追求的精神，但他时常把这种理想与精神小心翼翼地隐藏起来，这是因为家庭出身和生活环境决定了其性格的两面性：一方面，他富有安邦定国的宏图大志；另一方面，他出身贫贱，没有上层的社会基础，起兵后又一直势单力薄，生存于军阀混战的夹缝中，时时得依附别人。他在言论上不敢直接表达自己，曾经和刘表谈得投机时酒后失言："备若有基本，天下碌碌之辈，诚不足虑也。"只此一句，事后尚十分后悔（《三国演义》第三十四回）。他将大志埋藏于心，埋之愈深，追求愈强烈。在行动上，他一直不敢公开打起自己的政治旗帜，生怕目标过大，招来祸害。他一直想在群雄纷争之世得到自己的立足之地，但陶谦让徐州时他再三推托，吕布到徐州投奔他时，一见面他就虚意让位，刘表让荆州他不敢接应，出兵攻刘璋时他犹豫不决。

这种二重性格的登峰造极的表现是：他在朝廷依附曹操而暗地里和董承等人结成反曹联盟、伺机发动政变，却仍在后园种菜，亲自浇灌，作韬晦之计；当曹操饮酒间告诉他"今天下英雄，惟使君与操耳"时，他以为韬晦之计已被识破，惊得手中匙箸落于地上，恰逢窗外雷声大作,他从容拾箸掩饰曰:"一震之威,乃至于此。"(《三国演义》第二十一回)他胸有大志,但在行动上尽力表现为胸无大志。当他占领西蜀、夺取汉中后,势力雄厚起来,才稍微改变了这种二重性格,说话办事挺起了腰杆。

(冯立鳌《以儒家精神决定成败——刘备》,《三国风云人物正解·上篇》)

# 第十章

## 识 雁

夫圣贤之所美,莫美乎聪明;聪明之所贵,莫贵乎知人。知人诚智,则众材得其序,而庶绩之业兴矣。

——《人物志·自序》

雁群中有一个很独特的现象，就是任何一只大雁都可以成为领头雁，在漫长的征程中轮流带头搏击，轮流担当重任。雁群万一失去了领头雁，马上就会有其他大雁填补上领头雁的位置，带领雁群继续前行。

领头雁具有精准的方向感、位置感。雁群中，总是由头雁领飞，壮雁伴飞，中雁觅食，老雁警戒，弱病残之雁被安插在队伍中间。

### 头雁感悟

识人，是做事的关键，更是成功的根本。

识人是为了用人。

干部选用，唯有量才使器，根据专长不同为其安排合适的位置，才能"人尽其才，悉用其力"。

## 一、明镜高悬

传说，秦始皇有一面镜子，名叫"照骨镜"，可以照彻人的五脏六腑。秦始皇常常用这面镜子来照手下的大臣和宫女，一旦发现异常，便立即将其杀掉。

公元前206年十月，刘邦率大军进入秦都咸阳，在皇宫里就看到了这面镜子。

"有方镜，广四尺，高五尺九寸，表里有明，人直来照之，影则倒见。以手扪心而来，则见肠胃五脏，历然无碍。人有疾病在内，则掩心

而照之，则知病之所在。又女子有邪心，则胆张心动。秦始皇常以照宫人，胆张心动者则杀之。"（刘歆《西京杂记》卷三）

这面镜子极为神奇。人站在它前面，里面就会出现倒着的人影。用手捂住心口，就能看见人的五脏六腑。如果有疾病，就能看出生病的部位。如果人生出奸邪之心，必然胆张心动，一览无余。

由于这面镜子出产在秦国，所以被称为秦镜；又因为这面镜子功能奇特，所以人们经常用"秦镜"来比喻官吏精明机智，善于断案。后来，官吏便借用这一典故来表明自己的公正和明察秋毫，在公堂上挂起了"秦镜高悬"的匾额。再后来，"秦镜高悬"又逐渐演变成更为通俗的"明镜高悬"。

虽则如此，"明察秋毫"仍不过是一个美好的愿望。

可是即便真的能够看到、看清那些极其细微的东西，"明足以察秋毫之末，而不见舆薪，则王许之乎？"（《孟子·梁惠王上》）只看到小节，看不到大处，仍然是不对的。

世间一切事物中最难的莫过于识人了。所以，庄子借孔子之口感叹。

凡人心险于山川，难于知天。天犹有春秋冬夏旦暮之期，人者厚貌深情。故有貌愿而益，有长若不肖，有顺慎而达，有坚而缦，有缓而釬，故其就义若渴者，其去义若热。（《庄子·列御寇》）

人往往都是表里不一的，人心比山川都危险，了解人心比预测天象还要困难。自然界尚有春夏秋冬和早晚变化的一定周期，可是，人总是面色多变、情感深藏的。有的人看起来老实巴交却内心骄横，有的人看起来忠厚善良却心术不正，有的人看起来拘谨却能够做到通达事理，有的人看起来坚忍不拔实际上却懈怠涣散，有的人看起来和善舒缓而内心却很强悍。所以你看，人们趋附仁义，犹如口干舌燥的时候思饮泉水那样急切；而抛弃仁义，也像是逃离炽热、避开烈焰一样急迫。

对于庄子的感叹，苏东坡深以为然："人之难知也，江海不足以喻其深，山谷不足以配其险，浮云不足以比其变。"（《苏轼集·补遗·观过斯知仁矣》）

明代正德朝循吏钱琦也因此大发感慨："天有春夏秋冬，而温凉寒燠，犹可测也；人有喜怒爱憎，而厚貌深情，不可测也。故曰：知人难于知天。"（钱琦《钱公良测语·由庚》）

在他们看来，识人难，难就难在人性中的"深""险""变"。

是啊，白石似玉，奸佞如贤，大忠大孝遭人误解误判的事生活中也不是没有。

著名诗人白居易在任刑部尚书时，被杜牧称作文学才能超过曹操和"建安七子"的张祜投到其门下请求帮助推荐，白居易却不欣赏他，未予理睬。拿破仑在同时代的统治者中算得上拥有雄才大略，当富尔顿建议他造军舰时，却被他视为骗子。……这是在诉说知人之难。（史策《领导者要深谙知人之道》）

识人难，对于当今的各级领导者和管理者来说，仍然如此。

历代识人之法，概括起来，仍不出"听言""注目""观行""验事"之范畴。

## 二、言语之中透精神

说话，反映了一个人的思想境界、道德水准和修养情操，也反映了一个人的教养素质、文化水平和能力智慧；然而，智慧和说话之间并不能画等号。

冯梦龙曾说，有智慧不等同于会说话，会说话也绝不等同于有智慧，喋喋不休的人未必会有好结果，看似木讷不能言的人反倒能成功。这样看来，有智慧的人又何须机巧的语言能力呢？

然而换个角度来看，又有所不同。

> 两舌相战，理者必伸；两理相质，辩者先售。子房以之师，仲连以之高，庄生以之旷达，仪、衍以之富贵，端木子以之列于四科，孟氏以之承三圣。故一言而或重于九鼎，单说而或强于十万师，片纸书而或贤于十部从事，口舌之权顾不重与？（《智囊全集·语智部·总序》）

在冯梦龙看来，两方激烈辩论，通常是有理的一方获胜；如果双方都有道理的话，往往是有能力充分说明的一方得以采行。张良会说，成为王者师；鲁仲连会讲，名高楚汉之际；庄子善辩，成为旷达之士；张仪和公孙衍都是因为雄辩滔滔获得荣华富贵；子贡因为善于辩论成为孔子的学生，孟子因为善于雄辩继承了儒家思想。所以，有时一句话的力量能超过朝廷权威，一个游说可以敌过十万军队，一纸建言能够胜过众多官员的辛苦，又怎能不重视言语的力量呢？

言语之中透精神。

未见其人先闻其声，通过声音可以判断一个人的人品性格，这在《逸周书》中称为"视声"。

> 心气华诞者，其声流散；心气顺信者，其声顺节；心气鄙戾者，其声嘶丑；心气宽柔者，其声温好。（《逸周书·官人解》）

其大意是说：声音有刚柔、清浊、美丑之分，都产生于心气。心气虚妄不实的，声音就会漂移不定；心气平稳实在的，声音就会顺畅有节奏；心气鄙陋乖戾的，声音自然嘶哑难听；心气宽广柔顺的，声音当然温柔平和。

东晋温峤在朝"素有知人之称"，与桓温的父亲桓彝是好朋友。桓温出生不久，温峤见而叹异不止："此儿有奇骨，可试使啼。"及闻其声，温峤表示："真英物也！"桓彝因此为儿子起名为桓温（《晋书·桓温传》）。这就是"桓温奇骨"的来历。

苏轼的第一任太太王弗，幼承庭训，颇通诗书，16岁嫁给苏轼，堪称贤内助。她极会"幕后听言"。

轼与客言于外，君立屏间听之，退必反覆其言，曰："某人也，言辄持两端，惟子意之所向，子何用与是人言？"有来求与轼亲厚甚者，君曰："恐不能久，其与人锐，其去人必速。"已而果然。将死之岁，其言多可听，类有识者。（苏轼《亡妻王氏墓志铭》）

苏轼与客人交谈，妻子王弗就站在屏风后面听。客人走后，王弗就对苏轼说："这个人说话模棱两可，一味迎合，您何必跟这种人多费口舌？"有人来刻意结交，王弗就会说："恐怕这种关系不会持久。这个人结交您很迫切，以后断绝交往也一定毫不犹豫。"后来王弗的话都得到了验证。王弗去世之前和苏轼说的很多话都很准确。可惜天命无常，治平二年五月（1065年）王弗去世，年仅27岁。

曾国藩也极善于听声辨才。

喜如折竹当风，怒如阴雷起地，哀如击薄冰，乐如雪舞风前，大概以'轻清'为上。

音者，声之余也，与声相去不远，此则从细曲中见耳。贫贱者有声无音，尖巧者有音无声。（《冰鉴·声音鉴》）

在曾国藩看来，欣喜之声悦耳动听，愤怒之声豪壮强烈，悲哀之声破碎凄切，欢乐之声宁静轻婉。音是声的余波，与声差不多，但也有所差别，从细微之处还是可以听出来的。贫穷卑贱的人有声而无音，显得粗野不文；圆滑奸巧的人则有音而无声，显得虚饰做作。声音饱满含情，才是上乘。

清代戏曲作家沈起凤讲过一个"老僧辨奸"的故事，说的是一位老僧根据笑声和哭声辨识出良臣君子和奸邪小人。

严嵩在入仕当官之前曾与王敏斋先生一起在菩提寺东院读书。一天，二人一起阅读《荆轲传》，在读到樊於期自杀时，严嵩认为他是个呆汉，于是大笑，王公却认为他是烈士，因而大哭。在读到给荆轲送行时，严嵩大笑太子丹愚蠢，王公则大哭千年余痛。在读到秦王斩荆轲时，严嵩更是大笑不止，王公则是泪湿衣襟。一老僧仔细听了很久，叹息说："痛哭的人很通人情，大笑的人心思难测。恐怕二十年后，忠臣义士都会被他陷害的。"后来王公官至中牟令，颇有政声；而严嵩当了宰相后专权误国，培植党羽，陷害忠良，为明代奸邪之冠。（《谐铎·卷十一》）

其实，有善心，才有善言。

张衡曾说："何以观心？必以言。有善心，则有善言。以言而察行，有善言则有善行矣。"（《论衡·定贤篇》）

《虎钤经》提出了人的言语表现出来的内在心理状态的十六种情况。

人有言肆而目骇视者，心怀异图也；言枝蔓而不径者，心有隐也；

矜大人善唯恐不至者，党人也；言错综而无所归者，心躁竞也；方言而他视者，心不诚也；言卑而色下者，心有所屈也；方言频四顾者，其辞妄也；言人之短而视不定者，诬罔人也；言多以私事为忧者，顾妻子之人也；言大而理不精者，其学虚也；色悦而徐徐顺人意者，佞媚人也；矜己善而斥人不善者，崛强人也；言欲发而却缩者，含蓄人也；言无公私必及利者，贪人也；色卑而言多诣者，志下劣人也；事曲而言直，气悖而言顺，鄙而言大，事不详而强能，理矫而强正，此皆奸诈人也。

（《虎钤经·辨将第六》）

《虎钤经》以这十六种情况，对人的言行不一以及不正常的非言语行为表现进行了深刻的分析，可谓鞭辟入里、入木三分。

## 三、"看相"与"注目"

识人不光要听，还要看。

毕竟，"玉人之所患，患石之似玉者；相剑者之所患，患剑之似吴干者。"（《吕氏春秋·慎行》）玉工最担忧的，是与玉相似的石头；相剑师所担忧的，是与宝剑干将相似的剑。

看人看什么？首先要看相貌。

什么是相？什么是貌？"相"是指人的内在心灵的外在表现，或者说是人的内心世界、精神状态在外部行为中的反映；"貌"是指人身体的外部物质形态，简单来说就是从父母那里遗传来的五官样子。相貌相貌，"相"在"貌"前，所以叫看相，不叫看貌。

心是相的根本，审心而善恶自现。李江水先生这样说。

人的相貌出自天然。有心无相，相随心生；有相无心，相随心灭。因此世间有"相随心转"的说法。陈抟也说："心是相貌的根本。"人心如果隐藏起来，我们就难以观察到。要观察人心，只有从形象学上来研究，正如道家所说："根据人的相貌可以观察到他的内心所思所想。"（李江水《快意人生——这样做事能如鱼得水》）

看相貌，自然是眼睛为上。

眼睛是心灵的窗户。观察一个人，有时仅通过观察其眼睛就能基本得出一个深刻而明确的判断：心地光明正大，眼睛就会明亮；心地不光明正大，眼睛就灰暗无神。听人讲话的时候，要注意观察他的眼睛，这个人的美与丑怎么能够隐匿起来呢？

存乎人者，莫良于眸子。眸子不能掩其恶。胸中正，则眸子瞭焉；胸中不正，则眸子眊焉；听其言也，观其眸子，人焉廋哉？（《孟子·离娄上》）

孟子辨人的方法很简单：听人说话，看人眼睛。

在安静状态之下，一个心地纯正的人，目光必然安详沉稳而有光，宛如晶莹剔透的明珠，含而不露；或者目光清莹明澄，静若无人。

在运动观物之时，一个心地纯正的人，眼中必然光华生辉，精气闪动，犹如春水之清波荡漾；或者锋芒内蕴，精光闪烁，犹如飞射而出的箭直中靶心。目光如流动之水，清澈却游移不定，必是奸心内萌；状如受惊之鹿，惶恐不安，则是深谋内藏、怕人窥探的表现。

在安静状态之下，目光如萤虫之光，柔弱却闪烁不定，必是奸巧伪善之辈；眼睛似睡非睡，似醒非醒，则是聪明外露、不行正道的表现。

一言以蔽之，内心正，必然目光清明；内心不正，必然眼神昏暗。

通过眼睛来判断一个人内心所思所想，这种方法即便是在今天也是有道理的。

心理学家测定，外界信息有80%~90%是靠眼睛传入大脑枕叶的，而人的内心世界的信息也有80%~90%是靠眼睛传递出去的，"收入"和"支出"正好平衡。"眼睛是心灵的窗户"，就是这个道理。所以，爱默生说："人的眼睛和嘴巴所说的话一样多，不需要字典，却能够从眼睛的语言中了解整个世界。"

眼神是判断人心地的重要依据，目光接触是人际间最能传神的非言语交往。"眉目传情""暗送秋波"等成语形象地说明了目光在人们情感的交流中的重要作用。

我们在生活中通过观察也可以发现：目光坚定敏锐的人，往往有主见，善于临机处变，果断坚决；目光不敢直视他人、经常回避的人往往缺乏判断力，不注意细节，做事可能犹豫不决、瞻前顾后，易错失良机；而眼睛有光泽的人多聪颖智慧，智商较高，随机应变能力强；喜欢偷视的人奸诈狡猾、贪财淫乱，喜欢乘人之危、幸灾乐祸；眼睛经常朝上看的人经常是孤芳自赏、骄傲自满、目中无人，难以相处；眼光经常向下看的人多疑、拘谨，自卑胆小，难成大事；眼神扑朔迷离、飘忽不定的人内心经常不安分，需要多加提防……

当然，在中国文化中，矛盾而纠结的事情比比皆是。譬如，"人不可貌相"，也是中国的古训。

其中一例便是，凭孔子他老人家的智慧也有看人不准的时候，而且教训深刻。

## 四、孔夫子的教训

第一个教训,是"以言取人,失之宰予;以貌取人,失之子羽"。

子羽和宰予,都是孔子的学生。

宰予,字子我,亦称宰我,"孔门十哲"之一。这位弟子仪表堂堂,能言善辩,孔子很喜欢他,许为"言语"科的高才生,名列子贡之前。子羽,姓澹台,名灭明,字子羽,因为长得额低口窄、鼻梁低矮,相貌难看,孔子认为他没有成为大器的形貌,没有前途,对他颇为冷淡嫌弃,于是子羽自动退学,毅然离开了孔门弟子行列。

后来,子羽发奋求学,严谨修行,成了著名学者,南渡长江讲学时,有三百多名弟子随行,其才德传遍诸侯。孔子深为感慨,说"以貌取人,失之子羽"。

孔子原本很器重的弟子宰予却言行不一,经常向老师提一些稀奇古怪的问题,让他大失所望。孔子周游时,从陈国逃往蔡国,不得蔡君重用,常有"饱食终日,无所用心"的感慨。一天,他发现宰予在睡午觉,气得说宰予朽木不可雕,弟子们赶紧来安慰,孔子说:"始吾于人也,听其言而信其行;今吾于人也,听其言而观其行。"(《论语·公冶长》)

后来,宰予在齐国做官,因参与田常作乱被杀。孔子十分惋惜:"吾欲以语言取人,于予邪改之。"(《大戴礼记·五帝德》)这是他对自己"以言取人"的深刻反省。

孔夫子的另一个教训,是误解颜回。

孔子周游列国,被困于陈、蔡之间,粮绝,七天没有吃上饭。孔子派颜回煮饭,隔着门缝发现颜回揭开锅抓饭往自己嘴里填,孔子非常失望。实际情况却是:在揭锅的时候,梁上的灰尘被热气扑下来,落到锅

里。颜回珍惜粮食，不舍得将其倒掉，可是让老师吃不干净的东西又是对老师的不敬，所以颜回自己把上面粘灰的那些饭吃掉了。

后来，孔子感叹说：“所信者目也，而目犹不可信；所恃者心也，而心犹不足恃。弟子记之，知人固不易矣。"（《吕氏春秋·审分览·任数》）都说眼见为实，但眼睛看到的不一定是真的；都说要遵从内心，但内心往往也会欺骗自己。徒弟们，你们要记住，了解一个人太难了，在了解一个人之前轻易下错误结论却是太容易了。

后来，"听其言而观其行"成为孔子识人的重要一条：不要只听其言语，还要看其实际行动。

刘向记下了孔子这句话："夫取人之术也，观其言而察其行……是故先观其言而揆其行。"（《说苑·尊贤》）

胡安国注释说：孔子语听言观行，"特因此立教以警群弟子，使谨于言而敏于行耳。"（《论语集注》）做事要勤奋敏捷，说话却要小心谨慎。

后世也有这样的教训。

南宋著名抗金统帅张浚，在宋徽宗时中进士，建炎三年（1129年）主管枢密院，力主抗金。他与赵鼎执政时，选拔人才皆一时之望，于诸将中重用岳飞、韩世忠；所荐举虞允文、汪应辰、王十朋、刘珙等都成为名臣；提拔吴玠、吴璘于行伍，一见刘锜而重用之，他们后来也成名将。故时人称张浚知人；但他以貌取人，因相貌和言语赏识大奸臣秦桧，误用千古罪人。

帝谕大臣曰："昨日张浚呈马，因为区别良否、优劣及所产之地，皆不差。"张浚曰："臣闻陛下闻马足声而能知其良否。"帝曰："然。闻步骤之声，虽隔墙垣可辨也。凡物苟得其要，亦不难辨。"浚曰："物具形色，犹或易辨，惟知人为难。"帝曰："人诚难知。"浚因奏："人材虽难知，但议论刚正，面目严冷，则其人必不肯为非；阿谀便佞，固宠患失，则其人必不可用。"帝以为然。（《续资治通鉴》卷一百一十八）

绍兴七年（1137年）春正月，张浚与宋高宗谈马时提出了自己的识人之法："议论刚正，面目严冷，则其人必不肯为非；阿谀便佞，固宠患失，则其人必不可用。"

问题是，秦桧便善于以"议论刚正，面目严冷"的脸孔来掩饰其"阿谀便佞"的真面目。张浚素有知人之称，竟也为其所惑而极力推荐，致使秦桧得以行奸计，执掌政权，张浚也被秦桧排除在外，远离朝局达二十年之久。张浚与赵鼎晚年相遇于福建，曾谈及秦桧，才知两人都为秦桧所出卖，于是唏嘘不已。

张浚这是典型的以貌取人，以言判人。

后来，曾国藩说："所谓考察之法，何也？古者询事、考言，二者并重。"（《应诏陈言疏》）识人不仅要倾听其言谈，也要观察其行为。

之所以既要"听其言"，还要"观其行"，是因为一个人的言往往不足以反映他的整体状况，只有"听其言必责其用，观其行必求其功"（《韩非子·六反》），"听言必审其本，观事必校其实，观行必考其迹"（《傅子·通志》），对下属的言论情况和办事情况同时进行考察，才可以避免错误，降低风险。

## 五、观行

行为也是相。

达·芬奇就说过，精神应该通过姿势和四肢的运动来表现。

人类很早就开始观察动物和人的体态神情，并探索其中的含义。美国传播学家艾伯特·梅拉比安曾提出一个公式：信息的全部表达=7%的语言+38%的声音+55%的肢体语言。更有专家研究认为，人与人之间的沟通，65%的信息是通过体态语言来表达的。

由于有声语言是经过理性处理的，往往"口是心非"，缺乏真实性，而体态语言则主要受潜意识支配，多属"不由自主"，因此根据体态语言去判读对方，其结论会有更高的可靠性。

就说汉景帝试探周亚夫。

景帝居禁中，召条侯，赐食。独置大胾，无切肉，又不置櫡。条侯心不平，顾谓尚席取櫡。景帝视而笑曰："此不足君所乎？"条侯免冠谢。上起，条侯因趋出。景帝以目送之，曰："此怏怏者非少主臣也！"（《史记·绛侯周勃世家第二十七》）

汉景帝在宫中宴请条侯周亚夫，只给他准备了一大块肉，既没有切开，也没为其准备筷子。周亚夫很不高兴，回头就向主管筵席的官员要筷子。汉景帝笑着说："这难道还不够你吃吗？"周亚夫赶紧脱帽谢罪。汉景帝起身，他也快步退出门外。汉景帝目送他出去，说："看他悻悻不乐的样子，实在不是辅佐少主的臣子啊！"

老成才能谋国。辅佐少主之臣，一定要稳重平和，任劳任怨，忠贞尽责。少主年轻气盛，辅臣要有包容之德。周亚夫连皇帝的不礼貌举动都无法忍受，以后怎能包容少主？在汉景帝看来，赏赐的肉虽然不方便食用，周亚夫也应该二话不说吃下去，这才是臣子的本分。今天吃肉要筷子，明日辅佐少主会不会有更多的非分要求？这是汉景帝不能不防的，所以汉景帝果断地放弃了周亚夫。

三国时，魏国傅嘏"既达治好正，而有清理识要，好论才性，原本精微，鲜能及之"（《三国志·魏书·傅嘏传》）。

当时，傅嘏在朝任尚书郎，夏侯玄、何晏、邓飏三名声名显赫的高官显贵想要结交他，他却不愿意。他也是此时得罪何晏的。

夏侯玄，字太初，征南大将军夏侯尚的儿子、右将军夏侯霸的侄子、大将军曹爽的表弟。曹爽辅政时，他升任散骑常侍、中护军，后任征西将军、假节、都督雍州、凉州军事。

何晏，字平叔，是东汉大将军何进的孙子。曹操执掌朝廷大权后，娶了其母尹氏，一并收养了何晏。何晏少年时才能出众，娶曹操之女金乡公主为妻，算得上是曹操的养子兼女婿。大将军曹爽辅政时，何晏被引为心腹，任吏部尚书、侍中。

邓飏，字玄茂，年少时在洛阳已有令名，据说其貌不扬，管辂谓之"鬼躁"。大将军曹爽辅政时，任邓飏为颍川太守，后转任大将军长史，迁侍中、尚书，是曹爽的党羽、心腹。

傅嘏拒绝这三个人的拉拢，他的朋友荀粲不理解，傅嘏对此做出解释。

太初志大其量，能合虚声而无实才。何平叔言远而情近，好辩而无诚，所谓利口覆邦国之人也。邓玄茂有为而无终，外要名利，内无关钥，贵同恶异，多言而妒前；多言多衅，妒前无亲。以吾观此三人者，皆将败家；远之犹恐祸及，况昵之乎？（《三国志·魏书·傅嘏传》注引《傅子》）

傅嘏说："夏侯玄志大量小，名声虽然很大，其实并没有真才实学。何晏说起话来志向高远，实际上却急功近利，喜欢辩论却心里缺乏诚意，这种人就是所谓的'利口覆邦国之人'。邓飏做事有始无终，追逐名利，做人没有原则，别人和他意见相同就说别人好，别人和他意见

不一致就与别人为敌，而且他为人说话太多，还忌妒地位比自己高的人；言语太多容易惹是生非，忌妒地位比自己高的人只会使自己孤立无援。这三人必然会失身败家，我远离他们还唯恐不及，又怎会和他们结交亲近呢！"

后来，何晏、邓飏因为依附曹爽被司马懿所杀。夏侯玄官至太常，被司马师所杀。

裴行俭，唐朝名将、政治家、书法家，唐太宗时以明经科考试中选，并得名将苏定方教授用兵奇术，以功升任礼部尚书兼检校右卫大将军，身兼文武两职，号称"儒将之雄"。

裴行俭"通阴阳历术""善知人"。任吏部侍郎时，与李敬玄、马载一同负责干部选拔工作十余年。

（裴行俭）善知人，在吏部时，见苏味道、王勮，谓曰："二君后皆掌铨衡。"李敬玄盛称王勃、杨炯、卢照邻、骆宾王之才，引示行俭，行俭曰："士之致远，先器识，后文艺。如勃等，虽有才，而浮躁衒露，岂享爵禄者哉？炯颇沉默，可至令长，余皆不得其死。"（《新唐书·列传第三十三》）

裴行俭任职吏部时，王勮、苏味道都未成名，裴行俭初次见面就对他们说："二君后皆掌铨衡。"意思就是说，将来你们两位都能做到宰相级别的大官，为天下平衡阴阳选拔人才。十几年后，苏味道、王勮果然都任掌选拔官吏的职务，做了宰相。

当时王勮的弟弟王勃、杨炯、卢照邻、骆宾王都以文才而负有盛名，号为"初唐四杰"，深得中书令李敬玄器重。李敬玄把这几位青年才俊引荐给裴行俭，认为他们将来一定荣显闻达。裴行俭见过后却对李敬玄说："这鉴识人才，首先要看其器量见识，然后才看技艺才华。王勃他们虽有才华，但浮躁浅露，是不能享受高官厚禄的。这四个人当中，杨炯还算有点沉稳的意思，可以当到县令，其他三人恐都难得善终。"

结果，杨炯四十三岁时死于县令任上。

王勃未成年即对策高第，授朝散郎，十七岁被沛王李贤征为王府侍读，两年后因戏为《檄英王鸡》文，唐高宗大怒，将他逐出王府。二十三岁补虢州参军，因擅杀官奴当诛，遇赦除名。上元三年（676年），王勃赴交趾探望父亲，返程时在南海溺水，惊悸而死，年仅二十七岁。

卢照邻十九岁出任邓王李元裕的王府典签，极受邓王爱重，赞为司马相如。二十多岁时遭遇横祸下狱，后来染上风疾，又因服丹药中毒而手足残废。因政治上的坎坷失意，加上长期受病痛折磨，卢照邻最后投颍水自尽。

骆宾王年轻时就拜为奉礼郎，为东台详正学士，因事被谪，从军西域，久戍边疆。武则天当政时，骆宾王多次上书讽刺，结果获罪入狱。后又卷入徐敬业叛乱案，兵败被杀。

裴行俭的这些预言全都应验了。

曾国藩器重刘铭传也是一例。

咸丰末年，"李鸿章返乡募兵，张树声、刘铭传等投李。在安庆府衙，张、刘及周盛波、吴长庆、潘鼎新、唐殿魁等候曾国藩接见"。据说曾国藩故意躲在屏风后面暗中观察他们，观察时间有两个小时、四个小时之说，其他年轻军官均等得焦躁不安，唯有两个人表现很突出。其中一个是麻子脸，面红耳赤，气势汹汹，好像要打人，一副威武不屈的样子。曾国藩对李鸿章说："脸上有麻者帅才也！"另外一个高个子则一直从容站着，平静如水，曾国藩则说"此人可成大事也！"高个子正是张树声。曾国藩以"识才"著称，著有《冰鉴》一书，看人自有独到之处。（王道《流动的斯文——合肥张家记事》）

曾国藩所说的"脸上有麻者"，就是后来的淮军大将、台湾省首任巡抚刘铭传。

某公司总经理带着三名中层管理人员到某地游玩，提议让他们爬山，比比谁的脚力好，自己则坐缆车直奔山顶。三名下属沿着青石山道奋力攀登。

一个小时后，第一个人登上了山顶，总经理表扬一番，递给他一根烟说："把你的相机给我看看。"总经理打开相机，里面空空如也，秀美风景居然一幅都没有拍下。总经理语调深沉中透着遗憾："你太执着了，这样容易急功近利啊！"

半个小时后，第二个人上来了。总经理打开他的相机，里面有二十几张风景照，拍的全是名胜，拍摄的角度、光与影的配合都挺好。总经理眉头一展，大笑道："你懂得欣赏！"

又过了半个小时，第三个人姗姗来迟。总经理打开他的相机一看，里面有一百多张照片，张张清晰华美。总经理拍拍他的肩膀，发出一声轻叹："你还是这么贪玩。"

一年后，总经理退休。第二个人被任命为总经理，第一个人被任命为副总，第三个人原地不动。若干年后，公司在他们两人的领导下稳步发展，逐渐壮大。总经理登山识人的故事也传为美谈。

## 六、千年风韵

当然，就识人而言，孔夫子不仅有教训，也有经验。

孔子提出的另一条识人法，是"视其所以，观其所由，察其所安"（《论语·为政》），也可以叫作"三步走"识人法。

第一步，"视其所以"，考察其行为的动机，看这个人追求的目标是什么。

第二步，"观其所由"，考察其行为的途径，看这个人实现目标的手段是什么。

第三步，"察其所安"，观察其平时的所作所为，看这个人的兴趣爱好是什么。

这三步，由心而观察人的行动，由行动而得出心术，对人进行全面完整的考察，可谓孔子识人的独家秘诀。

其实，早在孔子之前，管仲就已经详细总结了自己的"人物鉴定法"。

訾訾之人，勿与任大。謑臣者，可以远举；顾忧者，可与致道。其计也速而忧在近者，往而勿召也。举长者，可远见也；裁大者，众之所比也。美人之怀，定服而勿厌也。必得之事，不足赖也；必诺之言，不足信也。小谨者不大立，訾食者不肥体。有无弃之言者，必参於天地也。（《管子·形势》）

在管仲看来，专挑好人毛病、专说坏人好话的人，不能委之以重任。深谋远虑的人，可以共图大事；见识高超的人，可以同他共行治国之道。然而，对于那种只顾眼前利益的人，离开了就不要召他回来。注重长远利益的人，见识也就深远；格局宏阔的人，自然会得到众人的尊敬与爱戴。要想受到人们的感念与尊重，一定要多行道德之举而不可厌倦。不应得而求必得的事情，是靠不住的；不应承诺而完全承诺的语言，是信不得的。谨小慎微也不能成大事，吃饭挑肥拣瘦也不会胖起来。能够遵照以上这些格言的，就能与天地媲美了。

战国时期的政治家、法家代表人物魏国人李悝，曾向魏文侯提出过考查人才品性的方法和标准。

夫观士也，居则视其所亲，富则视其所与，达则视其所举，穷则视其所不为，贫则视其所不取。此五者足以观矣。（《资治通鉴·周纪一》）

识人，平时看他所亲近的人，富贵时看他所交往的人，显赫时看他所推荐的人，贫困时看他所不做的事，贫贱时看他所不取的事。

"五视法"是对孔子"三步走"识人法的继承和发扬。

庄子则提出用"九征"的方法来鉴别贤良之人与不肖之人。

故君子远使之而观其忠，近使之而观其敬，烦使之而观其能，卒然问焉而观其知，急与之期而观其信，委之以财而观其仁，告之以危而观其节，醉之以酒而观其则，杂之以处而观其色。九征至，不肖人得矣。（《庄子·列御寇》）

让人远离自己去任职以观察他们是否忠诚，让人就近办事以观察他们是否恭敬，让人处理纷乱事务以观察他们的能力，对人突然提问以观察他们的心智，交给其紧迫的任务以观察他们是否守信用，托付财物以观察他们是否清廉，处于危难之地来观察他们是否持守节操，用醉酒的方式来观察他们的仪态，用男女杂处的办法来观察他们对待女色的态度。

在庄子看来，用上述九种方法一一进行证验，不好的人自然也就挑拣出来了。

在其他传世名著当中，先贤对识人之法也多有论述。

《六韬》，又称《太公六韬》《太公兵法》，是中国集先秦军事思想之大成的著名兵书，其中《六守》提出了君主判断人才的六项标准"六守"，《龙韬·选将第二十》中提出了选择考验将领的方法"八征"，还特别提出，君主用人时应当防范"六贼""七害"。

《吕氏春秋》把庄子的"九征"观人法进一步细化，提出内用"六戚四隐"，外用"八观六验"的方法来观人识人。

《大戴礼记》第七十二《文王官人》篇，借周文王之口对"官人"的内容进行了详尽论述，具体提出了"观诚""考志""视中""观色""观隐""揆德"的"六征"观人法。

西汉经学家、目录学家、文学家刘向在《说苑》一书中说到为官之道时，将为官者概括为"六正六邪"，并断言"行六正则荣，犯六邪则辱"。

诸葛亮从"志""变""识""勇""性""廉""信"七个方面总结出的用人之道，不仅全面、深刻，而且可操作性很强，极具参考价值。

三国时期魏国人刘劭所著《人物志》中探讨了人才选拔的标准与原则问题，提出了著名的"八观""五视""七缪"的鉴定方略。

至于晚清，曾国藩著有《冰鉴》，还提出了通俗的"观人八法"。

中国传统的识人之法历经数千年而风韵不减，其中一定蕴含着深刻的科学道理。

### 案例研究

#### 桓公问相

管仲老，不能用事，休居于家。桓公从而问之曰："仲父家居有病，即不幸而不起此病，政安迁之？"管仲曰："臣老矣，不可问也。虽然，臣闻之，知臣莫若君，知子莫若父。君其试以心决之。"君曰："鲍叔牙何如？"管仲曰："不可。鲍叔牙为人，刚愎而上悍。刚则犯民以暴，愎则不得民心，悍则下不为用。

> 其心不惧，非霸者之佐也。"公曰："然则竖刁何如？"管仲曰："不可。夫人之情莫不爱其身，公妒而好内，竖刁自猿以为治内，其身不爱，又安能爱君？"公曰："然则卫公子开方何如？"管仲曰："不可。齐、卫之间不过十日之行，开方为事君，欲适君之故，十五年不归见其父母，此非人情也。其父母之不亲也，又能亲君乎？"公曰："然则易牙何如？"管仲曰："不可。夫易牙为君主味，君之所未尝食唯人肉耳，易牙蒸其子首而进之，君所知也。人之情莫不爱其子，今蒸其子以为膳于君，其子弗爱，又安能爱君乎？"（《韩非子·十过》）

齐桓公四十一年（公元前645年），为齐桓公创立霸业呕心沥血几十年的宰相管仲患了重病，不能理事，在家闲居休养。齐桓公前来探望年近七十的仲父，就宰相一职的继任人选问题征询管仲的意见，君臣之间要坦诚交换看法。

得知齐桓公的来意后，管仲沉吟了一会儿问："您是否已经有了人选？"

齐桓公试探着问："鲍叔牙这个人怎么样？"

管仲立即予以否决："鲍叔牙是我的老朋友，但是他廉洁刚直，做个清官可以，做宰相不行。他灵活不足，如果掌管国务，不会当和事佬，上不讨好君心，下不迎合民意。这样下去，要不了多久就会得罪您啦！"

齐桓公接着提出了自己看中的人选。

齐桓公先提议以竖刁为相。

竖刁，又名竖刀，齐国人。齐桓公好色，他为了表达对齐桓公的忠心而"挥刀自宫"，由此获得齐桓公的信任，得以掌管后宫。

管仲说："不行。人没有不爱惜自己的身体的。您喜好女色，竖刁就阉割了自己以取得您的信任，为您治理内宫。他连自己的身体都不爱惜，又怎么会真心忠爱您呢？"

齐桓公接着提议以公子开方为相。

开方，是卫国卫懿公的长子。卫、齐两国议和，开方作为人质留在齐国，对齐桓公阿谀奉承。齐桓公好色，开方便投其所好，将自己的两个姐妹献给了齐桓公。卫、齐两国之间不过十日路程，开方为了向齐桓公表达忠诚，十五年未回卫国见父母一面，由是得宠，拜大夫之职。

管仲说："不行。齐国与开方的故乡卫国之间不过十天路程，开方为了侍奉您、迎合您，十五年都没有回家看过父母，这不是人之常情。他对自己的父母都不忠爱，又怎会忠爱您呢？"

齐桓公又提议以易牙为相。

易牙，是齐桓公的御用厨师，名巫，所以也叫雍巫或狄牙，齐国人。易牙是当时最著名的厨师，他味觉敏感，厨技高超，孔子对其倍加推崇，孟子也给予其高度评价。齐桓公"九合诸侯"，都是由易牙任厨师长。齐桓公在一次闲聊中偶然说到"不知人肉的滋味怎样"，易牙便将自己的亲生儿子杀了做成美食，献给齐桓公以表忠心，由此博得了齐桓公的宠信。

管仲说："也不行。易牙为您料理膳食，您说没有品尝过的唯有人肉，易牙就把自己的儿子蒸熟了进献给您品尝。您想想，他连自己的儿子都不疼爱，又怎会忠爱您呢？"

竖刁、开方、易牙三个人选全被管仲否决了，齐桓公面露不悦道："以仲父看，究竟谁才能胜任呢？"

管仲说："隰朋这个人，为人忠厚，不耻下问，居家不忘公事，是王霸之业的辅佐者，您还是任用他吧。"

遗憾的是，齐桓公虽然口中说"好"，却并没有听进管仲的话。在管仲去世后，隰朋也于一个月后死去，齐桓公于是用了竖刁为相，易牙、开方亦获重用。

齐桓公四十三年（公元前643年），是竖刁执政的第三年。这年秋，齐桓公病重，五公子各率党羽争位。竖刁作乱，不给齐桓公饭菜。

这年冬十月初七，齐桓公病饿而死。易牙与竖刁杀群吏，立长卫姬生的公子无诡为君，郑姬生的太子昭出逃至宋国外家。少卫姬生的公子元、葛嬴生的公子潘、密姬生的公子商人也加入战团。五公子争位，互相攻打对方，竖刁带人守住正殿，与诸公子对峙，后宫成了争位的战场，齐国陷入一片混乱。

齐桓公的尸体在床上放了六十七天，尸虫都从窗子里爬了出来。十二月十四日，新君无诡才把齐桓公的尸身收殓。

第二年春，宋襄公派大军护送公子昭回国争位，易牙带兵迎战，守城的老臣高傒乘机发动政变，假意请竖刁进宫议事，暗地里设兵伏杀，迎立公子昭，是为齐孝公，无诡被杀。

齐孝公元年八月才安葬了齐桓公。

"九合诸侯，一匡天下"的春秋时期的第一位霸主齐桓公竟然是这样的结局！

管仲一眼就看出了问题，怎奈齐桓公一意孤行，最终落得如此下场。

齐桓公的教训何其深刻！

清代诗人崔振宗《题桓公墓》诗云："雄图消歇感沧桑，遗冢岿然土亦香。我惜此公殊愦愦，不应晚节任开方。"他意味深长地指出，齐桓公霸业彰显及最后尸骨陈堂的悲惨结局，根本原因在于识人不清，用人失当。

领导者或管理者手中一般都握有人事任免大权，一些人为了达到个人目的，总会千方百计投领导所好。在这种人面前，领导者一定要保持头脑清醒，不为谣言所惑，不被媚行所迷，特别是要对工作和生活中违背常情常理的事情保持高度警惕。

# 第十一章

## 用 雁

骏马能历险，犁田不如牛；
坚车能载重，渡河不如舟。
舍长以就短，资高难为谋；
生材贵适用，慎勿多苛求。
　　　　——顾嗣协《杂诗》

领头雁是雁群的领袖。头雁高飞,是群雁振翅的动力;头雁方向,是群雁前行的目标。

在雁群振翅飞翔时,领头雁不仅领导飞行,还安排壮雁伴飞,中雁觅食,老雁警戒,并把老弱病残之雁安插在队伍中间。

在雁群中途休息时,群雁按照各自分工,有的负责寻觅食物,有的负责照顾老幼,有的负责安全警戒,领头雁却只管安静休息、恢复体力。

### 头雁感悟

管理的真谛就在于调动别人的积极性来完成预定目标,所以不会授权的领导自己忙,会授权的领导指挥别人忙。

授权之时,要"因方而用之",就是根据干部的不同能力而分别任用,使之各得其所,"因人制宜"。

## 一、曾国藩的晚年回顾

同治十年(1871年),是农历辛未年。

这一年,曾国藩在身病体衰、命不久矣之际,总结自己一生的读书、修身、为政、治军经验,特地回顾干部任用这一重大问题。

虽有良药,苟不当于病,不逮下品;虽有贤才,苟不适于用,不逮庸流。梁丽可以冲城,而不可以窒穴。斄牛不可以捕鼠,骐骥不可以守阎。千金之剑，以之析薪，则不如斧；三代之鼎，以之垦田，则不如耜。当其时，当其事，则凡材亦奏神奇之效，否则龃龉而终无所成。

故世不患无才，患用才者不能器使而适用也。魏无知论陈平曰："今有尾生孝己之行，而无益胜负之数，陛下何暇用之乎？"当战争之世，苟无益胜负之数，虽盛德亦无所用之。余生平好用忠实者流，今老矣，始知药之多不当与病也。（曾国藩《挺经》）

曾国藩认为，世上怕的不是没有人才，而是用才的人不能量才而用，正确使用人才。

在他看来，即便药物再好，如果药不对症，也不如一般的药物有效；一个人虽然有贤才，但若工作不适合他的特长，那就还不如普通人。木梁粗长，可以冲开城门，却不能用来堵洞穴；水牛有力，不可以去捕捉老鼠；骏马日行千里，也不能用来看守家门。宝剑价值千金，如果用以砍柴，还不如普通的斧子好用；宝鼎威严，历经三代，如果用它开垦荒田，怎么也不如犁子好用。在特定的时间干特定的事情，普通人也可以发挥神奇的效果；如果分辨不清，必将一事无成。因此，不怕这世上没有人才，怕的是用才的人不知道怎样使用人才。

说到这里，曾国藩还举了另一个例子。

楚汉相争时，陈平背楚降汉，请托魏无知向刘邦推荐。魏无知据说是信陵君公子无忌的孙子，当时在刘邦手下颇得重用。刘邦因为深信魏无知，立刻重用了陈平。不久，周勃、灌婴等人向刘邦举报，说陈平花拳绣腿，没有真才实学，而且盗嫂受金，品行低劣。刘邦听了，就批评魏无知荐人不当，魏无知说："我举荐的是陈平的才能，而不是他的品行。品德好却没有谋略才能的人能帮您打天下吗？如今两家争斗，正值用人之际，我主要考虑的是向您推荐奇谋之士，能够于国家有利。"于

是刘邦重用陈平，拜其为护军中尉，命其掌管禁卫军，监督诸将。

在这里，曾国藩还对自己的用人情况进行了深刻的反省：我生平喜用忠实可靠的人，如今老了，才知道世上药物虽多，但大多不对病症。

曾国藩久历宦海，以"知人"声震朝野，其弟子李鸿章称其"知人之鉴，并世无伦"（《曾文正公神道碑》）。就连他的对手石达开也认为："公虽不以善战名，而能识拔贤将，规画精严，无间可寻，大帅如此，实起事以来所未见也。"（薛福成《书剧寇石达开就擒事》）

几十年的宦海沉浮，让曾国藩深刻认识到，干部任用，唯有量才使器，根据专长的不同为其安排合适的位置，才能人尽其才。

用今天的话来说，就是深刻认识到了人与岗位相匹配的重要性。

"人职匹配"理论是人力资源管理理论的核心要义。不同的职业，由于其工作性质、工作环境、工作条件、工作方式不同，对工作者的能力、知识、技能、性格、气质、心理素质等的要求也不同。在进行人才选拔、安置与职业指导时，要根据一个人的个性特征来选择与之相对应的职业种类，实现"人职匹配"。因此，需要充分地了解人，了解岗位的特点，以达到事得其人、人尽其事的目的。

干部的升迁主要取决于更高一级领导者如何选才用才。当然，单位也好，企业也罢，事业的兴衰成败都与此息息相关。

因此，量才任用的意义才愈加凸显。

量才任用干部的基本要点，是"因方而用之"。

## 二、"因方而用之"

"因方而用之"，是根据干部的不同能力分别任用，使之各尽其才。用今天的话来说，就是"因人制宜"。

孔门弟子众多，且各有所长，在当时也是执政者公认的。鲁国执政大夫、权臣季康子也想从孔子的弟子当中选拔一批官员，于是征求孔子的意见。

季康子问："仲由可使从政也与？"子曰："由也果，于从政乎何有？"曰："赐也可使从政也与？"曰："赐也达，于从政乎何有？"曰："求也可使从政也与？"曰："求也艺，于从政乎何有？"（《论语·雍也》）

孔子推荐说：仲由（子路）果敢决断，端木赐（子贡）情理通达，冉求（子有，通称冉有）多才多艺，他们都可以胜任国家管理工作。

后来，孟武伯（鲁国大夫）来问"仁"，孔子直接提出，子路善于政事，为人直爽刚强、勇敢果决，可以负责兵役和军政，"千乘之国，可使治其赋"；冉求多才多艺，尤其擅长理财，可以当县令，"千室之邑，百乘之家，可使为之宰"；公西赤（子华）善于言辞，雄辩滔滔，可以胜任外交工作，"束带立于朝，可使与宾客言"。（《论语·公冶长》）

后来，子路在鲁国出仕，孔子任鲁国司寇时，他担任"季氏宰"，即执政季氏家族的总管，还担任过"费宰"。孔子周游列国客居卫国时，子路做了卫国实际掌权者孔悝的私邑蒲邑的"蒲大夫"，在任职的3年时间里，他政绩卓著，深得孔子称赞。

冉求在青年时期也做过季氏的家臣，公元前484年，他率左师抵抗入侵的齐军，大破敌军。后来，冉求说服季康子迎回了在外流亡14年的孔子。不过，他后来帮助季氏进行田赋改革，聚敛财富，受到孔子的严厉批评。

公西赤以长于祭祀之礼、宾客之礼著称，且善于交际，曾"乘肥马，衣轻裘"，出使齐国。

孔子根据各个弟子的不同特点，提出他们的任职方向，正是"因方而用之"。

《大戴礼记》第七十二《文王官人》篇对"官人"的内容进行了详尽的论述，并提出"九用"的观点。

所谓"九用"，就是对于九种不同气质和特长的管理人才，分别安排他们负责九种不同的工作。

平仁而有虑者，使是治国家而长百姓；慈惠而有理者，使是长乡邑而治父子；直愍而忠正者，使是莅百官而察善否；慎直而察听者，使是长民之狱讼，出纳辞令；临事而絜正者，使是守内藏而治出入；慎察而絜廉者，使是分财、临货、主赏赐；好谋而知务者，使是治壤地而长百工；接给而广中者，使是治诸侯而待宾客；猛毅而独断者，使是治军事卫边境。因方而用之，此之谓官能也。

公正、仁义、有智谋的人才，可以出任朝廷或地方长官；仁慈、厚道而明晰事理的人，可到基层任乡里之官；正直、忠诚、讲信用的人，可以掌监察之职；谨慎、公正且明察的人，可以担任法官；廉洁奉公的人，可以掌钱帛财政；谨慎、明察而廉洁、公正的人，可以主管分配和赏赐；善于谋划和经营事务的人，可以掌管农事和百工生产；善于交际的，可以联络诸侯，做外交官员；勇猛刚毅、善于判断形势和果敢决策者，可用作军事领导人守御边疆。根据对象的能力不同而分别任用，使之各尽其才，谓之官能。

刘劭在其所著《人物志》中探讨了人才选拔的标准与原则问题，并就如何使拥有不同能力者各尽其才提出了自己的看法。

清节之德，师氏之任也。法家之材，司寇之任也。术家之材，三孤之任也。三材纯备，三公之任也。三材而微，冢宰之任也。臧否之材，师氏之佐也。智意之材，冢宰之佐也。伎俩之材，司空之任也。儒学之材，安民之任也。文章之材，国史之任也。辩给之材，行人之任也。骁雄之材，将帅之任也。（《人物志》）

具有清正守节之品德者，可用为师氏（辅佐王室，教育贵族子弟以及管理朝仪得失之事）以教导子嗣。法家之才，可用为司寇（掌刑狱、纠察之责）以掌管刑罚。术家之才，可用为三孤（少师、少傅、少保）以辅佐王公。德、法、术三才纯备的国体之才，可用为三公（太师、太傅、太保）以谋划大政国策。兼有三才而未纯的器能之才，可用为冢宰（太宰，为六卿之首，总管全国大事）以统领百官。臧否（品鉴人物）之才，可用为师氏辅佐。智意（智谋、权谋）之才，可用为冢宰辅佐。伎俩（手段技艺）之才，可用为司空以掌管制器。儒学（品德学问）之才，可用来教化安民。文章（修治文辞）之才，可用为修撰国史。辩给（能言善辩）之才，可用为礼仪使者。骁雄（骁勇雄杰）之才，可用为将军统帅。

刘邵在这里细致论说了各种人才分别适合担任什么职务。显然，最高领导者只有正确把握"君道"，上述十二种人才才能施展各自的才华，把国家管理好。

知人善任，不仅是哲人之思，更是帝王之见。

## 三、帝王之见

刘邦以一介布衣崛起于乱世，诛暴秦，抗强敌，定天下，创立了中国历史上延续时间最长的统一王朝。刘邦之所以获得成功，不仅是因为他敢于斗争、善于学习，能够在战斗中成长；更是因为他具有超凡的领导才能，能够把一大批杰出人才团结在自己周围。

汉高祖刘邦曾问群臣："吾何以得天下？"眼看群臣的回答皆不得要领，刘邦便自己总结。

夫运筹帷幄之中，决胜于千里之外，吾不如子房。镇国家，抚百姓，给馈饷，不绝粮道，吾不如萧何。连百万之军，战必胜，攻必取，吾不如韩信。此三者，皆人杰也，吾能用之，此吾所以能取天下也。（《史记·高祖本纪》）

刘邦非常清楚，领导最重要的才能是能够调动部下的积极性；是知道自己的下属都有什么才能，这些才能是哪些方面的，以及这些下属性格如何，各有什么特征、什么长处、什么短处，把他们放在什么位置上最合适。因此，他能够最大限度地利用人才的长处：韩信会带兵，他敢放手给兵权；张良善谋略，他就放手让其谋划；萧何会管账，他便放手给钱。

刘秀手下猛将如云，譬如"云台二十八将"个个都是一时豪杰，并且各具特点，但是他总能知人善任，扬长避短，使用得当，让他们各尽其才。刘秀对部属的评价充分展露了他知人、重人、用人的杰出才能。

刘秀要专心平定河北，选择寇恂作为自己的"萧何"，以保守后方，支援前线："昔高祖留萧何镇关中，吾今委公以河内，坚守转运，给足军粮，率厉士马，防遏它兵，勿令北度而已。"（《后汉书·寇恂传》）这是因为寇恂生性稳重，善抓后勤保障工作。寇恂在河内经营有利，刘秀十分高兴："吾知寇子翼可任也！"

邓禹在关中用兵不顺利，刘秀派冯异率军前去助战，并亲自送行勉励："今之征伐，非必略地屠城，要在平定安集之耳。诸将非不健斗,然好虏掠。卿本能御吏士,念自修敕,无为郡县所苦。"(《后汉书·冯异传》)这是因为冯异善于统御将士,制止虏掠,有利于凝聚郡县民心。

贾复作战勇猛,常置生死于度外,刘秀对此表示担心:"我所以不令贾复别将者,为其轻敌也。"这是因为贾复勇猛却轻敌,可以冲锋陷阵,但不适合独当一面。

《帝范》一书是李世民一生执政经验的高度浓缩。他曾经告诉太子:"饬躬阐政之道,皆在其中,朕一旦不讳,更无所言。"可见他对《帝范》的高度自信。在《帝范》中,他对为政者的个人修养、选任和统御下属的学问,乃至经济民生、教育军事等家国事务都做出了非常有见地的解答。其中亦言及用人。

夫设官分职,所以阐化宣风。故明主之任人,如巧匠之制木,直者以为辕,曲者以为轮;长者以为栋梁,短者以为栱角。无曲直长短,各有所施。明主之任人,亦由是也。智者取其谋,愚者取其力;勇者取其威,怯者取其慎,无智、愚、勇、怯,兼而用之。故良匠无弃材,明主无弃士。……然则函牛之鼎,不可处以烹鸡;捕鼠之狸,不可使以搏兽;一钧之器,不能容以江汉之流;百石之车,不可满以斗筲之粟。何则?大非小之量,轻非重之宜。

今人智有短长,能有巨细。或蕴百而尚少,或统一而为多。有轻才者,不可委以重任;有小力者,不可赖以成职。委任责成,不劳而化,此设官之当也。斯二者治乱之源。(《帝范·审官第四》)

国家设百官、分职守,为的是教化天下万民。所以,圣明的君主任人选官就像能工巧匠选用木料一样,直的做车辕,曲的做车轮,长的做栋梁,短的做栱角。总之,不管是曲的、直的还是长的、短的,都能派上用场。

君主用人也是如此。智慧者用其谋略，愚笨者用其蛮力，勇敢者用其威武，胆小者用其谨慎，既不聪明也不太笨、既不勇敢也不胆小的，就用其综合能力。所以，对于一个好工匠来说，没有无用的材料；对于一个圣明的君主来说，没有无用的人才。

不过，用人一定要量才而用。大鼎能容纳一头牛，但不适合用来煮鸡；狸猫只能捕鼠，不可以与猛兽搏斗；只能放三十斤东西的容器，不能容江汉之水；能装几百石粮食的车，只装几斗几升谷粟就不能发挥其作用。大东西和小东西容量不一样，将轻东西当重东西用也不适宜。人的智慧和能力也是有区别的，有的人智慧多，能力强；有的人智慧少，能力弱。才能不显的人，不能让他担当重任；能力不强的人，不能给他安排重要职务。

李世民的意思归结起来就是：一个出色的领导者，必能量才用人，务必使人尽其才，物尽其用；不同特质的人才，要让他从事适合的工作，才能才尽其用；了解人才长处中的短处，又能从短处中发现长处，在实际工作中扬长避短、取优补劣，二者兼顾，天下就没有不能用的人才了。

诚如吴起所言："短者持矛戟，长者持弓弩，强者持旌旗，勇者持金鼓，弱者给厮养，智者为谋主。"（《吴子兵法·治兵第三》）话说得很明白：会使长枪的，就别给他短棒；只能出谋划策的，硬要他上战场厮杀，只能是要他的命。

毕竟，"夫尺有所短，寸有所长；物有所不足，智有所不明；数有所不逮，神有所不通。"（《楚辞·卜居》）

## 四、尺有所短，寸有所长

人才并非无所不能。

韩非子曾说："天下有信数三：一曰智有所有不能立，二曰力有所不能举，三曰强有所有不能胜。"（《韩非子·观行》）再聪明的智者也有办不成的事情，再彪悍的勇士也有举不起的物件，再强大的豪杰也有战不胜的对手。

夫刚略之人，不能理微，故论其大体，则宏略而高远；历纤理微，则宕往而疏越。亢厉之人，不能回挠，其论法直，则括据而公正；说变通，则否戾而不入。宽恕之人，不能速捷，论仁义，则宏详而长雅；趋时务，则迟后而不及。好奇之人，横逆而求异，造权谲，则倜傥而瑰壮；案清道，则诡常而恢迂。（《人物志·材理》）

刚正宏阔的人，志向高远、格局远大，但不善于做细致琐碎的事情；性情严厉、亢奋热情的人，公道正直、坚持原则，但不会灵活处事；宽容大度的人，雅量高致、富有气度，但往往不讲办事效率；好奇求异的人，运用权谋诡计的能力卓异出众，但往往违背常规而不近人情。

齐桓公请管仲推荐人才，管仲说了下面的话。

升降揖让，进退闲习，臣不如隰朋，请立以为大行；辟土聚粟，尽地之利，臣不如宁戚，请立以为司田；平原广牧，车不结辙，士不旋踵，鼓之而三军之士视死如归，臣不如王子城父，请立以为大司马；决狱折中，不杀不辜，不诬不罪，臣不如宾胥无，请立以为大理；犯君颜色，进谏必忠，不避死亡，不挠富贵，臣不如东郭牙，请立以为大谏。君若欲治国强兵，则五子者存焉；若欲霸王，则夷吾在此。（赵蕤《长短经》）

人才济济。若论进退有序、朝班礼仪，我不如隰朋，请让他做大行，掌管外交；若论开荒种地，充分发挥地利，我不如宁戚，请让他做司田，掌管经济；若论训练将士，使三军视死如归，我不如王子城父，请让他做大司马，掌管军事；若论处理案件，秉公执法，不滥杀无辜，不冤枉好人，我不如宾胥无，请让他做大理，掌管司法；若论犯颜直谏，不畏权贵，尽职尽忠，以死抗争，我不如东郭牙，请让他做大谏，掌管监察。您若想富国强兵，有这五个人就够了。若想成就霸业、威行诸侯，那就得靠我管仲了。

秦国左相甘戊深得秦武王信任，但是秦昭襄王继位后，因被向寿、公孙奭诋毁，甘戊深感恐惧，为防身遭不测，便以出使齐国的名义趁机逃亡。不想，在渡黄河时，被船夫嘲笑了一番："这大河连你自己都不能渡过去，还能去游说君主、谋求富贵吗？"甘茂于是讲出了一番道理。

甘戊曰："不然，汝不知也。物各有短长，谨愿敦厚，可事主，不施用兵；骐骥、騄駬，足及千里，置之宫室，使之捕鼠，曾不如小狸；干将为利，名闻天下，匠以治木，不如斤斧。今持楫而上下随流，吾不如子；说千乘之君，万乘之主，子亦不如戊矣。"（刘向《说苑·杂言》）

甘戊说："这你就不知道了。事物各有长处。谨慎老实、诚恳厚道的臣子可以侍奉君主，却不能叫他们带兵打仗；骐骥、騄駬这样的好马，能够日行千里，如果让它们捕老鼠，还赶不上一只小野猫；干将是锋利的宝剑，天下闻名，可是用它做木工活，还比不上一把普通的斧头。用船桨划船，我虽不如你，然而说到游说国君，你就不如我了。"

甘戊的意见，与前述《帝范》的观点并无二致。

赵蕤，是唐代杰出的纵横家，"博学韬衿，长于经世"，与大诗人李白并称"蜀中二杰"，时称"赵蕤术数，李白文章"。实际上，李白曾经跟随赵蕤学习帝王学和纵横术，称得上是赵蕤的记名弟子。

在《长短经》中，赵蕤做了如下总结。

昔伊尹之兴土工也，强脊者使之负土，眇者使之推，伛者使之涂，各有所宜，而人性齐矣。

由此观之，使韩信下帏，仲舒当戎，于公驰说，陆贾听讼，必无曩时之勋，而显今日之名也。故任长之道，不可不察。（《长短经·任长》）

当初伊尹大兴土木，就是用强健者背土，让独眼人推车，安排驼背的人涂抹，各人均做其适宜做的事，结果每个人的长处都得到了充分发挥。

看来，让韩信（汉初军事统帅）当谋士，让董仲舒（汉武帝时的学者、思想家）去打仗，让于公（西汉断案神手）去游说，让陆贾（汉初外交家，因能言善辩常出使诸侯）去办案，谁也不会创立先前那样的功勋，也就不有今天这样的美名。

赵蕤得出结论："任长"的原则，不能不仔细研究。

## 五、任长

"任长"，就是用人之所长。

舍长就短是用人大忌。对于有专长的人才，应该注重发挥其特长，

而不是轻易让他改行。管理者更不要认为人才万事皆优，不恰当地重用人才反而会扼杀人才。

"使智，使勇，使贪，使愚。智者乐立其功，勇者好行其志，贪者邀趋其利，愚者不顾其死。因其至情而用之，此军之微权也。"（《军势》）

使智者争相立功，使勇者得遂其志，使贪者能够发财，使愚者勇于牺牲，根据他们每个人的性情来使用他们，这才是用兵时最微妙的权谋。

曹操这个人，极为注重"唯才是举"。在《敕有司取士毋废偏短令》中，他对有关部门做出明确指示。

夫有行之士未必能进取，进取之士未必能有行也。陈平岂笃行，苏秦岂守信邪？而陈平定汉业，苏秦济弱燕。由此言之，士有偏短，庸可废乎！

曹操认为，有进取心的人未必有德行，有德行的人不一定有进取心。陈平有什么忠厚的品德？苏秦何曾守过信义？可是，陈平奠定了汉王朝的基业，苏秦拯救了弱小的燕国，由此而言，一个人如果有些缺点，难道就一定要抛弃他而不任用吗？

诸葛亮对于"任长"，有着极为深刻的认识。

老子长于养性，不可以临危难；商鞅长于理法，不可以从教化；苏、张长于驰辞，不可以结盟誓；白起长于攻取，不可以广众；子胥长于图敌，不可以谋身；尾生长于守信，不可以应变；王嘉长于遇明君，不可以事暗主。许子将长于明臧否，不可以养人物。此任长之术者也。（《诸葛亮集·文集》卷二《论诸子》）

在诸葛亮看来，老子擅长修身养性，但不能应对危难局面，因为文人手无缚鸡之力；商鞅擅长以法理治国，但不能推行道德教化，因为他心太冷，手段太狠辣；苏秦、张仪擅长外交辞令，但不能指望他们结盟守约，因为他们一贯说话不算数；白起擅长攻城略地，但不能团结大众，因为他太特立独行；伍子胥擅长图谋敌国，以谋破敌，但不能保全自身的性命，因为他抵挡不住谗言的攻击；尾生能坚守信用，但不能随机应变，因为他太过死板；王嘉擅长知遇明君，但不能事奉昏君，因为他刚直有余但灵活不足；许劭擅长品评人才优劣、好坏、长短，但不能培养笼络人才，因为他是出世的君子，不愿招惹世俗之事。

这就是用人之所长的艺术。

老子、商鞅、苏秦、张仪、白起、伍子胥都是名人，家喻户晓。尾生，就是"七世怨侣"故事里的那个书生，春秋时人，因与女子约定在桥梁相会，久候，女子不到，水涨，乃抱桥柱而死。王嘉，西汉哀帝时为丞相，因反对哀帝封宠臣董贤为侯而获罪入狱，绝食二十余日，呕血而死，诸葛亮评价他"长于遇明君，不可以事暗主"。许劭是东汉末年著名人物评论家，曾评论曹操是"治世之能臣，乱世之奸雄"。

当然，在不同的环境中，任何才能都会有长短不同。比如，胡人骑马方便，越人乘船方便，形式和种类虽然都不同，但彼此都觉得很方便，然而一旦换过来去做，就显得很荒谬了。

所以，"任长"还要看时势。

古语云："守文之代，德高者位尊；仓卒之时，功多者赏厚。"（《荐徐宣》）文臣治世，武将征伐。和平年代，品性好的人可以获得高位；战乱时期，战功多的人才能得到重赏。

三国时魏国大臣桓范富有谋略，号称"智囊"。桓范任中领军时，向魏文帝曹丕推荐徐宣为左仆射。

帝王用人，度世授才：争夺之时，以策略为先；分定之后，以忠义为首。故晋文行舅犯之计而赏雍季之言，高祖用陈平之智而托后于周勃也。《三国志·魏书·徐宣传》）

桓范说：帝王用人的原则是审时度势，合理使用人才。打天下的时候，当然以任用懂得军事战略的人为先；天下安定之后，还是要以任用忠臣义士为主。当年晋文公重耳先是遵照舅舅子犯的计谋行事，夺取政权时又因雍季的忠言奖赏了他。汉高祖刘邦征战天下时采用陈平的智谋，临终时却把巩固政权的重任托付给了周勃。

明人顾嗣协《杂诗》云："骏马能历险，犁田不如牛；坚车能载重，渡河不如舟。舍长以就短，资高难为谋；生材贵适用，慎勿多苛求。"可见，用人之长、避人之短，以至化短为长，是一门多么高明的用人艺术。

## 六、"长枪"与"匕首"

在冷兵器时代，长枪是常用的兵器。枪头最精锐，枪杆、枪把、枪缨则要差一些。不过，长枪要是没了枪杆、枪把、枪缨岂不是不成枪了！成了何物呢？就成了匕首。

与长枪相比，匕首的攻击力、战斗力、防御力都有所下降。长枪和匕首一强一弱，并不差在最精锐的部分，恰恰是差在看似普通的枪杆、枪把、枪缨上。

一个单位，骨干好比枪头，其他能力稍弱、水平稍差的员工好比枪杆、枪把、枪缨。单位用人不可以只用骨干，还要有其他人做枪杆、枪把、枪缨，以强其力、壮其威、全其形。这一点，当领导的要认真思考、深入研究，综合权衡、恰当使用。

任何一个地方、一个系统、一个单位，都有一批能力较强的人才，他们是核心骨干；但更多的则是能力相对较弱、水平相对较差的平庸之人，他们是组织的主体。

领导者或管理者的主要任务应该是充分运用所掌握的资源，以达到预期目标。从领导者的角度来讲，在你所掌握的资源里，不存在应该弃而不用的资源，也就是说，无论是什么样的人都要用起来，而且要使用好。

人才要用好。骨干人才是工作中的中流砥柱，是组织中的"潜力股"。能否用好骨干人才，关乎组织的事业成败。用好骨干人才的关键，就在于通过锻炼和承担，使人才各尽其才。对年轻干部的培养有一条规律，那就是早压担子早出人才，不压担子不出人才，多压担子多出人才；担子越重，成才越快。实际上，这条规律用在人才的使用上，也是合适的。

庸才也要用好。庸才其实是一个相对概念。鲁迅先生说过，庸人者，无恶意之闲人也，苟活者也。从某种意义上来说，庸才是一个"比上不足，比下有余"的中间群体，他们既有成长进步的愿望，又有自甘落后的惰性。

显而易见，在一个集体里，庸才所占的比例肯定要远远大于骨干人才，如果弃之不用，或者用得不好，将是集体的一大损失。

其实从另一个角度来看，人才变庸才，庸才变人才，往往只需要变换一下工作位置而已。用人之长，每个人都是人才；用人之短，每个人都是庸才。

知人善任是管理者的职责，通过调查、考查、试用、观察，充分发挥每个人的优势，释放其最大能量。

用好庸才的关键，就在于通过督促和激励使庸才进步为人才。

事实上，许多管理者甚至领导者的心理却是"爱人才而用庸才"。不用庸才而用人才，有多少管理者、领导者真正能做到呢？

贞观初年，黄门侍郎王珪与唐太宗讨论用人问题，王珪引用了《管子》里的一段话。

齐桓公之郭，问其父老曰："郭何故亡？"父老曰："以其善善而恶恶也。"桓公曰："若子之言，乃贤君也，何至于亡？"父老曰："不然。郭君善善而不能用，恶恶而不能去，所以亡也。"（《贞观政要·论纳谏第五》）

齐桓公灭掉郭国（虢国，即东虢）后，曾问郭国的百姓郭国是为何灭亡的。百姓说，我们的国君喜欢善良的人而讨厌邪恶的人。桓公说，那你们的国君应该是位贤明的君主了，为什么还会灭国呢？百姓又补充道，说起我们的国君，他喜欢善良的人但不能任用他们，讨厌邪恶的人却不能远离他们，怎么能不亡国呢？

《三国演义》第三十五回"玄德南漳逢隐沦，单福新野遇英主"，徐庶评价刘表："久闻刘景升善善恶恶，特往谒之。及至相见，徒有虚名，盖善善而不能用，恶恶而不能去者也。故遗书别之，而来至此。"

"爱人才而用庸才"，与郭君、刘表"善善而不能用，恶恶而不能去"何其相似也。

## 七、"弹琴"与"分粥"

管理的真谛就在于调动别人的积极性来完成预定目标，所以不会授权的领导自己忙，会授权的领导指挥别人忙。

宓子贱治单父，弹鸣琴，身不下堂，而单父治。巫马期亦治单父，以星出，以星入，日夜不处，以身亲之，而单父亦治。巫马期问其故于宓子贱。宓子贱曰："我之谓任人，子之谓任力。任力者故劳，任人者故佚。"（《吕氏春秋·察贤》）

春秋时期，孔子的两位学生宓子贱和巫马期曾先后出任单父（地名，今山东菏泽单县）的地方长官。宓子贱在任时，弹弹琴唱唱歌，就把单父治理得相当好。巫马期上任后，却是事必躬亲，昼夜不休，亲理各种政务，也把单父治理得很好。巫马期向宓子贱取经，宓子贱说：我的做法是选贤任能，你的做法是亲自操劳，亲自操劳当然辛苦，而选贤任能、依靠人才当然很轻松了。

宓子贱知人善任，政简刑清，"弹琴而治"，或称之为"抚琴而治""鸣琴而治"，"琴治"一词便由此而来。

"佳政琴鸣""琴堂清暇"，素为后人所景仰。后世县衙多称"琴治堂"或"琴堂"，便是此故。河南内乡县衙的二堂，就叫作"琴治堂"。

管理是组织他人完成工作的一种程序或艺术。事事都管的领导会特别累，下属也会很累。所以，善于管理的领导者会想方设法调动下属的积极性，通过让人做事来实现组织的预期目标。

分粥的故事是管理学上的著名案例。

有七个人住在一起，每天共喝一桶粥，显然，粥每天都不够吃。一开始，他们抓阄决定由谁来分粥，每天轮一个。于是每周下来，他们只有一天是饱的，就是自己分粥的那一天。后来，他们推选出一个道德高尚的人来分粥。强权就会产生腐败，大家开始挖空心思地去讨好他、贿

赂他，搞得整个小团体乌烟瘴气。之后大家组成三人的分粥委员会及四人的评选委员会，互相攻击扯皮下来，粥吃到嘴里全是凉的。最后他们又想出来一个方法——轮流分粥，但分粥的人要等其他人都挑完后再拿剩下的那碗粥。为了不让自己吃到最少的那碗，每人都尽量分得平均，就算不平均，自己也只能认了。大家快快乐乐、和和气气，日子也越过越好。

分粥的故事源于美国哈佛大学教授约翰·罗尔斯《正义论》中的"分粥规则"。

《正义论》自1971年问世后，在西方国家引起了广泛重视，被视为第二次世界大战后西方政治哲学、法学和道德哲学中最重要的著作之一。该书出版之后受到热烈讨论，被列为许多大学课程的必读书籍之一。

在《正义论》中，罗尔斯把社会财富比作一锅粥，由一群人来分食。分粥的故事当中，人们的分粥历程其实就是罗尔斯列举的五种可能的分粥方法。

现在大家热议这个故事，其落脚点却在于两个方面。

一方面，管理的重心在"理"不在"管"，领导者、管理者的主要职责就是建立一种像"轮流分粥，分者后取"那样合理的规则，以使每个员工均按照规则进行自我管理。

另一方面，领导者要明白"劳于求贤，逸于任使"（《治安疏》）的道理，具体工作应放手让下属去处理，使"智者尽其虑""贤者敕其材"（《韩非子·主道》）。领导者如果不明上下之分，不抓大放小，必然会导致混乱。

中国历史上许多有作为的帝王都深知"求贤"的重要性，深谙"琴治"的艺术。他们明白为人君者当"劳于求贤，逸于治事"，把"求贤"作为第一要务。

汉高祖刘邦最大的本事就是知人善用，他的所谓"三不如"正是领导者知人善用的典范。

唐初宰相房玄龄、杜如晦事务繁多，没有时间访求人才，唐太宗便批评他们说："公为仆射，当广求贤人，随才授任""比闻听受辞讼，日不暇给，安能助朕求贤乎！"（《资治通鉴·唐纪九》第一百九十三卷）你们是宰相，宰相的职责是选拔人才、任用干部，你们现在把主要精力都用在了日常具体事务处理上，忙得不可开交，哪里还有时间为朕选用人才哪？于是下诏：今后凡是琐碎事务一律交给左右丞处理，只有重大事项才须找房玄龄、杜如晦二相定夺。

这其实就是说，高效的领导者深谙"有所为有所不为"之道，并会时时把握住自己。

按照IBM（国际商业机器公司）前CEO（首席执行官）彭明盛的说法，就是"享受偷懒"。

## 八、享受偷懒

说起领导者的"有所为有所不为"，爱新觉罗·启翊先生曾有精辟论述。

很多企业家，因为企业是自己的，总是不放心下属的工作，授权又不放权……很多民营企业家忙得不分白天黑夜，而他的中高层管理者却只能在旁边敲敲边鼓，做做杂事，而不能为领导者分忧解难，员工优哉游哉，东游西逛，月底照拿工资，出不出成绩无所谓……由于国内有不少这样不甘于"居其所"的领导者，自然就出现了高层管理者干中层管理者的工作，中层管理者干员工的工作，员工反而无事可干的现象，人员流失成为一种必然！（爱新觉罗·启翊《领导者的方向感与行动力》，有删改）

基于此，爱新觉罗·启翊先生认为，"像IBM的CEO彭明盛最近的那句名言'享受偷懒'，是一种高明的管理之道"。

彭明盛，即萨缪尔·帕米沙诺（Samuel Palmisano），是IBM公司第8位也是任期最长的CEO，他执掌IBM公司九年有余。

彭明盛说："CEO不是品牌，品牌与你无关。"

彭明盛以一种前辈较少采用的平易近人的方式领导着IBM。他不再像前任郭士纳那样只与高层领导进行决策讨论，而是"越层"询问最熟悉业务的经理人员和工程师。他认为，原有的管理结构使许多创见被埋没。他说："任何大机构的创造性都不是来自首席执行官个人，而是来自公司的具体运营部门，或是研发部门，或是制造部门。"

彭明盛认为，优秀经理的最高境界应该是"享受偷懒"，"做永远的教练"。

IBM公司全球副总裁周忆说："听CEO彭明盛谈管理之道时，他说一个优秀经理的最高境界应该是'享受偷懒'，因为如果你能偷懒，就说明你的团队已经被你培训得足够独立，足够敬业去撑起一片天地。你的任务不是去和他们一块瞎忙乎，而是教会他们怎么忙乎才能出结果。你永远是教练，不是球员。角色拧巴了，你就折了。"（石菲《继续引领一个时代》，《中国信息化》2011年第11期）

不会"偷懒"，累死老板。

金好女士《问道〈淮南子〉》中，转引了《胡适全集》中一个胡适与蒋介石的故事。

1932年，胡适送给蒋介石一本《淮南子》（《淮南王书》），目的是希望蒋介石能"无为而治"。1935年,胡适在给罗隆基的信中讲述了这件事:"临行时赠他一册《淮南王书》,意在请他稍稍留意《淮南》书中的无为主义的精义。"又说:"去年我第一次写信给蒋先生,也略陈此意,但他似乎不甚以为然。他误解我的意思,以为我主张'君逸臣劳'之说。……我的意思是希望他明白为政之大体,明定权限,而不'侵官',不越权。如此而已。"

金好女士就此做了评论。

深得《淮南子》思想精髓的胡适,希望把为政的精要通过《淮南子》传递给蒋介石,但是蒋介石误解了胡适,原因是他没弄清楚《淮南子》中"无为而治"的真正含义,他所认为的"无为"就是什么事情都不做。这对蒋介石来说是绝对接受不了的,因此,《淮南子》并没得到蒋介石的看重,蒋介石还是那样的不放权,事事都要过问。

所以,胡适在给罗隆基的信里写道:"依我的观察,蒋先生是一个天才,气度也很广阔,但微嫌近于细碎,终不能'小事糊涂'。"

胡适认为,"小事糊涂"的解决方法,就是要"无为而治"——不要包揽所有的事情,要根据规律办事,不要强加个人意志。

这正是《淮南子》的思想精髓。(金好《问道〈淮南子〉》)

作为团队的领导者或管理者,要明白自己的任务和职责。制定战略,分解任务,选择合适的授权人,用制度来约束被授权人,及时评估项目方向及进度。只有做到了以上几点,领导者才能够从容淡然地坐在指挥部里指挥若定,"鸣琴而治""享受偷懒"。

领导者或管理者不能自己找累受,更不能既累自己也累别人!

## 案例研究

### 马谡之死

（马谡）以荆州从事随先主入蜀，除绵竹成都令、越巂太守。才器过人，好论军计，丞相诸葛亮深加器异。先主临薨谓亮曰："马谡言过其实，不可大用，君其察之！"亮犹谓不然，以谡为参军，每引见谈论，自昼达夜。

建兴六年，亮出军向祁山，时有宿将魏延、吴懿等，论者皆言以为宜令为先锋，而亮违众拔谡，统大众在前，与魏将张郃战于街亭，为郃所破，士卒离散。亮进无所据，退军还汉中。谡下狱物故，亮为之流涕。良死时年三十六，谡年三十九。（《三国志·蜀书·董刘马陈董吕传第九》）

马谡，字幼常，襄阳宜城（今湖北宜城南）人，是蜀汉侍中马良的弟弟。马谡一共兄弟五人，他在兄弟中排行最小。马谡五兄弟都颇具才华和名气，当时并称为"马氏五常"。

马谡的故事，在中国可谓家喻户晓，在京剧中，"失空斩"（失街亭、空城计、斩马谡）可是经典名段。马谡的刚愎自用，军事上的纸上谈兵；诸葛亮面对强敌时的镇定自若，执法时的"大义灭亲"，都被演绎得淋漓尽致。马谡早已被钉在历史的耻辱柱上，而诸葛亮的光辉形象更加高大。

易中天先生的《品三国》中对此做了详尽论说。

诸葛亮杀马谡是在什么时候？是在第一次北伐。这次战争，一开始是非常顺利的。对于诸葛亮的这次北伐，曹魏方面是毫无思想准备的。因为他们的眼里只有刘备（国家以蜀中唯有刘备），没有诸葛亮。何况刘备去世以后，蜀汉方面多年没有动静（数岁寂然无声），就更加放松了警惕（略无备预）。没想到诸葛亮不但敢于进攻，而且善于治军，居然亲率大军出兵祁山，其部队"戎阵整齐，赏罚肃而号令明"。于是曹魏方面"朝野恐惧"，南安、天水、安定三郡则"同时应亮"，结果"关中响震"。这是诸葛亮多年精心策划准备才获得的战果，也是进一步夺取胜利的大好时机，却被马谡毁于一旦，怎能不让他痛彻心脾！（易中天《品三国》）

由于马谡的失误，致使诸葛亮第一次北伐失败，而第一次北伐是成功的可能性最大的一次，这次失败导致魏国开始对蜀国加强戒备。说严重点，马谡的失误断送了蜀国统一中原的大业。

然而，就这个故事来说，马谡的悲剧不是他自己造成的。诸葛亮作为统帅，"授任无方"，用错了人。他把一个善于谋划的战略人才派遣到战斗一线冲锋陷阵，可以说，这次战败，诸葛亮的责任不小；甚至可以说，真正应该对马谡的人生悲剧负责的，应当是诸葛亮本人。

世上本无庸才，只是被放错了位置。对于有专长的人才，应该注重发挥其特长，但不要像诸葛亮一样为重用人才反而将其扼杀。

二十年前，我在乡镇高中任教时，曾有《马谡：该不该杀》一文被列入"抱杯闲话"系列。其中几段，与"用人不当"颇为相关，故录于此。

马谡违背节度，失了街亭，虽立有军令，按律当斩，然实由孔明用人不当之故。与其轻杀大将，何如吸取教训，宽恕马谡，用其长而避其短，既保住了一个难得的军事谋略人才，又从失败中得到教益？

蜀地僻陋一方，人才本就比不上吴魏，孔明虽然智慧卓越，但其抱负和才华在施展过程中常常受到人才不足的限制，在运筹帷幄、调兵遣将时往往捉襟见肘，以至于连继承人也不得不从敌对阵营寻找，岂不令人感到难言的酸楚？蒋琬的劝告自然有其道理："天下未定而戮智计之士，岂不惜乎？"可惜孔明明法胜才，听不进蒋琬的劝阻，以至于一百多年后习凿齿还在翻这笔旧账："为天下宰匠，欲大收物之力，而不量才节任，随器付业；知之大过，则违明主之诫，裁之失中，即杀有益之人，难乎其可与言智者也。"

在国人眼中，孔明是智慧的化身。习凿齿之说，虽有一定道理，却难免诽谤之嫌；蜀国地处西南僻陋之地，决定了其人才自身的先天不足；刘备以仁为本的领导观，窒息了领导集团的吸收功能；孔明用人思想方法上的不足，又限制了不同类型人才的成长，却也是不可否定的事实。

# 第十二章

## 管 雁

为政之道，得人、治事二者并重。得人不外四事，曰广收、慎用、勤教、严绳；治事不外四端，曰经分、纶合、详思、约守。操斯八术以往，其无所失矣。

——《曾文正公全集》）

雁群是由许多有着共同目标的大雁组成的，它们当中，有幼小之雁，有肥壮之雁，有青年之雁，也有老弱病残之雁。

在雁群迁徙过程中，领头雁总是根据每一只大雁的不同情况，为其分配不同的工作任务：壮雁伴飞，中雁觅食，老雁警戒，幼弱病残之雁安插在队伍中间，被安置在省力的位置。

大雁在飞行过程中，会随着领头雁飞行姿态的变化调整整个队形，一会儿呈"一"字，一会儿呈"人"字。

### 头雁感悟

人是有差异性的。无论是一个单位还是一个企业，所有员工并非一个模子制造出来的，相互之间必有不同，用"一视同仁"的方法根本不可能实现高效管理。

任何组织的领导者，或任何企业的管理者，都要因人制宜，实行差异化管理，以充分调动各类人才的积极性。

## 一、个性差异

人是万物灵长，每一个人与其他人都有着巨大的差异。大千世界中，大至不同国家、地区的种族，小至个体的状况，都呈现出多样的差异性。

这种巨大的差异性广泛体现在人的各个方面。

就智能基础来说，由于不同的先天遗传、后天培养和开发，人们的记忆力、思维力以及逻辑、语言、反应、计算等方面的智能素质千差万别。

就生命构建来说，人们的遗传基因不同、血型不同、体格不同、生理功能不同。有形的方面，人们的性别不同、身高不同、体重不同、能力不同、肤色不同、讲话速度与腔调不同等；无形的方面，家庭教养、成长过程、价值取向、教育程度、反应速度、敏感程度、事物认知甚至行为导向等均不一样。比如，一些人在音乐、艺术、体育等方面确有天赋，而另一些人具有计算、逻辑、语言等方面的天赋；一些人擅长形象思维，而另一些人善于逻辑思维。

因此，尽管人的行为的深层次原因是相同的，如都需要动机推动，都是目标追求，等等，但其具体的动机内容、具体的追求方式是千差万别的。

从个性特点来看，人可以分为力量型、和平型、活泼型、完美型四种类型。

从气质差异来看，人可以分为胆汁质、多血质、黏液质和抑郁质四种类型。

从行为追求来看，人也可以分为九大性格类型，或称为"九型人格"，包括完美型、全爱型、成就型、艺术型、智慧型、忠诚型、活跃型、领袖型和和平型。

从心理学的角度来看，人还可以分为A、B、C、D四种主要性格类型。

人与人之间的差异主要表现在三个方面。

一是价值观念的差异。价值观是决定人的行为的心理基础，不同的价值观决定人们在同样的情境中会有不同的行为。有人把钱看得最重，有人把权力看得最重，有人则把友谊看得最重，等等。

二是个性特点的差异。不同个性特点的人，在工作中的行为表现是不一样的。性格内向的人，沉默寡言，做事谨慎，深思熟虑，不善交往，适应环境比较困难；性格外向的人，活泼开朗，感情外露，善于交际，不拘小节，灵活多变，轻率，不稳定。

三是能力特长的差异。有的人能力强些，有的人能力弱些；有的人少年聪慧，有的人则大器晚成；有的人善于观察，有的人善于思考，有的人善于行动，有的人则善于记忆；等等。

众多的不同，造就了一个个独特的个体。

其实，不仅是人与人之间存在巨大的差异性，就是同一个人，在不同的时间段里，其心理和行为也会发生极大的变化。

人的这种不可重复性、不可替代性，使得对人的管理成为一项极具有挑战性的工作。

人的巨大的差异性使得管理者根本不可能用"一视同仁"的方法实现对人的高效管理。

因此，任何组织的领导者或管理者，都要因人制宜，采用不同的管理方法与管理技巧充分调动各类人才的积极性。

## 二、分类管理

对待不同的人，采用不同的管理策略，就叫作"分类管理"。

### 1. 不同个性特点者的分类管理

心理学家把人的性格分为力量型、和平型、活泼型、完美型四种类型。

力量型的人喜欢有难度、有挑战性的工作，对于力量型的人，要给他安排有难度、有挑战性的工作，这样他才会觉得自己受重视。

和平型的人通常与世无争，对于这样的人，要使他们成为工作中的中坚力量，有很多重复性的工作他们都会不遗余力地去做，只要他觉得领导的眼里有他。

活泼型的人对工作有诸多见解，并会为了自己的见解而努力工作，对于这种类型的人，最好让他去做一些正确而且他又肯干的工作。

完美型的人总觉得事情还有没做好的地方，他们在工作中总是事事追求完美，这种类型的人有一定的工作技巧，关键是要让他们将技巧发挥到极致。

## 2. 不同气质类型者的分类管理

气质类型是指人气质的不同类型，气质是个人生来就具有的心理活动的典型而稳定的动力特征，是人格的先天基础。

古希腊著名医生希波克拉底认为体液即是人体性质的物质基础。欧洲古代医学集大成者、罗马帝国时期的著名生物学家和心理学家格林（Galen）认为气质是物质（或汁液）的不同性质的组合，他从希波克拉底的体液说出发，创立了气质学说。在此基础上，气质说继续发展，形成了经典的四种气质。

胆汁质的人反应迅速，情绪有时激烈、冲动，很外向。对于这种类型的人，关心鼓励最重要。

多血质的人外向，活泼好动，善于交际，思维敏捷，容易接受新鲜事物，情绪情感变化快，但容易外露，体验不深刻。对于这种类型的人，冷静克制最适合。

黏液质的人情绪稳定，有耐心，自信心强，但不够灵活，因循守旧，缺乏热情。对于这种类型的人，稳重耐心最适宜。

抑郁质的人沉静深含，稳妥可靠，做事坚定，但言行缓慢，优柔寡断。对于这种类型的人，谨慎细致最合心。

### 3. 不同行为追求者的分类管理

九型人格学，是20世纪60年代智利心理学家奥斯卡·伊察诺（Oscar Ichazo）创立的，他根据人的不同的行为追求，把人的性格分成九类。

完美型属于完美主义者，追求完美，忍耐，有毅力，喜欢控制，光明磊落。必须以理性、合乎逻辑且严肃的态度和他们沟通，才能获得他们的认同。

全爱型属于奉献主义者，温和友善，婉转含蓄，慷慨大方，乐善好施。对于这种类型的人，尽量不要拒绝他们的好意，对于他们的付出也一定要表现出感激之意。

成就型属于实干主义者，自信，活力充沛，风趣幽默，做事很有把握，处世圆滑，积极进取。如果希望他们改变现状，最有效的方法就是告诉他们怎样做可能会有助于他们获得更好的结果。

艺术型属于浪漫主义者，情绪化，追求浪漫，占有欲强，我行我素。感觉对这种类型的人来说非常重要，与他们沟通时，一定要重视他们的感受。

智慧型属于分析主义者，喜欢思考分析，温文儒雅，条理分明，表达含蓄，沉默内向，欠缺活力，反应迟缓。与他们沟通时，用越深刻、越抽象的东西作为媒介，他们越喜欢。

忠诚型属于怀疑主义者，忠诚警觉，谨慎机智，务实守规。这种类型的人忠心尽责，会是一个好员工，但需要权威的保护。

活跃型属于享乐主义者，快乐热心，多才多艺，精于玩乐，对人对事嬉笑怒骂。与他们沟通时，要以轻松愉快的方式，用建议、提供参考的口吻来表达，他们会比较容易接受。

领袖型属于保护主义者，豪爽，不拘小节，自视甚高，遇强越强，关心正义、公平。这种类型的人希望获得支持、拥护，他们会对信赖的人的适时提醒心怀感激。

和平型属于调停主义者，温和友善，忍耐随和，做事缓慢，易懒惰、压抑，生活追求舒服。对于这种类型的人要适时地予以赞美和认同，而且只有在非常从容的状态下才能真正了解他们的想法。

此外，从20世纪80年代开始，心理学家根据人的人际关系倾向，提出了A、B、C、D四种性格划分。目前已有研究表明这四种类型的人分别具有以下性格特征。

A型性格的人争强好胜，在生活和工作中都力求占据领导者地位。

B型性格的人安于现状，知足常乐，内心平静，没有大的情绪波动。

C型性格的人总是忍气吞声，强烈地压抑自己的情绪。

D型性格又称"忧伤人格"，此类型性格的人最明显的表现是消极忧伤和孤独压抑。

对于一个团队来讲，团队成员的个性特点不仅体现在不同的性格上，更体现在其加入团队的动机上。

## 三、动机与印象

动机，是指推动人从事某种活动的念头或愿望，在心理学上一般被认为涉及行为的发端、方向、强度和持续性。

动机是引起个体活动，维持并促使活动朝向某一目标进行的内部动力。

中国人与西方人的区别之一，就是在判断行为的对错时，中国人更看重道德层次的动机。

在中国人的传统心理意识中，如果一个人的动机不纯，那他所做的事就一定不是好事。中国很早就有关于动机和效果关系的争论。例如：

墨家倡导动机和效果的统一论，即志功合一；儒家则崇尚动机论，其早期代表孟子就把动机与效果、义与利绝对对立起来，只强调"仁义"动机，而否认利益效果对评价行为的意义。

一个人加入一个团体，必有其动机。

从加入团体的动机来看，人可以分为"吃饭"型、"喝酒"型、"品茶"型三种类型。

芸芸众生多是"吃饭"的人，认为利最实际、最实惠。对于普通干部、普通员工来说，散财让利、发奖金、搞福利，最容易获得其信任与支持。

至亲至爱之人是"喝酒"的人，认为情最暖心、最贴心。对于同学、老乡、亲戚、朋友、兄弟等来说，联络感情、情意相通最为重要。

境界高远之人是"品茶"的人，认为道最崇高、最庄严。对于志气非凡、情操高尚的风范之士，精神引导、道义激励最是富有成效。

实际上，每个团队成员都有自己的个性，这是无法也无须改变的，而团队的艺术就在于如何发掘组织成员的优缺点，根据其个性和特长合理安排工作岗位，使团队成员之间达到优势互补的效果。

问题在于，领导者、管理者面临的难题不仅是区别团队成员的个性特点、加入团队的动机，还有领导者、管理者自身对团队成员的认知。

领导者、管理者对团队成员的了解与认识，多是靠"印象"。

那么什么是"印"？什么是"象"？

从管理学的角度来讲，"印"是信息输出，是对他人的印象形成过程施加影响；"象"是信息输入，是形成他人对于个人的印象。时尚的说法叫作"印象管理"。印象管理实际上是一种印象整饰，即通过自我形象的控制，用一定的方式方法去影响别人对自己的印象的形成过程，使他人对自己的印象符合自我的期待。

通俗地理解，正如赵玉平先生所说："印是你做的事情让人知道多

少，象是这些事情被人家知道以后心里怎么看待你。"（《梁山政治》第二回）

领导者、管理者对于团队成员的印象，取决于其对团队成员行为方式的了解和把握，包括知道什么，知道多少，什么时候知道，通过什么渠道知道，等等。

其实，管理不仅是对不同的对象采取不同的管理策略，不同的管理者也需要选择不同的管理策略。

比如，大雁在飞行过程中，随着领头雁飞行姿态的变化，雁群的整个队形一会儿呈"一"字，一会儿呈"人"字。与之相应地，在迁徙队伍里飞行的大雁也会根据风向、气流和领头雁飞行姿态的变化，及时变换队形，调整自己的位置和飞行姿态。

不论是采用哪种阵型和管理策略，目的都是要追求一种默契——同心协力，一直向前，花费最少的力气走最长的路程。

## 四、一半是"老虎"，一半是"孔雀"

行为特质动态衡量系统（PDP），也称事业优势诊断系统，是一个用来衡量个人的行为特质、活力、动能、压力、精力及能量变动情况的系统。该系统被认为是全球涵盖范围最广、精确度最高的管理工具，国内俗称"五种动物性格测试"。

PDP是由美国Bruce M. Hubby博士在1978年领导40多位行为科学博士研究开发的，目前是世界500强企业关于领导特质分析及人才运用的最佳管理工具。2002年我国将PDP引入企业，并得到联想集团、神州数码集团、中国惠普有限公司、奥的斯电梯公司、华侨城集团等知名企业的认可和使用。

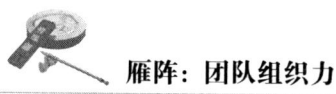

PDP根据人的天生特质，将人分为五种类型，包括支配型、外向型、耐心型、精确型、整合型，并根据其各自的特点，将这五种类型的个性特质形象化，分别称为老虎型、孔雀型、考拉型、猫头鹰型、变色龙型。

老虎型的人的个性特点：有自信，够权威，决断力强，竞争性强，胸怀大志，喜欢评估，企图心强，有对抗性。

优点：善于控制局面并能果断做出决定。

缺点：当感受到压力时，过于重视迅速完成工作任务，因而容易忽视细节，可能会因此忽视自己和别人的情感。由于他们要求过高，加之具有好胜的天性，有时会成为工作狂。

孔雀型的人的个性特点：乐观，口才流畅，好交朋友，风度翩翩，诚恳热心，表现欲强。

优点：生性活泼，能够使人兴奋，善于靠建立同盟或搞好关系来实现目标。

缺点：因其跳跃性的思考模式常常无法顾及细节，并且做成事情的恒心不足。

按照PDP的说法，老虎型领导者具备高支配型特质，竞争力强，好胜心盛且积极自信，是有决断力的组织者。老虎型领导者胸怀大志，勇于冒险且分析敏锐，积极主动且极具企图心，一旦认定目标就会勇往直前。

孔雀型领导者具有极强的表达能力，社交能力突出，有流畅无碍的口才和热情幽默的风度，在团体或社群中容易广结善缘。孔雀型领导者天生具备乐观与和善的性格，有较强的同情心及感染他人的能力，在以团队合作为主的工作环境中，会有极佳的表现。

《联想风云》的作者凌志军在联想采访时，柳传志曾用孔雀和老虎来比喻企业中的领袖人物："孔雀善于展示自己的美貌，以此影响别人，使其心甘情愿地跟着它走；老虎依靠自己内在的力量，威风凛凛，震慑四方。"他认为郭为是孔雀型领导者，杨元庆是典型的老虎型领导者，而他自己则"一半是老虎，一半是孔雀"。其言下之意是，如果以自己的魄力难以达到目标，他可能会使用自己的第二武器——用沟通、激励的方式引导下属，从内心深处调动他们的积极性。

每个人各有不同，无论是孔雀型还是老虎型，重要的是要做一个好领导，把自己的风格中美好的部分真实、大方地展现出来，只有这样你欣赏的人才会和你一起走下去，员工自然也会真心实意地追随你。

据统计，中国的人力资源总监（经理）超过一半是"老虎"，排在其后的分别是"孔雀"和"变色龙"，而美国人力资源总监（总经理）排名前三位的分别为"考拉（无尾熊）""孔雀"和"变色龙"。

这也许与两国的文化传统有关。

不过，无论是孔雀型领导者还是老虎型领导者，都要把握好领导策略与管理理念。

王化之政，宜于统大，以之理小则迂；策术之政，宜于理难，以之理平则无奇；矫亢之政，宜于治侈，以之治弊则残；公刻之政，宜于纠奸，以之治边则失其众；威猛之政，宜于讨乱，以之治善则暴；伎俩之政，宜于治富，以之治贫则劳而下困。此已上皆偏材也。（《长短经·任长》）

王道德化，适合于全局性、长远性的治理，用来处理具体事务就显得疏阔；权谋术治，适合于困难时扶危救难，在稳定发展的局面下就不会有显著的效果；匡正时弊，矫枉过正，适合于纠正奢侈腐化的不良风气，危难之时用它只会越弄越糟；严刑峻法，适用于纠正组织高层间的负能量，用来管理基层单位就容易失去大众的支持；刚猛暴烈的手段，适合于治理组织内部的混乱状况，管理稳定时期的团队未免显得不够人性化；注重技能，宜于推进组织的发展壮大，用来解决贫穷衰弱的问题，只能劳民伤财，给基层增加困难。

以上种种都是针对某种流弊而采取的一时之计，对于组织的管理和治理来说都不是长久之道。

## 五、选才与造才

领头雁身处领导位置，责任重大，事务繁杂，该如何行动呢？

"为政之道，得人、治事二者并重。"（《曾文正公全集》）

按照曾国藩的理论，做管理有两大关键：一是"求人（得人）"，二是"治事"。"求人（得人）"就是人力资源管理，"治事"就是运营目标管理。

这里单说"求人（得人）"，也就是选才与造才。

求人约有四类，求之之道，约有三端。……其求之之道三端，曰访察，曰教化，曰督责。采访如鸷鸟猛兽之求食，如商贾之求财；访之既得，又辨其贤否，察其真伪。教者，诲人以善而导之，以其所不能也；化者，率之以躬，而使其相从于不自知也。督责者，商鞅立木之法，孙子斩美人之意，所谓千金在前，猛虎在后也。（《曾文正公全集·日记·咸丰十年六月二十九日》）

得人不外四事，曰广收、慎用、勤教、严绳。治事不外四端，曰经分、纶合、详思、约守。操斯八术以往，其无所失矣。（《曾文正公全

集·日记·同治元年四月十三日》）

对于发现人才的方法，曾国藩称之为"访察"或"广收、慎用"。

"访察"是访问观察，"广收"就是广泛访求，都是指通过各种途径寻找、网罗、挖掘各方面的人才，就像恶鸟扑食、奸商求财一样，"贪得无厌"，而且"不择手段"。

曾国藩反对以出身、资历衡量人，只问人才，不问背景、出身，不存地域、系派之偏见。他常说，"凡有一长一技者，断不敢轻视"，"衡人者，但求一长可取，不可因微瑕而弃有用之材"，"衡才不拘一格"，"求才不遗余力"。

当然，找到人才以后，还要"慎用"，就是分辨良莠、知人善任。"广收"并非优劣不分地广泛纳入，而是要分辨人才的真伪，看他是否名副其实。用人要谨慎，"不轻进人""不妄亲人"。曾国藩虽然广揽人才，但在人才的使用上非常谨慎。他善于从细节处判断一个人的品性德行，从而对人才形成全面的判断。

曾国藩的两江总督府号称"幕府才盛"，被誉为大清的人才宝库。

薛福成称"曾氏幕府集天下俊彦之士达八十三人"（《庸庵笔记》）。容闳记载："当时各处军官聚于曾文正之大营者，不下二百人。……总督幕府中亦有百人左右。幕府外更有候补之官员、怀才之士子，凡法律、算学、天文、机器等专门家，无不毕集。"（《西学东渐记》）拥有这些人才组成的智囊团参谋其事，曾国藩的成功是不难理解的。

曾国藩幕府之盛自古罕见，近世无匹。近20年间，他为了办理军政、粮饷及军工科技诸务，所设机构不下数十，招聘幕僚近于400，一则治事，一则育人，从中产生出一大批各类人才，其中不少人属于曾国藩集团的骨干成员，对该集团的发展壮大起了很大作用。他们不仅助成曾国藩一时之功，且于其死后将他的思想政治路线传递下去，使之影响沛然，长期延续。（朱东安《曾国藩的幕府与幕僚》）

对于造就人才的方法，曾国藩将其概括为两个方面：一是"教化"，二是"督责"，所谓"勤教、严绳"是也。

"教化"是教育感化。

教育是以积极正面的思想教诲引导，感化是以身先士卒的行为做出表率。"教化"就是组织或企业内部的人才培养要有一套培训体系，要能够以身作则、循循善诱，在潜移默化之中让属下认识到自身的不足，并受到教育，成为有作为的人才。

人才，特别是经办军国大事的人才，都是千磨百砺锤炼出来的。曾国藩认为，天下没有现成的人才，也没有生来就具有远见卓识的人。人才大多是勉力学习、坚强磨炼出来的。要想得到称心如意的人才，就要亲自去培养训练。

"教化"要勤，也就是"勤教"。

曾国藩很善于通过书信、面谈及饭前闲谈的形式对部属进行培训、教育。书信好理解，曾国藩家书洋洋洒洒几百万字，无所不谈。面谈相当于今天的绩效面谈，目的在于总结成绩，指出不足，探讨改进方法，促进部属成长。这些培训方法使曾国藩帐下的很多人受益匪浅，这在100多年前是相当难得的。利用吃饭的时间进行培训、教育大概是曾氏的专利了。薛福成与李鸿章都曾谈论起关于曾国藩召幕僚"会食"及饭后讲论的情形。李鸿章在晚年时经常与人忆及恩师的饭前教育，可见他是受益匪浅的。

"督责"是监督问责。

区别不同对象，不同对待，或者以勉励为主，或者多加防范，使下属都能"循循于规矩之中"。用今天的话来说，就是要通过建立健全规章制度来管理和督促部属。制度不健全，好人干坏事；制度完善了，坏人也会做好事。

"督责"要严，也就是"严绳"。

曾国藩说，要像商鞅一样，建立不可随意更改的严厉法规，像孙武一样，不执行命令就是吴王的爱姬也立斩不赦。成事奖赏，败事责罚，令行禁止，赏罚严明，这正是通常所说的"千金在前，猛虎在后"，就是组织的管理，要做到奖惩分明，有赏有罚。

赵菊春先生对于"曾氏用人之道的现代运用"有若干忠告，以下摘其要。

············

第二，善于挖掘人才，注重非正规渠道人才。大部分企业在招聘及提拔人才时很注重学历与专业，这无可厚非；但我们环顾四望，无论是营销、市场还是研发、生产等领域的专才，真正学本专业的可能还不到一半，非正规渠道的专才不在少数。

所以，注重非正规渠道人才是当前企业在用人时应关注的一个问题。将某一专业的技术、手段移植到另一个专业时往往能产生出其不意的效果，这正是非正规渠道人才的优势所在。

第三，注重人才的多极发展通道。单极发展通道容易造成提拔无望者消极抱怨甚至频繁跳槽，对企业的破坏性很大。变单极通道为多极通道，让提拔无望者可以在专业领域获取同等待遇或职业成就感，这对企业和个人来说是"双赢"的，而且还为企业做好了人才储备。

············

第五，企业高级管理人员不能包办业务层面的操作。长此以往，既压制了不同意见，又抑制了部属的成长。另外，高级管理人员陷于具体业务层面后精力被分散了，本应该重点思考的战略层面反而缺失了。

第六，重视在岗培训，用人也是培训人。在现代企业，完全的脱产学习或培训是不多的，更多的是在岗培训。另外，领导者对部属边用边培训是使部属获得快速成长的一种有效手段。（赵菊春《曾国藩用人之道》，有删改）

## 六、唐僧的管理心经

如前所述，西天取经团队并不是一个合格的团队，要想管理好团队中各具特质的成员并不容易；但是师徒四人靠着紧密的合作克服重重困难，终于完成了去西天取经的任务。

作为团队负责人，唐僧有着坚韧的品质和极高的原则性，无论面对多少艰难险阻，他始终坚定不移地扮演着协调者和鞭策者的角色。他对取经团队人才资源的组织与配置以及对这个团队的管理，很有章法。

### 1. 管理原则

从管理原则来看，唐僧的路数是"仁者居上，能者居中，智者居侧，工者居后"。

唐僧有明确的人生目标和崇高的理想信念，那就是一定要去西天求取真经。"西天取经"的战略决策是不可改变、不可动摇的。

唐僧也有着非同寻常的仁爱之心和悲悯情怀。他欣赏有本事的人，也能够包容他人的缺点和不足。他用三个徒弟保护自己，也给予他们施展才能的平台，使他们优势互补，均获得了成就感，也由此打造了一支优秀团队。

对于领导者来说，要有两项本事：一是有胸怀，二是有眼光。有胸怀就能容人，有眼光就可以少走弯路。

孙悟空是技术核心，是难得的优秀人才，是将唐僧的取经战略转化为具体行动并确保得以实现的关键人物，在团队里有不可替代的地位。他从未因不保卫唐僧而被念咒惩罚。唐僧也没有因为有紧箍咒而时时处处表现自己的控制欲。

八戒爱动脑筋，虽然出的多是"馊主意"，但他有独立的思考。唐僧并没有制止他在取经路上提出的诸多反对意见，而是选择"倾听"，"倾听"以后再和孙悟空商量，然后确定思路——他从不让猪八戒的建议成为决策意见，而是将其放在身边以备参考。

沙和尚的智力比不上八戒，能力比不上孙悟空，只能为唐僧效"犬马之劳"，挑担、做饭是他的主要工作。因此在团队中，沙和尚的地位最低，只略高于白龙马。

### 2. 制约机制

唐僧在西天取经团队中建立了"简单有效"的制约机制。

毕竟，在这个团队里，扮演着开拓者和外交者角色的孙悟空，虽然战斗力极强，但刁顽暴戾；扮演着监督者和凝聚者角色的猪八戒，虽然天性乐观，但好吃懒做；扮演着执行者和完善者角色的沙和尚，虽然勤勤恳恳、任劳任怨、忠厚老实，但能力一般；白龙马基本上只是脚力；唐僧自己，心软体弱。若无制度来约束人性的弱点，奖勤罚懒、相互制约，怎能保证西天取经这一目标最终能够成功？

唐僧采取的"制衡"策略是这样的。

对孙悟空，他只在其突破底线时才会用"紧箍咒"来约束他，平时会充分让其发挥能动作用。

猪八戒时常会有"散伙回家"的念头，但有孙悟空的金箍棒震慑，

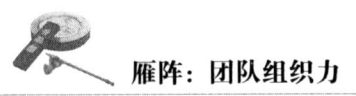

其想法不能转化成行动。

孙悟空和猪八戒之间，孙悟空对猪八戒在具体工作上有管理权，但不能限制其言论自由，而孙悟空的行为也要受到猪八戒的舆论监督。

沙和尚负责挑行李、牵坐骑和日常食宿工作，对一线事务没有话语权。

### 3．管理策略

唐僧采取的是"求同存异"的管理策略：不想着如何把他们改造得十全十美，而是允许他们犯错，并注重发掘他们的专业优势。

猪八戒好吃懒做，但性格开朗，能够接受任何批评而毫无负担压力，在团队中承担了"润滑剂"的作用。

沙和尚虽言语不多，但任劳任怨，承担了牵马挑担这种粗笨无聊的工作。

孙悟空个性狂放不羁，不受拘束，但他是团队里的技术核心，取经事业要想成功实在少不了他的助力，只好用些手腕来收服他，使之变成"受控的能量"——从大闹天宫时的"核炸弹"变成取经路上的"核电站"。

孙悟空是团队里的能人。

任何一个单位或组织都有许多能人。他们能力强、水平高，是单位或组织的核心和骨干力量。大家都知道"二八定律"，一个单位、一个企业，无论其规模大小，都是20%的人完成了80%的工作任务。这部分人就是骨干力量，而能人则是骨干中的骨干，相对来说，他们的能力更突出，对组织的贡献更大。分析表明，10%的能人为组织创造了60%的业绩。

人的本事大了，往往就会不服管，也很难管。

唐僧对孙悟空的管理，其法大体有四。

一是给武器。

这个"武器"引申为许多东西，只要是能够让能人发挥本领的东西，需要什么就给什么，可谓"为虎添翼"。例如，刘邦拜韩信为将，给的是千军万马的指挥权；曹操敬佩关羽的神勇，给的是日行千里的赤兔马。孙悟空要承担起保护唐僧西天取经的重任，获得的是无坚不摧的金箍棒。

二是有约束。

在给机会、压担子的同时，不动声色地给其套上"剑鞘"，进行约束，以防患于未然。这个约束可以是制度约束，也可以是其他约束。在《西游记》里，唐僧给孙悟空的约束是可以让他"疼"得满地打滚的紧箍咒。

三是忙起来。

给能人具有挑战性的工作，千方百计地调动其积极性，使他们的能力得到充分的发挥，才华得到施展。如来在西天取经的路上给取经团队设置了八十一难，孙悟空一路上金箍棒不停挥舞，手忙脚乱，不得清闲，不得不感叹，"刚擒住了几个妖，又降住了几个魔，魑魅魍魉怎么它就这么多""刚翻过了几座山，又越过了几条河，崎岖坎坷怎么它就这么多"。

四是得授权。

唐僧给孙悟空的授权是：第一，可以坚决打击妖怪，这是你的职责所在，你责无旁贷；第二，打击妖怪时，要划清好人与妖怪之间的界限，不能人妖不分；第三，打击妖怪时，不要打击面过大，为首者自然严惩不贷，但胁从者可以适当从轻发落，不能不分青红皂白一棍子打死。

问题的关键在于，唐僧还有个"第四条"：以上要求，若不服从，我就念紧箍咒。

有了这个第四条，唐僧实际上就是把否决权牢牢地抓在了自己

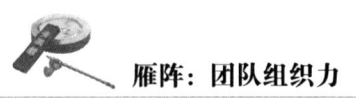

手中。也就是说，在授权的过程中，不仅要"画圈""画饼"，更要"画叉"。

## 案例研究

### "死啦死啦"的领导哲学

《我的团长我的团》是曾经热播一时的一部电视剧。

"死啦死啦"龙文章带领一群来自五湖四海、不同出身不同身份甚至不同政见的溃兵，为了在严酷的战争环境下生存下来，摒弃前仇、恩怨、偏见、狭隘而团结一致，组成一支小分队，用血肉之躯书写了一曲铁血卫国的悲壮战歌。

《我的团长我的团》从一个独特的视角展现了中国各地军民联合起来共同抗击日本侵略者、承受战争苦难的历史全景图，突出了中国军民的民族大义和豪迈正气，其惨烈残酷、艰苦卓绝、无与伦比的历史真实度及深刻的历史存在感，令此剧的观众成为这段历史的又一批亲历者与见证人。

几年过去了，这部电视剧不仅曲折的剧情及演员的精彩的表演依然让人回味无穷，剧中的灵魂人物——"死啦死啦"龙文章的团队管理与领导艺术，也仍然让领导者、管理者甚至管理专家唏嘘不已。

《我的团长我的团》中龙文章领导的"溃兵"，是一群"歪瓜裂枣"的"杂牌"兵，龙文章则是一个来历不明的"团座"，是一个"装神弄鬼式"的领导。

从人物和职场的角度来看，龙文章却是极富领导魅力的"复合型人才"。

在龙文章的领导哲学里，有两点特别突出：一是个人极具领导魅力，二是能够率众突出重围。

就领导魅力方面，主要有四点。

第一，善于表达。

管理一个团队，领导者不仅要善于表达，还要能表达到点子上。龙文章属于善于"忽悠"、嘴皮子功夫过硬的那类人。

龙文章虽然自称团长，但众人心中对此充满怀疑。他唯一厉害的本领，就是擅长虚张声势，能够将一群散兵游勇聚拢起来。要做到这些，首要条件就是得会"忽悠"。

龙文章的"忽悠"，是连打带哄，逼着"炮灰"们认可了他的领导地位，然后教会"炮灰"们如何打仗才能少死人和活下来。此后，许多人对他是俯首称是。

龙文章无论怎么"忽悠"，都未曾脱离最终的目标，那就是带渴望回家的"炮灰"们回家。这是他能把这些人聚拢起来的关键。

第二，营造气场。

管理一个团队，"威"是领导者的必备素质。

威严，会产生一种力量，是人表现出来的一种能够使他人畏惧的力量。这是领导者的一种必备的气质。无威何以服众？何谈管理？

这里的"威"，其实就是一个领导者的气场，就是能压场面，展现个人影响力。这就是威仪。

行走坐卧让人看起来很舒服，这叫威；行走坐卧都有尺度，这叫仪。领导的功夫要内外兼修，从别人眼里来看，一个人是不是领导70%决定于外在的威仪，有'眼'的人，看你威仪怎样，就知道你得道多少。（刘剑《开发你的领导商数》）

为什么有的领导说话无法分辩、不容置疑？为什么有的领导苦口婆心下属还不愿全力行动？问题并不在于你是否真理在手，关键在于你是否威仪慑人。感觉总是比语言快十倍。一个优秀的领导者一定是内外兼修，其内发于心的天然威仪会形成一种无形的气场，不由你不收摄心神屏息静气。

龙文章没有正经学过军事，他所有的军事策略都是从失败里、死亡中学到的；但是，他很特别。

第一，他的思维很"怪"，群乱之，他不动；群静之，他思维活跃，想的还都是些"馊主意"。

第二，他有本事压得住场，而且每次必定理直气壮，让兄弟们都听他的。如此几番"斗法"下来，自然就成了领军人物。

第三，他自我感觉很"牛"。龙文章只是一个上尉军需官，但一登场就敢自称团长。靠这种气场，他镇住了自己的部下。

气场其实就是领导者的个人影响力，这与他的过去有关，在过去种种事情的处理中成功率较高，才会让人对他的决策有信心。所以说，气场也是积累出来的。

第三，赢得民心。

得民心者得天下，领导者必须有能力将一群能人团结在自己身边，让他们为自己效力。这一点正是龙文章身上的"闪光点"：敢于担当，敢于跟兄弟们出生入死。

龙文章在得知孟烦了的父亲在敌占区时，历尽千辛万苦，将孟父连同他的书一起救回。所以，龙文章才收拢了迷龙、烦啦、不辣、康丫、要麻、蛇屁股、克虏伯、丧门星等一批"亲随"。

第四，管住能人。

共同的目标是基础，更重要的是领导者要懂得用人，也就是知人善用。

在这部电视剧里，每个成员身上都有明显的特点，也有很大的共性。他们每个人的身世都很神秘，背后隐藏着很多不为人知的秘密。可是团队里面的人缺一不可，每个人都在各自的岗位上肩负重任，每个人所擅长的都不同，所以将他们安排到适合的位置上，使他们充分发挥作用，是非常必要的。尤其重要的是，团队里的各个能人须得各司其职。

对于不好管控的队员，不能轻易放弃，要用独特的方式管理他们，让他们融入团队。往往是当初最难管理的人，最后对你的帮助最大。孟烦了之于龙文章便是如此。

孟烦了是非常难管控的人，但是龙文章非常欣赏他。在经过多次较量和深度磨合之后，龙文章用个人的谋略和魅力感染了他，让他成为自己坚强得力的助手。

龙文章还面临一个难题：如何管理"空降兵"。

龙文章手下，除了副师长唐基封的督导阿译，更有攻打南天门时加入"炮灰"团的师长亲信张立宪、何书光。问题是，在龙文章那里，他的老部下和张立宪、何书光早有过几场大战，已成冤家。团队里面的鬼才们不买"空降兵"们的账，于是团队内部发生了很多冲突。

龙文章有办法。他以其领导者的魅力，耐心开导队员，化仇解怨。张立宪在战争中与"炮灰"们结下了生死友情，被龙文章收服。

就冲出重围方面，也有四点。

第一，建立威信。

在危急时刻或团队内部矛盾重重之际，领导者应该迅速建立自己在团队中的权威，使自己的指令能够不打折扣地执行到底，这是优秀管理者必备的素质之一。

龙文章在自己的团队中，恩威并施，很快就建立起了威信。

在《我的团长我的团》里，龙文章初登场时，就一个人干掉了把二十几个"炮灰"赶得四处逃窜的四个日本兵，他的个人能力此时便得

到了队员的认可。"炮灰"们最初并不愿意听从龙文章的指令，从迷龙闹事开始，他们就企图以众欺寡，逼迫龙文章就范，但很快他们就发现自己根本不是龙文章的对手，一群"炮灰"在丛林中被戏耍之后，在取得胜利的龙文章的咆哮训斥中迅速"臣服"。

第二，找到目标。

只有真正值得大家付出的愿景，才能调动各领域的专业人才众志成城，共同为实现这一愿景不计得失地努力奋斗。

愿景就是目标。有了明确的目标，才会有希望，才会有动力。

龙文章在自己的团队一盘散沙之际，有效地找到了共同的目标。

龙文章从带领这支队伍开始，就一直在重复一句话："走啊！我带你们回家！"

"炮灰"团从人员到武器，都是"破烂儿"，他们根本没有心思为国家而战，但这群在炮弹堆里打滚的人对"家"有着无限的渴望。即便是那些本就没有家的"炮灰"，也有活下去的渴望。于是，"炮灰"们被龙文章用一句"回家"拴住，甚至是抱着这个美好的梦迎上了敌人的炮火。

与遥不可及的梦想比起来，人们宁愿相信马上就能实现的承诺。

第三，注入信念。

在团队成员信心全无之际，只有一次次的胜利，才能给团队注入信念。

在龙文章看来，"重振士气，一切皆有可能"。他用一次次的胜利让下属相信，他们面对的并不是不可能完成的任务。

龙文章杀死四个日本兵，把"炮灰"们救出被围困的小屋，并带着"炮灰"们杀了几个日本兵，使"炮灰"们颇受震撼。"炮灰"们发现，自己居然真的可以上阵杀敌了，于是他们在"死啦死啦"的带领下一次次地冲锋，一次次地取得胜利，以至于孟烦了大为感慨，要是几年前就这么打,他们还会溃败到这里来吗?

在这个过程中,龙文章还积极争取获得胜利的资源。龙文章从英国人那里获得了武器、服装、食物等必需的资源装备。有了这些,当他们面对敌人的时候,就更有信心取得胜利。

第四,挖掘潜力。

在团队成员缺乏斗志之际,挖掘每位成员身上固有的经验和能力,并使其得到最大限度的发挥,是突出重围的关键因素之一。

在《我的团长我的团》里,在行天渡,日军日夜不停发动进攻,用上了七五山炮甚至是毒气弹,但"炮灰"们信任龙文章,凭借着这种信念,这些曾经的溃兵把足足两个小队的日军赶下了制高点。

# 附录 APPENDIX

此处所选鄙人近年几篇随笔，一曰《职场规则与职场秩序》，一曰《敏感力·钝感力》，一曰《戏里戏外皆人生》，无论是说职业责任、职业素养，还是说职业精神、职业心态，皆是围绕"职场规则与职场秩序"而言，亦可看作鄙人对于"规则与秩序"这一话题的另一类思考。

窃以为，这几篇随笔皆与本书主旨颇为相关，故附录于此。

## 职场规则与职场秩序

拙文《党校十年》中，言及职业责任、职业精神、职业素养，承蒙博友、微友抬爱，或曰"微（微信）言大义"，或曰"人微（微信）而言不轻"，企业界诸朋友尤为热情，以为"言犹未尽"，让我再详言之。今不揣浅陋，再说"职场规则与职场秩序"，敬请批评指正。

## 1

当今之世，每个人都有自己的职业。

这个职业所处的"场"，都是职场。每一个从事职业活动的人都是身在职场，当然也都在职场中摸爬滚打。

职场之中有规则，有秩序。

倘若把社会这个大职场简化为A、B两面，那么，不论是对于在A面政场辛苦的公务人士，还是在B面商场打拼的企业员工，职场规则与职场秩序的含义都是一致的。

## 2

职场之中有规则。

"规"，从矢从见，会意字，本义指圆规。

《说文解字》曰："规，有法度也。"这就说明，"规"的含义乃是法度、准则。

"则"，从刀从贝，会意字，本义是为事物定出差别并以刀、贝来区分等级。

《说文解字》曰："则，等画物也。"这就说明，"则"的含义乃是规程、制度。

如此看来，"规则"的出现，乃是为了约束，约束人心灵中"恶"的一方面，约束人行为上"劣"的一方面。

职场规则，在鄙人看来，大致包括职业责任、职业精神、职业素养三个方面。

### 3

每一个身在职场的人,都要把职业责任背在肩上。

尽管对于什么是责任,当前似乎还没有统一的说法;但从"责"和"任"的意义去理解,责任其实就是一个人所扮演的角色所应当承担的义务,是一个成熟的人对自己的内心和环境完全承担的能力和行为。

在现实生活中,人们往往会逃避责任,因为逃避责任、畏惧困难、害怕挫折、躲避风险是人的本性。因而,个人逃避责任,可以理解;但是一个组织、一个企业要实现目标,一定会要求每一个成员都必须承担应该承担的责任。

问题在于,任何一个组织、企业都不可能把所有的工作职责都写进条款,也就是不能保证规章制度能够覆盖工作的方方面面,如果都靠职责来涵盖和约束,那是做不到的。所以我们要研究,怎么通过提升或者增强责任心、责任感来激发员工内在的执行力。当然,这需要教育、需要培训,尤其是那些针对性、实用性很强的培训。

对于个人来讲,我们每个人都活在责任里——职场的最高境界,就是能让责任成为一种自觉。

### 4

每一个身在职场的人都要把职业精神刻在心头。

职业精神,"百度"解释为,是与人们的职业活动紧密联系、具有自身职业特征的精神。

职业精神所包含的要素很多,比如人生规划、职业选择、职场认知等。

职业精神当中有一项非常重要的内容,就是职业心态。这是一种主动接受的、为完成自我积累而工作的积极心态。这种心态下的员工与仍在学生心态下的员工，对职业的认识大不相同。

具有职场心态的员工会认为，自己在职场中的一切努力都是在为自己工作而不是别人，都是在为未来工作而不仅仅是今天，都是在为人生工作而不仅仅是爱好。

具有职场心态的员工会明白，自己的工作要追求最高质量而不是最低标准，要正确对待批评而不是单纯为了获得表扬，要与同事通力协作而不是对立忌恨。

具有职场心态的员工会深刻认识到，是单位（企业）造就了自己，而不是自己在单位（企业）奉献。

在我个人看来，职业精神当中最重要的部分，应该是职业忠诚。

一个人不论从事什么职业，都应该尊重该职业所在领域的体制、制度和秩序。这是职场规则，也是职场秩序，更是职场正义。

所谓职业忠诚，即此意也。

## 5

每一个身在职场的人都要把职业素养融入血脉。

职场人士的工作能力和工作水平，体现的是他的职业素养。职业素养的核心有二：一是自我管理能力，二是学习提高能力。

黄晓阳先生认为，一个人的自我管理能力大约有四条：角色管理，知道自己是什么人；时间管理，知道日子怎么过；任务管理，知道工作怎么干；关系管理，知道自己应该结识哪些人。

人生很长也很短。

自我管理做好了，就会明白自己这一辈子要做什么样的人，并且脚踏实地地努力去做；就会明白人的一辈子真的能做很多事。

自我管理做不好，人一辈子能做的事情只有一件——混。

提高能力的关键在于学什么。除了专业技术以外，还有四条请各位务必高度关注：一是学会站在整体高度观察问题，二是学会运用领导思维思考问题，三是学会建立成本观念处理问题，四是学会团结团队成员解决问题。

这里，之所以把学习作为一种能力，是因为身在职场的许多人并不具备这种能力，或者说，这种能力很弱。他们很努力，但并不是每一个人都知道要学习什么，要怎样学习。

个人的一点体会是：努力学习，真正学懂学会那些与自己现在和未来的工作有关的知识和技能。

## 6

职场之中有秩序。

"秩，次也。"（《广雅》）"秩"，从禾从失；"禾"指五谷、俸禄，"失"意为"动态排序"。"禾"与"失"联合起来表示"官员俸禄的动态排序"，因而"秩"的本义是指根据功过确定的官员俸禄，引申义为根据功过评定的官员品级，再引申义就是次序。

"序，东西墙也。"（《说文解字》）"序"从广，予声。从广（yǎn），即与房屋有关，因而"序"的本义是指东西墙，引申义为次第，再引申义就是排列次第。

从次序上来说，"秩"侧重于有条理、不混乱，"序"侧重于有先后、不颠倒。简言之，秩序就是指整齐而有条理的状况。

秩序很重要。

依照《孙子兵法》所说，一件事情、一个单位、一个企业的成功应该具备四个要素，其中"法"是首要因素。

"法"，即一个单位、一个企业所遵循的准则、法规，它是组织日常运作的基础、标准和根据。法看似无形其实有形，因为它具体细微、有章可循。这就是"秩序"。

职场秩序里面，最重要的也是两条，即组织原则和组织程序。这是每一个身在职场的人都熟知却又往往会忽略的两个重要问题。

## 7

现代管理中有一个"木桶原理"：一只木桶盛水的多少取决于最短的那块木板。我个人理解，每一个身在职场的人都要首先补长自己的短板。只有补长了短板，才能使你的职业生涯问题最小化。问题最小化就是效益最大化。如果我们能够做到职场规则、职场秩序的"问题最小化"，那就是实现了职场生涯的"效益最大化"。

要做到问题最小化，必须关注细节。细节决定于心态。"心态"与"细节"，应成为职场人士职业生涯的一鸟两翼、一车两轮。

"翼"和"轮"，不仅要长在身体上，更要融在血脉里。唯其如此，我们在职场上方能"淡雅从容"！

# 敏感力·钝感力

## 1

"敏感"，本为医学概念，指皮肤或神经上比较敏感的部分。

"钝感"，本为心理学名词，用来描述人的活动速率。

在社会学领域，二者则是衡量人的动作活动反应快慢度的标尺。敏感系数越高，则对外部反应越灵敏，其钝感度也就越低；钝感系数越高，则对外部反应越迟钝，其敏感度也就越高。人只有钝感系数与敏感系数相平衡时才更容易保持较为理性的思维。

人要活着，离不开"敏感"和"钝感"。

人要活好，离不开"敏感力"和"钝感力"。

## 2

向外看，应对世界，要有谦和心。对人要谦和，谦和就不会伤人，包括杀伤和误伤。自己对他人、对外界，一言一行都须有度，有度不过。度即分寸，分寸蕴藏玄机，分寸强则机缘多多。把握分寸，是一种心思周全的状态。

故而，应对世界，若不敏感则容易伤人，所以要修炼"敏感力"，这是一种敏锐的能力。

向内看，看护自我，要有包容心。对人要包容，包容就不会伤己，包括伤神和伤心。外界、他人对自己，一点一滴都要有容，有容乃大。容即器量，器量决定祸福，器量大则幸福盈盈。扩大器量，是一种大度沉稳的魅力。

故而，看护自我，若无钝感则容易伤己，所以要修炼"钝感力"，这是一种迟钝的能力。

"敏感力"和"钝感力"当中，蕴含着丰富的生存法则和交往法则。

## 3

"敏感力"和"钝感力"中蕴含的法则，在中国古典文化中是"己所不欲，勿施于人"。

"己所不欲，勿施于人"出自《论语》。

在《颜渊篇》里，仲弓问如何处世才合乎仁道，孔夫子回答："出门如见大宾，使民如承大祭。己所不欲，勿施于人。在邦无怨，在家无怨。"一个人待人接物要严肃认真，有礼有节；出门办事要严谨，如见贵宾；职场工作要慎重，如同参加祭祀。自己不喜欢的，不要强加给别人，不论是在单位还是在家里，都不要发牢骚。

愚以为，孔夫子说的"礼"，便是"敏感力"。

在《卫灵公》里，子贡问什么事情才可行之终身，孔夫子回答："其恕乎。己所不欲，勿施于人。"那就是宽恕啊，自己不想要的，切勿强加给别人。

愚以为，孔夫子说的"恕"，便是"钝感力"。

而今，"己所不欲，勿施于人"已被确认为人类社会应该坚守的道德底线。在国际红十字会总部里也赫然悬挂着"己所不欲，勿施于人"的标语。

"己所不欲，勿施于人"的精神是超时空的。

## 4

"敏感力"和"钝感力"中蕴含的法则，在西方文化中，是"黄金法则"和"白金法则"。

"黄金法则"源自《圣经》："无论何事，你们愿意人怎样待你们，你们也要怎样待人，因为这就是律法和先知的道理。"

"白金法则"是美国演说家和商业广播讲座撰稿人托尼·亚历山德拉博士与人力资源训导专家迈克尔·奥康纳博士研究的成果。1987年，两位博士在发表的论文中是这样阐述"白金法则"的："在人际交往中要取得成功，就一定要做到交往对象需要什么，我们就要在合法的条件下满足对方什么。"

愚以为，"白金法则"展示敏感。因为遵照"白金法则"行事，意味着从研究别人的需要出发，然后调整自己的行为，从而运用我们的才能使别人过得舒畅。

愚以为，"黄金法则"体现钝感。因为遵照"黄金法则"行事，意味着在处理与他人的关系时，首先要从自身角度出发，运用我们的智慧使自己活得轻松。

黄、白二法则应是"己所不欲,勿施于人"的西方版。

## 5

"敏感"不是过敏,因为"敏感"当中有敬畏。

"敬畏",是既敬又畏,但更多的是敬。孔子曾说:"君子有三畏:畏天命,畏大人,畏圣人之言。"(《论语·季氏》)

按照白子超先生的看法,这"总的是说作为健全、高尚的社会人,内心世界要有敬畏的情感,要有恰当的自我定位,要有准确的前进目标,不可无法无天、唯我独尊。敬畏感是人类的一种非常神圣的情感,人们当思之记之。"(白子超《白说论语》)

人有敬畏之心,既是一种人生态度,也是一种人生理念。由于害怕正义的惩罚,因而约束自我,是意志力坚强的一种体现。敬畏的东西太多固然不好,可是什么也不敬畏也就没有了规矩和标准。当今之世,正经历前所未有的历史转型,我们在迈向更高文明的过程中,也出现了道德和价值迷茫的现象,譬如一些权力和财富的拥有者视规则如白纸,视道德如无物,肆意游离于道德和规则之外,自然是全无敬畏之心的。

心有所敬,行有所循;心有所畏,行有所止。

## 6

"钝感"不是傻乎乎,因为"钝感"当中藏厚重。

按照日本"写情圣手"渡边淳一的解释:"钝感虽给人以迟钝、木讷的负面印象,却能让人在任何时候都不会烦恼,不会气馁。在各自世界里取得成功的人士,其内心深处一定隐藏着一种绝妙的钝感力。"

这个世界不过是一场生存竞赛,问题是这场竞赛不是三个回合的业余赛,而是十二个回合的职业赛。在这样的竞赛中,必须要有顽强的意志，而要保持甚或加强自己的顽强意志与生存能力，钝感力是必不可少的。

愚以为，"难得糊涂""学为糊涂"，便是中国古典版的"钝感力"。

"聪明难，糊涂难，由聪明转入糊涂更难。放一着，退一步，当下心安，非图后来福报也。"这是郑板桥给"难得糊涂"加写的注脚，老先生时任潍县知县。

"大抵世之乱也，必先由于是非不明，黑白不分，愿诸弟学为和平，学为糊涂。""时时发露，终非载福之道。……弟当以我为戒，一味浑厚，绝不发露。"这是曾国藩写给弟弟们的家书。曾国藩时任两江总督，统辖苏皖浙赣四省军务。

能精辟地总结出这些话来，郑板桥也好，曾国藩也罢，都非常人能学。

谢纯昌先生论曰："难得"如何得，"学为"怎样为呢？郑板桥是"放一着，退一步"，如他的烧契券即是；曾国藩却是"一味浑厚，绝不发露"，假装糊涂。郑板桥的"放""退"，目的是避祸，是智者的远虑；曾国藩的"浑厚""不发"，目的是求福，是巧妙的手段。

## 7

"敏感力"不等于过敏，它强调的是对他人的一种尊重，是约束自我、适应外界的能力。它展示的乃是一种严谨细致的生活素质。

"钝感力"不等于迟钝，它强调的是对困遇的一种耐力，是厚着脸皮对抗外界的能力。它体现的仍是一种积极向上的人生态度。

"敏感力"和"钝感力"，都是我们赢得美好生活的手段和智慧。

## 戏里戏外皆人生

新年前后，荧屏上精彩纷呈，尤其以非主流电视剧《二炮手》和主流电视剧《锋刃》为最。剧中诸多角色人生沉落、命运起伏，有令人既感且佩而不能自已者。

两剧之中，论成长，有贼九、韩子生；说大义，有赵辰、沈西林；讲血性，有马大嘴、兰英；言狂妄，有真田茗、张金辉。其他洒脱如李娴淑，纠结如莫艳萍，矛盾如王建中，忐忑如杨巧儿，无能如郭闻志，阴狠如影子，残暴如武田，运筹帷幄如老周，老谋深算如老谭，无不令人印象深刻。今择其中几位，随手而论，以求证于诸君。

## 一、"头"篇

### 1. 愣头真田茗

大凡愣头，皆为青，是为"愣头青"，其特征便是做事情没有脑子，或不动脑子。

真田茗的愣头，却是狂。

因为狂，所以妄。

他从来不守规则、不讲信誉，却要求别人遵守约定；他从来不去思考、不看大势，却要求别人读懂历史；他从来不讲自知、不求自省，却要求别人明理明势。

在真田茗眼里，似乎一切都在掌握之中。他第一次去见郭闻志就有把郭闻志一起带走的计划，那是他只带了一个助手，却深入国军大营的时候。

因为狂，所以傲。

在真田茗眼里，中国很落后，对于落后的民族，可以一口就将其吞下去，可是一旦遇到反抗、遭到挫败，便心生不服。后来战败，依然不服。几十年过去了，仍然不服。

应该说，真田茗的同胞哥哥真田毅，拥有与真田茗一样的狂。他曾说自己是一个没有理想的人，从这一点上来看，也不能说他们兄弟心中没有丝毫的清醒；但他因为没有理想，所以只有妄想。

也许，在《二炮手》中，把真田毅设计成真田茗的弟弟，更能体现出他们那个民族延续百余年而不知收敛、不明缘由的狂。

真田茗的狂妄和狂傲，是他那个民族的"病"。

也许，长白山上的东风-21导弹、顶在他们脑门上的枪，才能让他们清醒一些。

## 2. 枕头郭闻志

郭闻志是一只"枕头"，而且是"绣花枕头"。

听到贼九称呼他为"小强"，实在令人捧腹。他果然是《唐伯虎点秋香》中唐伯虎手中的那只虫子"小强"。

从外表来看，他果如真田毅所说，"仪表堂堂，一表人才"，然究其实，则如李四所言一针见血："有的人看起来很干净，心里其实很不干净。"

第一次见真田茗，他曾说"军人以报国为志，商人以谋利为先"，这句话看似清醒，其实是高看了自己，也高估了自己。

郭闻志的可悲之处恰恰就在于，他至死都没有想明白，自己到底是军人还是商人。

经商的军人和打仗的商人，他哪样都不是。《锋刃》里面的沈西林才是，他郭闻志还不配。

他就是一只"枕头"，"绣花的枕头"。

### 3. 刺头张金辉

张金辉是一个不与上司合作的典型"刺头"。

在我的印象里,大凡在特务机关当行动队长的,没有一个好惹的主儿,也极少不是"刺头"的,譬如《潜伏》里的李涯、《黎明之前》里的李伯涵。

圈子里少不了争权夺利,但李涯对余则成的争夺,是或明或暗;李伯涵对刘新杰的争夺,是半明半暗;《民兵葛二蛋》里,麦子对葛二蛋的争夺,也是忽明忽暗;张金辉对沈西林的争夺,却是只明不暗,或者叫作"明目张胆"。

更重要的是,二李争权夺利,虽有私心,首先和主要的却是为公。张金辉的争权夺利,却是一心一意为了私,为了"那把椅子"和那笔钱。

从这个意义上来说,张金辉其实已经背叛了自己从属的体制和秩序。论格调,他与李涯、李伯涵相差无几。

张金辉要对自己的上司下手,思路是拉拢上司的秘书做内线,套路却是以威胁的手段对其进行控制,这一如他办案子的套路——直接上刑!

出手就是三板斧,这是鲁莽汉子做派,不是世家子弟所为。张金辉与沈西林、老周、老谭,不在一个重量级上。

张金辉死得不冤,却死得太晚。

### 4. 无厘头影子

影子身上,兼具"枕头"和"刺头"的特质,更像是一个"无厘头"。

他阴狠,他狭隘,他也狂妄。

只不过他的阴狠,带着从骨子中透出来的自私;他的狭隘,也不仅仅是唯上级之命是从;而他的狂妄,则是那种"得志便猖狂"。

影子依靠着老谭和老周两个系统人马的照护,才勉强没有被日本人擒获。当然，我们也可以断定，如果真是危急关头，老谭愿意赴死，影子则必求生。可悲的是，若以获得上峰信任而言，老谭也必不如影子。这是他们所从属的体制的不幸。

## 二、"气"篇

### 1. 勇气赵连长

贼九的连长赵辰，绰号"赵大脑袋"，为人朴实，待人以诚。他绰号的由来不是因为脑袋过大，而是因为他有一种乐善好施的情结，这种情结在东北话中就叫"大脑袋"。

"赵大脑袋"不仅脑袋大，心也大。

一个能把自己的命运和国家民族的命运紧紧连在一起的人，心还不大吗？

异族入侵，家国有难，为了尽心尽力保家卫国，他以学生身份投笔从戎，那一句"我原来是北平的大学生"，让人肃然起敬。

形势严峻，局面困难，为了培养贼九、壮大队伍，他以官长身份教导贼九，那一句"九啊你看，这事是这样的"，让人唏嘘不已。

危急关头，生死两难，为了掩护贼九保留力量，他以兄长身份从容战死，那一句"九啊，一定要好好的"，让人百感交集。

赵连长身上，尽显有良知的中国人、有良知的读书人在战争年代的家国情怀。

赵辰，大勇之人，古之所谓"节烈之士"也。

### 2. 义气马大嘴

诚如人言，《二炮手》中不仅是贼九的成长，也是每个人物的成长。小人物马大嘴便是如此。

最初的马大嘴，油腔滑调、斤斤计较，算计心十足。战火中的马大嘴，深入敌后炸毁缩头炮，与日本人多次机智周旋，救贼九于危难之中。最后的马大嘴，为救贼九英勇牺牲，可谓舍生取义。

马大嘴经历的，正是战火中一个人心灵的成熟之路，与贼九其实也没有多大的区别。只不过，与贼九相比，马大嘴的成熟之路是浓缩的。

唯其如此，我们才可以说，马大嘴，其实就是一个微缩版的贼九。

唯其如此，我们才可以说，马大嘴，其实也是一个与贼九和赵辰一样拥有救国情怀的人。

马大嘴曾经仰望贼九，把贼九当作英雄。后来自己也想当英雄，也果然当成了英雄。

马大嘴犹如一团烟火，短暂但不朽。他其实也应该活在后人仰望的高度。

## 3. 侠气韩子生

韩子生，是一个内心世界极为丰富且机灵睿智的人物。

为了替父报仇，他决然放弃学业，可见其"勇"。

为了挽救无辜，他断然把孙文娟带回家中，并恳请老周将其送往圣地，可见其"善"。

为了抗击侵略，毅然周旋于老周和莫艳萍、老谭和兰英、武田等人之间，可见其"智"。

为了心中的信仰，他矢志不渝，"死也不会改变"，可见其"定"。

在喜乐门，看到莫艳萍——自己曾经心仪的老师成了舞女，他怜其遭遇。

在电话局，遇到兰英——自己陌生的妻子成了谍女，他叹其悲惨。

对于老谭——自己曾经的师父和上级，眼看无辜惨死而无动于衷，他怒其冷血。

对于影子——自己曾经的战友，却对同志施以暗害，他恨其阴险。具有大侠心胸的韩子生，由此也奠定了大侠的根基。

### 4. 大气老谭

老谭是一个真正的爱国者。

他怀揣爱国之心，为救国不惜牺牲一切。他变声毁容，长期潜伏，为了心中的"理想"而奋斗。

老谭是个潜伏的特工，身上自然有他的职业特征。老谭的不凡之处，是他的大气。老谭的大气，不仅体现在他面对武田的怀疑盘问而不动声色，也体现在他从容布局韩子生、顺势安插兰英而不露声色，还体现在他谋划的缜密、出手的果决而不露声色，更体现在他对合作抗敌大局的深刻认识与理解。

老谭是他那个体制里的精英。然而，当一个体制连自己的精英也无法容纳的时候，这个体制的崩毁之日也就不远了。

老谭之死，所谓"良弓走狗"之论，不过表象；理想信念之毁，才是实质。

老谭是主动求死的，因为他不愿意看到他所从属体制的坍塌与崩溃。

大气的老谭，是一个理想主义者。

鸿雁于飞，肃肃其羽。之子于征，劬劳于野。爰及矜人，哀此鳏寡。

鸿雁于飞，集于中泽。之子于垣，百堵皆作。虽则劬劳，其究安宅。

鸿雁于飞，哀鸣嗷嗷。维此哲人，谓我劬劳。维彼愚人，谓我宣骄。

——《诗经·小雅·鸿雁》

# 后 记
POSTSCRIPT

人类的悲哀之一，在于常常误认为自己是大自然的主宰。人们常常忘记了，我们都是自然之物，也必须遵守自然法则。

任何一个组织、一个团队的管理者，虽则工作中主要是和人打交道，但仍有必要师法自然，从自然中吸取无穷的智慧。

且不说万事万物，是否皆是上天对人类的恩赐，任其取用，也不论人类所生活的区域，是否原本都是动物的天地，硬是被人类快速蚕食和阻隔，但所谓人和动物的和谐相处，似乎是距离我们越来越远了。

令人感叹的是，虽则人类和动物很难相容，动物却总能保住自己的乐园，譬如在肯尼亚。

2013年冬，中央电视台直播肯尼亚的动物大迁徙，其景象之壮观，令人叹惋不止。

于是，世界上最不发达的地区便成为地球上最为发达的动物天堂，也只有在经济落后地区的动物，才能有幸保住自己最后的乐园。

这一切，似乎便是原始的动力，原住的活力，原生态的魅力。

此时此刻，此情此景，不由人不想起儿时的大雁。

春天北上繁衍、秋天南下避冬的大雁，或排成"人"字形，或排成"一"字阵，浩浩荡荡，气势恢宏，雁声嘶鸣，提醒着乡村的人们：新的季节到了。"在这种每年一度的迁徙中，整个大陆所获得的是从三月的天空洒下来的一首有益无损的带着野性的诗歌。"（奥尔多·利奥波德《大雁归来》）无论是初春的生机，还是深秋的萧条，在我的记忆里，都是一道亮丽的风景。

若要师法自然，大雁亦可为师。本书写作的动因之一，便缘起于此。

与我当年和现在同呼吸、共命运的那些同事和朋友们，他们的团队，是在基层的行政团队、事业团队，甚至就是那些以县乡机关、中小企业特别是民营企业为单位的团队。在组织部工作的那些年里，我深刻地感受到，他们在这方面的不足及期盼。于是在那些年里，我一直希望有朝一日能为他们做点什么。

到党校工作以后，这种感受更加强烈。

本书至2019年夏方得成稿，中间人事曲折，不得不又拖延两年。

书稿付梓，心绪复平。虽则希望此书能对读者朋友有所帮助，然或褒或贬，或知或罪，一听于诸君。

特别感谢本书策划闫书会先生，几年来合作默契，只是辱承奖掖，但恐庸短，愿以孜孜，唯求尽心！吾人斯书，闫先生于退休之余仍然挂怀，让我感激不已，常蕴谢意！

感谢周灵均女士，为本书出版付出心血。

企业管理出版社的编辑和工作人员为本书的出版不辞辛苦，在此表示衷心感谢！

书中引用和选录了一些相关文章，在此一并向作者致谢。

张凤池

2022年2月